어둠 속에 갇힌 불꽃

어둠 속에 갇힌 불꽃
지은이: 아브라함 요수아 헤셸
옮긴이: 이현주
펴낸이: 김준우
펴낸날/ 2008년 4월 10일
중쇄 1쇄/ 2019년 4월 25일
펴낸곳/ 한국기독교연구소
등록번호/ 제8-195호(1996년 9월 3일)
경기도 고양시 일산동구 고봉로 32-9, 양우 331호 (우 10364)
전화 031-929-5731, 5732(Fax)
E-mail: honestjesus@hanmail.net
Homepage: http://www.historicaljesus.co.kr.
표지 디자인/ 정희수
인쇄처/ 조명문화사 (전화 498-3018)
보급처/ 하늘유통 (전화 031-947-7777, Fax 031-947-9753)

이 책의 저작권은 Jewish Lights Publishing사와의
독점계약으로 한국기독교연구소가 소유합니다.
저작권법에 따라 국내에서 보호받는 저작물이므로
무단전재와 무단복제를 금합니다.

A Passion for Truth by Abraham Joshua Heschel
Copyright ⓒ 1973 by Sylvia Heschel
All rights reserved. Korean Translation copyright ⓒ by Korean Institute of the Christian Studies. The Korean translation right arranged with the author c/o Jewish Publication Society of America. Printed in Seoul, Korea.

ISBN 978-89-87427-77-5 03230
값 14,000원

어둠 속에 갇힌 불꽃

아브라함 요수아 헤셸

이현주 옮김

한국기독교연구소

A Passion for Truth

by

Abraham Joshua Heschel

Farrar, Straus and Giroux, New York (1973)

Korean Translation

by

Lee Hyun Joo

> 이 책은 정신일 선생님(순천중앙교회)께서
> 출판비를 후원하여 간행되었습니다.

Korean Institute of the Christian Studies

옮긴이의 말

　삼십대 중반, 목회 초년기에 아브라함 요수아 헤셸을 만나 스승으로 모실 수 있었던 것은 돌아보면 저에게 참으로 행복한 하늘의 은총이었습니다.
　그의 글들을 읽으면서, 또 부족한 실력으로 번역하면서, 아아, 사람이 하느님을 이렇게 믿을 수도 있구나 -- 홀로 감탄하던 날들이었습니다.
　속임수와 거짓이 판을 치는 구역질나는 세상에 대해, 제 가슴에 낯선 비수를 꽂아 온몸으로 항거한 고독한 두 들사람(野人) 이야기를, 오늘 이 나라에서 5백 명쯤은 읽고 아파하며 희망할 가치가 있겠다 싶어, 오래 전에 죽은 책을 여기 되살려냅니다.
　병든 개인주의가 온 인류를 공연한 경쟁과 다툼으로 몰아가는 오늘, 새로운 문명의 창출을 염원하는 독자라면 이 책에서 많은 격려와 희망과 용기를 얻을 것이라고 확신합니다.
　절판된 지 오래되어 읽을 수 없었던 책을 이번에 한국기독교연구소에서 다시 내어 주신다니 반갑고 고마울 따름입니다. 더군다나, 김준우 박사가 친히 원문을 대조하여 잘못 번역한 부분과 미숙한 표현을 바로잡아주신 것에 대해 감사드리며, 독자들을 위해 다행으로 생각합니다.

2007년 1월　이현주

차 례

저자에 대해 · 9
머리말 · 13

제1부 두 스승 17
바알 셈 토브 17 · 안티테제 24 · 진실은 무덤 속에 28 · 바알 셈과 코츠커 30 · 가리개의 세계 34 · 허깨비의 세계 36 · 헛되고 헛되다? 41 · 내재와 초월 47 · 하느님과 사람 49 · 이사야와 욥 52 · 고양이냐, 자성이냐? 56 · 선과 악 58 · 해답은 문제이다 61 · 사랑이냐, 진실이냐? 65 · 불꽃으로 타오르느냐, 속에 불을 간직하느냐? 67 · 조건 없는 기쁨 72 · 고뇌 속에서의 기쁨 74 · 믿음은 스스로 오지 않는다 76 · 토라와 하느님 79 · 공부는 목적을 위한 하나의 수단이다 82 · 그는 알파시를 보기를 원했다 84 · 토라 사랑보다 이스라엘 사랑을 먼저 87 · 짜딕은 뜻을 정하고, 하느님은 이루신다 91 · 메츠비즈의 생각이 코츠크에서 살아남다 95 · 하시디즘과 카발라 98 · 코츠커와 카발라 101 · 코츠커와 빌나의 가온 104 ·

제2부 코츠커와 키르케고르 107
두 낯선 자의 유사성 107 · 키르케고르는 어떤 사람인가? 111 · 키르케고르의 길 112 · 통속화에 항거하여 115 · 자아 성찰 116 · 영혼 속의 함정 120 · 자기-사랑이냐, 내적인 익명이냐? 121 · 주관성 129 · 이것이냐, 저것이냐? 133 · 절대자와의 만남 137 ·

제3부　　의지의 힘　139

신앙과 의지 139·　의지를 이루는 것　142·　명령의 쇠약함에 반대하여 146·　자아의 도전 148·　엄격함과 긴장은 하나의 목적을 이룬다 152·　 엄격한 정의를 높임 154·　자존을 무시함 156·　 소수자를 찾아서 160·　개인주의 164·

제4부　　급진주의　171

기성 체제에 대한 공격 171·　 거짓의 막을 내림 179·　 자기기만 182·　 나는 정직을 원한다 184·　 진실하게 되기 187·　 종교적인 급진주의 190·　작은 천국 195·　가난이냐, 재물이냐? 198·　 돈이라? 피이— 201·

제5부　　신앙을 위한 투쟁　207

싸우는 신앙 207·　도약으로서의 신앙 208·　코츠커의 신앙 212 뒤집혀져라, 그리고 믿어라 214·　신앙과 이성 219 ·　 키르케고르의 신앙 223·

제6부　　인격　225

소외 225·　노이로제 230·　가시 돋친 말 234·　독거(獨居) 237·　 섹스 242·

제7부   물러남   251
세상과 화해하지 말 것 251 · 세상을 버릴 것 252 ·
스스로 만족하지 말 것 256 · 코츠커의 물러남 260 ·

제8부   차이점   263
차이점 263 · 자기 부정 269 · 아버지와 어머니 271 ·
죄와 범죄 272 · 고통 274 · 원죄 277 ·
범죄와 기대 283 · 루터에 대한 반론 286 ·

제9부   코츠커와 욥   287
하늘을 높임 287 · 숨이 막힌다 289 · 굴복? 293 ·
하느님 문제 298 · 한 발은 천당에, 한 발은 지옥에 302 ·
소리 없는 웅변 305 · 코작은 새 노래를 원한다 310 ·
구멍투성이 통 313 · 답은 물음 속에 있다 317 ·
앞서 가시는 하느님 321 · 부조리 너머의 의미 322 ·
하느님께 대한 인간의 책임 325 ·

제10부   오늘의 코츠커   333
오늘의 코츠커 333 ·

저자에 대해

아브라함 요수아 헤셸

"내 중심되는 관심사는 인간 상황이다."

위대한 창조적 유대인 학자이자 사상가의 한 사람인 아브라함 요수아 헤셸(Abraham Joshua Heschel, 1907~1972)은 1907년 폴란드의 바르샤바에서 태어났다. 16세기까지 거슬러 올라가는 오래된 학자 가문의 후예로서 일찍이 토라와 『탈무드』를 경건한 생활 태도와 함께 몸에 익혔다. 1927년 베를린 대학교에 입학하여 1938년 철학 박사 학위를 받았다. 대학교 학생이면서 그는 동시에 유대 민족 연구 학술원(Hochschule für die Wissenschaft des Judentums)에서 연구 생활을 계속했다. 1936년, 그의 학위 논문「예언자」(Die Prophetie)가 출판되었는데 이것이 1962년에 출판된 고전적인 저작 『예언자들』(The Prophets)의 뼈대를 이루었다.

1937년 마르틴 부버는 프랑크푸르트 암 마인에 있는 유대인 레르하우스의 후계자로 헤셸을 지명했다. 그러나 1938년 반유대주의의 먹구름이 짙어지면서 폴란드 시민권을 지닌 유대인은 독일에서 추방되었다. 1939년 바르샤바에 잠시 머물러 있다가 그는 런던으로 떠났다.—그것은 독일의 폴란드 점령과 대학살이 있기 두 달 전이었다.

헤셸은 나치의 손아귀를 가까스로 벗어났다. 그는 자기 자신을 "내 동족들이 타 죽어간… 수백만의 인명이 악의 위대한 영광을 위해 사라져간… 불길에서 건짐받은 타다 남은 나무"라고 했다.

1940년 그는 신시내티의 헤브루 유니온 대학에서 강의를 하기 위해 미국에 왔다. 그곳에서 그는 5년간 머물며 철학 및 라삐 문학을 가르쳤다. 1945년부터 죽을 때까지 그는 아메리카 유대 신학교에서 신비주의 및 유대 윤리학을 가르쳤다. 1965~66년에는 유니온 신학교에서 첫 번째의 해리 에머슨 포스딕 객원 강좌를 맡았다. 그는 미네소타, 아이오와, 스탠퍼드 대학교들에서도 강의했다.

라삐 헤셸은 온 인류를 사랑한 경건한 유대인이었다. 언젠가 그는 "내 중심되는 관심사는 인간 상황이다"라고 말한 적이 있다. "나는 오늘날 현대인의 고뇌는 정신적으로 넋을 잃은 인간의 고뇌라고 단언한다." 그는 또 이렇게도 말했다. "유대 법의 중심 주제는 제도가 아니라 인간이다. …영성 생활의 가장 높은 봉우리는 우리가 있는 곳에 있고, 일상적인 행위로도 오를 수 있다. 종교는 특별한 기회만을 위해 만들어진 것이 아니다." 그는 다음과 같은 말로 자신의 법 이해를 요약했다. "불의한 행동이 비난받는 것은 법을 깨뜨렸기 때문이 아니라 인간이 상처를 입었기 때문이다."

헤셸은 모든 인간의 관심사에 늘 앞장서 있었다. 1965년 봄에는 앨라배마의 셀마에서 마틴 루터 킹과 함께 행진했다. 그는 미국의 베트남 정책을 반대하는 항거자들의 지도자이기도 했다. 그는 수많은 인권 행진과 평화 시위에 참여했다. 1967년의 6일 전쟁이 끝나자 그는 『이스라엘: 영원의 메아리』라는 책을 써서 그 역사적인 순간에 대한 자신의 생각을 밝혔다. 그는 세계의 유대인들에게 소련에 사는 유대인들을 돕자는 호소를 맨 처음 한 인물이었다. 그는 자주 바티칸에 초대받아 이탈리아의 라디오와 텔레비전에서 연설했다. 1969년 치명적인 심장마비를 겪었으면서도 인권 옹호를 위한 정열적인 활동을 계속했다.

인간에 관한 모든 것이 그의 관심사였다. "인간이 된다는 것은 얽혀 들어가는 것, 행동하고 반응하는 것, 놀라고 응답하는 것이다. 인간에게 있어서 존재한다는 것은 그가 알거나 모르거나 우주의 드라마의 한 배역을 맡는 것이다." 또 그는 이렇게 말했다. "다른 모든 존재들과의 관계에서 자기의 역할이 무엇인지를 책임 있게 이해하는 것도 삶 속에 포함된다." 또 다른 곳에서는 "우주의 하느님은 인간의 삶을 관심하는 영이시다.… 우리가 하느님을 이해하려다가 혼히 실패하는 까닭은 우리의 생각을 끝없이 넓게 펼칠 줄을 몰라서가 아니라 우리의 생각을 충분히 닫을 줄을 몰라서이다. 하느님을 생각한다는 것은 그분을 우리 마음속의 어떤 대상으로 발견하는 것이 아니라 그분 안에 있는 우리 자신을 발견하는 것이다"라고 썼다.

그가 갑자기 숨을 거두자 세계 각처에서 그에게 바치는 조사(弔詞)가 날아왔다. 미국에서는 예수회에서 발행되는 『아메리카』가 1973년 3월 10일의 온 지면을 헤셸 추모로 채웠다. 편집자는 이렇게 말했다. "독자 여러분은 유대주의의 살아있는 전통과 그 힘, 성스러움 그리고 사랑에 관해 아브라함 요수아 헤셸이 이야기해 줄 때 배운 바가 있었을 것이다. 유대인들과 기독교인들과 이슬람들이 숭배하는 하느님께서 우리 모두를 평화스럽게 서로 이해하고 존경하면서 함께 살 수 있도록 해주시기를 빈다."

같은 지면에서 존 C. 베넷 목사는 이렇게 썼다. "아브라함 헤셸은 전 미국의 종교 공동체에 속한 인물이었다. 이 일에 그보다 더 진실했던 사람을 나는 모른다.…" 베넷 박사는 헤셸이 유니온 신학교에서 객원 교수로 있을 때 학장이었다.

유대 신학교의 프리츠 A. 로드차일드 교수는 『아메리카』에 이렇게 썼다. "우리는 학문적인 저술에서는 좀처럼 찾아볼 수 없는 아름답고 신선한 구절을 그의 글에서 읽는다. 그의 생각들은 번뜩이는 경구와… 정신적인 보석들이… 안에서 빛나고, 쉽게 풀려 나오는 문장 뒤에는 우리가 그 껍질을 벗기고 깊숙이 파고 들어가 살펴보아야 알 수 있는 복잡하고 심오한 생각들이 감추어져 있다."

1972년 12월 23일, 라삐 아브라함 요수아 헤셸은 잠든 채 숨을 거두었다.

루스 마커스 굿힐
(『헤셸의 슬기로운 말들』의 편저자)

머리말

나는 왜 이 책을 썼나?

나는 폴란드의 바르샤바에서 태어났다. 그러나 마음의 고향은 우크라이나 포돌리아 지방에 속한 작은 마을인 메츠비즈였다. 그곳은 하시드 운동의 기초를 놓은 바알 셈 토브(the Baal Shem Tov)가 생애의 마지막 20년을 살았던 곳이다. 내 아버지는 그곳 태생이었다. 그래서 아버지는 언제나 그곳을 당신의 고향이라고 생각했다. "나는 억울하게 히브리 사람들의 땅에서 유배되어 온 사람이다"(창세기 40:15)라고 아버지는 내게 터놓고 말했었다. 그가 폴란드에 살게 된 것은 그의 숙부이자 정신적인 스승이었던 렙 다윗 모세(Reb David Moshe)의 충고에 따른 것이었다. 렙 다윗 모세는 초르토코프의 라삐였다. 그의 아버지는 리진의 렙 이스라엘(Reb Israel of Rizhin)이다.

내 이름은 메츠비즈 최후의 위대한 스승이었던 조부, 렙 아브라함 요수아 헤셸(Reb Abraham Joshua Heschel)을 그대로 본따 지어졌다. 그의 일생은 온통 기이한 행적으로 채워졌고, 마치 바알 셈 토브가 그의 내부에서 살아 움직이는 것 같았다. 1825년에 그는 죽어 성 바알 셈 곁에 묻혔다. 조부는 자기의 영혼이 몇 차례인가 몸을 입고 나와 살았었다고 주장했고 그의 후손들인 우리에게도 그가 죽었다는 실감이 결코 나지 않았다.

그 풍부한 전설과 이야기들에 매혹당하여 나는 실제로 메츠비즈를 고향으로 생각하고 있었다. 내가 태어난 바르샤바로부터는 상당히 멀리 떨어진 곳이면서도 그 작은 마을은 내가 어렸을 적에 수없이 상상의 날개를 타고 찾아가 본 가까운 고장이었다. 그리로 향한 한 걸음 한 걸음이 내 기도에 대한 응답이었고 길가의 돌멩이마다 기적을 회상시켜 주는 추억거리였다. 내가 아버지에게서 들은 놀라운 이야기들은 모두가 메츠비즈에서 일어난 일 아니면 그곳에 살고 있는 신비에 찬 인물들에 관한 이야기였다.

나를 맨 처음 매혹시킨 이야기는 바알 셈과 관련된 이야기였다고 생각된다. 어린아이였지만 나는 그의 비유들을 듣고 상당한 깨우침을 받을 수 있었다. 그는 본받기에는 너무나도 장엄한 상대이고 그러면서도 너무나 위압적이어서 무시할 수도 없는, 그런 인물로 머릿속에 남아 있었다.

코츠크의 렙 메나헴 멘들(Reb Menahem Mendl of Kotzk)의 존재가 내 삶 속에 파고 들어온 것은 내 나이 아홉 살이었을 때다. 그는 흔히 코츠커(the Kotzker)라는 이름으로 알려졌었다. 그로부터 코츠커는 확고부동한 동료이자 끊임없는 도전으로 항상 내 곁에 붙어 다녔다. 그는 가끔 나를 어리둥절하게 했지만, 난관에 부닥칠 때마다 그것을 피하려고 하는 나를 격려하여 정면으로 맞설 수 있게 해주었다.

세월이 지난 뒤에 나는 바알 셈 토브와 코츠커를 삶의 안내자로 삼으면서 그들 둘이 내 속에서 싸우게 내버려두었다는 사실을 자각하기에 이르렀다. 경우에 따라 한 세력이 다른 세력보다 강할 때도 있었다. 그러나 둘 중 아무도 내 삶 위에 독재자로 군림하지는 못했다. 둘 다 확신을 가지고 말했다. 모두 어떤 점에서는 옳으면서도 또 다른 점에서 의심의 여지를 남겨두곤 했다.

참으로 이상스런 경위로 나는 내 영혼이, 바알 셈과 같은 고향에 뿌리박고 있으면서도 코츠커에 의해 움직여지고 있음을 발견했다. 사람의 마음이 메츠비즈의 즐거움과 코스크의 불안 사이에서 찢어진 상태로 살아가는 것이 좋은 일이었을까? 한편으로 장엄한 위엄 앞에 두려워하면서 동시에 현실의 비참함에 깜짝 놀라는 삶, 열정과 공포, 자비에 대한 의식과 아우슈비츠의 목격, 고양(高揚)과 낙담 사이를 오락가락하며 사는 삶이 과연 좋은 것이었을까? 내겐 선택할 수 있는 권한이 처음부터 없었다. 내 가슴은 메츠비즈에 있었고 생각은 코츠크에 있었다.

바알 셈은 내게 무진장한 뜻[意味]의 광갱(鑛坑)에 대해 가르쳐주었고, 코츠커는 삶의 길 위에 뻗쳐 있는 측량 못할 부조리의 산맥을 탐색하는 방법을 가르쳐주었다. 한 사람은 내게 노래를 가르쳤고, 다른 사람은 침묵을 가르쳤다. 한 사람은 내게 이 땅 위에 천국이 있을 수 있다는 사실을 깨우쳐 주었고, 다른 사람은 우리가 이 세상에서 천국과 같은 곳이라고 생각했던 장소에서 지옥을 발견하고 충격을 받게 했다.

바알 셈은 어두운 시간들을 빛나게 만들었다. 코츠커는 비극과

머리말 15

슬픔을 사전 경고와 예감을 통해 좀더 견디기 쉽게 만들었다. 코츠커는 나를 제한시켰고 내가 소중히 간직하고 있는 삶의 자세들을 비난했다. 바알 셈은 서로 버성기는 환경에 자신을 적용시키는 일에서 융통성이라는 것을 내게 선물로 주었다.

바알 셈은 내 삶 속에 등불처럼 함께 살았다. 반면에 코츠커는 번갯불처럼 나를 쳤다. 물론 번갯불이 더 순수한 불인 것은 분명한 사실이다. 그러나 사람은 등불을 믿고 등불에 의지한다. 등불과 더불어 있을 때 사람은 평화로이 살 수 있는 것이다.

바알 셈은 내게 날개를 주었고, 코츠커는 나를 사슬로 묶었다. 나는 한 번도 그 사슬을 끊고 마음에 결점을 지닌 채 즐거움 속에 뛰어들어갈 용기를 가져보지 못했다. 나는 바알 셈에게서 도취를, 코츠커에게서 겸손의 은혜를 얻어 빚을 진 셈이다.

코츠커의 존재는 위선의 악몽을 회상시켜 준다. 바알 셈의 존재는 거짓이 사랑의 힘에 의해 연민(憐憫)으로 용해된다는 사실을 보증해 준다. 바알 셈은 슬픔을 보류시키고, 코츠커는 확산시킨다. 바알 셈은 신비(神秘)를 직접 느끼는 내 감각을 더욱 세련되게 닦아주었고, 코츠커는 진정성을 상실할 위험에 대해 끊임없이 경고했다.

사랑이 없는 정직, 확신, 성실함은 다른 사람들과 자기 자신을 또는 둘 다를 파멸로 몰아갈 수가 있다. 한편, 사랑이나 정열 또는 고양만으로는 바보의 낙원, 곧 슬기로운 자의 지옥에 떨어질 수가 있는 것이다.

제1부

두 스승

바알 셈 토브

때는 유대인들의 상상력이 거의 고갈되어 갈 무렵이었다. 사람들의 마음은 막다른 골목에 이르러, 『탈무드』 법 안에서 불가능한 가능성들을 생각하고 있었다. 그들의 가슴은 사회 경제적인 압박과 더불어 금욕주의자 설교가들의 가르침으로 괴로움을 겪어야 했다. 바로 그때 기적이 일어났다. 그것은 마치 "빛이 생겨라!" 하는 하느님의 말씀이 떨어진 것 같았다. 그래서 빛이 생겼던 것이다. 그 빛은 한 인간의 모습으로 생겨났다. 가끔 이름의 첫 자를 모아 베쉬트(Besht)라고 불리기도 하고 또는 그냥 성(聖) 바알 셈(the holy Baal Shem)이라고 불리기도 하는, 엘리에제르의 아들 렙 이스라엘, 바알 셈 토브, "좋은 이름의 주인"(1690~1760)이 바로 그다.

그는 포돌리아 지방의 오코프라는 작은 마을에서 가난하고 연로한 부모 사이에 태어났다. 아이였을 때 부모를 여의고 더 어린 아이들의 가정교사 조수 노릇을 하며 생계를 겨우 유지했다. 전설에 따르면, 그는 스무 살에 영적인 훈련을 쌓고 하느님의 소명에 응답할 준비를 갖추기 위해 카르파티아 산맥(우크라이나와 루마니아 사이의 산맥

- 옮긴이)으로 들어가 은둔생활을 시작했다. 거기서 몇 해 동안 질흙을 파내면서 연명했다. 그가 파낸 질흙을 마을에 살고 있는 그의 아내가 가져다 시장에서 팔았다. 마침내 서른 여섯 살이 되었을 때 그는 영적인 스승이 되어 자신을 드러냈다. 그 뒤로 메츠비즈 또는 메드지보즈(폴란드 어로는 미드치보르즈)라고 불리는 포돌리아 지방(1793년까지는 폴란드 영토였다가 그 뒤로 러시아의 지배를 받게 되었음)의 다른 한 작은 마을에서 살다가 거기에서 1760년에 사망했다.

바알 셈 토브는 하시드 운동의 기초를 놓은 사람이었고, 메츠비즈는 유다이즘에 대한 새로운 이해가 양육된 요람이었다.

동부 유럽에 살고 있는 수백만 유대인들의 추억과 신앙이 생각, 상상, 감정과 더불어 약동하고 있을 때, 단지 렙 이스라엘 바알 셈 토브의 이름을 듣는 것만으로도 그들은 마법에 걸리곤 했다. 그의 이름을 부르는 순간 사람들은 마치 자기의 입술에 축복이 내리고, 영혼의 날개가 자라는 것 같은 느낌이 들곤 했다.

바알 셈은 유대인이 되는 것을 천상의 축복으로, 또 끊임없는 모험으로 만들었다. 그는 모든 유대인에게 자기 자신과 자신의 비참한 상황 위로 딛고 올라갈 사다리를 주었다.

생전에 그는 수많은 제자들에게 거역할 수 없는 영향을 끼쳐 자기를 따르게 했다. 그의 영향력은 죽은 뒤에 오히려 더 확장되었다. 한 세대만에, 그가 메츠비즈에서 터득한 깨달음은 수많은 뛰어난 인물들을 사로잡았고, 그들은 또 다시 새로운 생각과 가치관으로 유대민중을 깨우쳤다. 그래서 메츠비즈는 하시디즘의 상징이 되었다.

한 사람이 그토록 많은 인물들을 위인의 경지에까지 끌어올리는 일에 성공한 예는 유대 역사에서 드문 일이었다. 그러나 그의 뒤를 이은 기라성 같은 비범한 인물들 중 바알 셈에 필적할 만한 인물은 아무도 없다. 그는 하시드 운동을 일으킨 사람이었지만, 운동 그 자체보다 더 위대한 존재로 남았다. 그 뒤를 이은 지도자들 모두가 그를 본보기로 따랐고 오직 그만이 하시드 운동의 척도요 시금석이 되었다. 다만 한 사람의 하시드 운동 지도자가 그의 가르침에 감히 도전했다. 코츠크 렙 메나헴 멘들, 코츠커가 바로 그다.

바알 셈은 유대인의 종교관을 급진적으로 바꿔놓았다. 고대에는 예루살렘의 지성소가 거룩한 중심지가 되어 그곳으로부터 속죄와 축복이 전 세계로 퍼져나가게 되어 있었다. 그러나 지성소는 파괴되었고 이스라엘 사람들의 영혼은 신음하게 되었다. 그때 바알 셈이 새 중심지를 세웠다. 곧 의로운 설교자요 영적 지도자인 짜딕(*tzaddik*)이 새로운 지성소로 등장하기에 이르렀다. 바알 셈은 한 인간이 거룩하신 분의 거처(居處)가 될 수 있다고 믿었던 것이다.

하시드 운동의 급속한 확산을 분명하게 설명해 낼 수는 없다. 바알 셈 토브가 발휘한 그 엄청난 영력(靈力)의 비밀은 무엇이었을까? 왜 다른 위대한 지도자들, 이를테면 라삐 시몬 벤 요하이(Shimon ben Yohai), 마이모니데스(Maimonides), 라삐 이사악 루리아(Isaac Luria) 같은 사람들은 그와 비등한 반응을 불러일으키지 못했을까?

1813년에 죽은 뛰어난 『탈무드』 학자 라삐 아르예 레입 헬러(Aryeh Leib Heller)[1]도 이런 질문을 던진 적이 있다. 그때 지다초프(폴란드 어로는 지다크조우)의 렙 제위 히르쉬(Reb Zevi Hirsh of Zhydatshov)는 다음과 같은 비유로써 그의 질문에 대답했다.

어떤 나라의 백성들이 새 왕을 뽑고자 했다.[2] 그들은 어느 먼 시

---

1) *Ketzot Hahoshen*의 저자.
2) 1572년 시지스문드 아우구스투스가 죽은 다음부터 폴란드의 왕은 투표로 선출되었다. 요한 III세가 죽었을 때는 18명이나 되는 후보자들이 왕위를 놓고 경쟁했다.

골에 왕으로서 갖춰야 할 모든 덕성을 골고루 갖춘 한 사람이 살고 있다는 소문을 들었다. 그는 잘생겼고 착하며 부자인 데다가 품위가 있어 행실이 세련된 굉장한 인물이라고들 했다. 그 사람말고는 왕위에 앉을 만한 인물이 없다는 것이었다. 그러나 그의 집이 너무나도 멀리 떨어져 있었기 때문에 백성들 전체가 그에게 가서 소문이 사실인가를 확인할 수는 없었다.

결국 멀리 여행을 한 어떤 사람이 그를 개별적으로 만나고 돌아와서 사람들에게 그에 대한 이야기를 들려주었다. 그 보고를 듣고 몇 사람은 감동을 받았으나 대부분은 마음이 움직여지지 않았다.

마침내 아주 현명한 한 사람이 그 후보자를 사람들에게 데리고 와 그들이 직접 판단할 수 있게 하기로 결심했다. 엄청난 무리들이 그를 보러 몰려 와 그를 사랑하게 되었고 기쁜 마음으로 그에게 왕관을 바쳤다. 그들은 그가 왕이 될 유일한 자격자임을 실제로 보았던 것이다.

라삐 시몬 벤 요하이[3]와 그의 추종자들도 『조할』에서 하느님에 대한 깊은 신비들을 발굴해 낸 첫 인물인 것은 사실이다. 그러나 그의 가르침은 그의 비전(祕傳)을 전수받은 몇몇 전문가만을 위한 것이었고, 따라서 그들만이 이해할 수 있었다. 그의 뒤를 이어 라삐 이사악 루리아가 나타나 라삐 시몬 벤 요하이보다는 더 분명하게 진리를 밝혔다. 그런데도 그의 저 세상의 빛들에 대한 계시나 다른 영적인 주제들에 대한 가르침은 여느 대중들이 이해하기에는 너무 높았다.

마침내 온 이스라엘의 스승인 렙 이스라엘 바알 셈 토브가 나타났다. 그는 우리의 이 초라한 세계 속에, 모든 하잘것없는 사물 속에,

---

[3] 『조할』(*Zohar*)에 나오는 첫 번째 스승, 조할 『광휘(光輝)의 책』은 카발라 문학의 핵심이 되는 저작이다.

특히 사람 속에 현존하는 거룩하심(神)을 드러내 보여주었다. 그는 우리로 하여금, 인간 내부의 그 어떤 것도, 팔다리나 동작조차도 거룩하신 분의 힘을 담는 그릇으로 또는 전달 매체로 사용되지 않는 부분이 없다는 사실을 깨닫게 했다. 거룩하신 분이 계시지 않는 곳이란 없었다. 그는, 조물주와 피조물 사이를 이어 주는 매듭을 잡은 짜 딕이 큰 능력을 축복으로 받았기 때문에, 거룩하신 분의 영역에서 신비스런 통일을 이루는 기적을 행사할 수 있다고 가르쳤다. 나아가서 이 세계에 살고 있는 모든 인간이 어떤 행동을 함으로써 저 위의 세계에 영향을 끼칠 수도 있다고 했다. 가장 중요한 가르침은 우리의 세속적인 일을 해나가면서 혹은 사소한 이야기들을 나누면서 하느님께 접근하는 일이 가능하다는 것이었다. 그래서 하느님에 관한 이야기를 들려주던 과거의 현자들과는 달리, 바알 셈은, 앞의 비유에 나오는 현인처럼, 하느님을 모든 사람들에게 모셔와 직접 보게 했던 것이다.

무슨 까닭으로 렙 이스라엘은 바알 셈 토브, 즉 "좋은 이름의 주인"이라고 불리게 됐는가? 이 물음에 대한 아주 시적인 대답을 통해 우리는 그가 죽은 다음 세대가 그를 어떻게 생각했는가를 짐작할 수 있다.

바알 셈이 동부 유럽에 나타났을 때 이스라엘 공동체는 슬픔을 가득 안고 병상에 누워, 안식일의 흥분이 사라져 가는 막바지에서 고뇌 속에 시들고 있었다. 억눌리고 학대받아 백성들은 비틀거리고 헐떡이며 몸을 떨었다. 그들은 거의 소멸되어 가고 있었다. 어떤 사람이 기절을 했거나 정신을 잃어갈 때는 그의 귀에 대고 그의 이름을 부르는 것이 상책이다. 왜냐하면 사람의 이름은 사람을 다시 생명에로 불러내는 힘을 가졌기 때문이다. 바알 셈은 유대인들의 마음이 어지럽고 둔해져서 그 생명력을 잃어버릴 위기에 처해 있음을 보았다.

그래서 그는 그 이름을 불렀다. 유대의 마음이여! 그러자 동부 유럽의 유대인들은 다시 기운을 차려 머리 위에서 빛나는 메시아의 빛을 보게 되었다.

다른 위대한 스승들도 하느님의 메시지를 전했고 하느님을 기리는 노래를 불렀으며, 하느님의 속성과 그가 이루신 놀라운 일들에 대해 이야기했다. 바알 셈은 메시지를 전했을 뿐만 아니라 하느님 자신을 백성들에게 모셔왔다. 그의 공헌은 따라서, 밝은 조명이나 통찰, 생각 따위 이상의 것이었다. 그는 새로운 형태의 인격, 곧 하시드와 짜딕의 형성을 도왔다.

수많은 짜딕들의 비범한 능력에 대해서는 말이나 글로 다 설명할 수가 없다. 그들은 그냥 꿋꿋이 있음으로써 사람들을 위로 솟아오르게 했다. 짜딕을 만나 보고서도 불신자로 그냥 남아 있는 일은 불가능했다. 짜딕의 말은 듣는 사람의 가슴을 떨리게 했고 깨끗하게 씻어주었다. 그래서 그로 하여금 거짓을 버려 참을 간직하고, 어둠과 절망으로 그늘진 마음을 밝은 빛 속에 풀어놓도록 도와주었다. 그의 존재 자체가 하나의 밝은 조명이었다.

코츠커는 처음에는 그 창시자의 노선을 충실히 따르는 탁월한 후계자처럼 보였다. 그러나 그는 본능적으로 또는 천성적으로 누군가의 뒤를 따르는 후계자일 수 없는 사람이었다. 그는 과거로부터 전해져 내려오는 메시지를 고스란히 후대에 물려주거나, 과거의 모델을 그대로 본뜰 수만은 없었다. 그의 실존은 계속되는 자기 갱신이었다. 그는 오직 현재에서만 살 수 있었다.

물론 바알 셈이 강조한 몇 가지 원리가 코츠커의 가르침에 남아 있는 것은 분명한 사실이다. 코츠커의 생활 양식 안에는 다른 스승들이 계발하고 지켜온 행동 규범이나 관습이 포함되어 있기도 하다. 그는 그 창시자를 매우 높이 평가하고 그가 태동시킨 운동을 찬양하여

한 번은 이렇게 말한 적도 있다.

> 바알 셈 토브는 "그들이 나를 공경한다 하여도 사람들에게서 배운 관습일 따름이다"(이사야 29:13)라는 예언자의 불만을 없애러 왔다. 그의 교리는 포돌리아에서 볼리니아4)로, 갈리시아5)로, 다시 거기에서 폴란드로 퍼져 나갔다. 리투아니아6)의 유대인들에게도 하시디즘의 가르침을 안내하는 일은 역시 바람직한 일이다.

그러나 코츠커는 그 운동의 규범이나 형식에 얽매일 생각이 조금도 없었다. 코츠크는 하시디즘의 역사에 혁명을 가져왔고 여러 가지 점에서 메츠비즈에 정면으로 맞섰다.

바알 셈이 활동하던 시대는 시적인 상상력이 『탈무드』의 사변(思辨)에 의해 억압받던 시대였다. 영혼의 눈에 가리개가 덮씌워져 있는 것 같은 그런 시대였다. 그런데 베쉬트가 그것들을 치우고 마음을 열어놓자, 환상이 노래를 부르기 시작했다. 기쁨의 샘이 터졌고, 그 뒤를 이어 정열적인 통찰과 취한 가락과 말할 수 없이 아름다운 이야기들이 흘러 넘쳤다. 마치 세계가 그 순결을 되찾고, 모든 사물들에서 성스러움이 자신의 모습을 비춰 보고 있는 것 같았다.

반면에, 코츠커는 진리가 궁지에 몰려 있음을 괴로워했다. 그는 상상력이 잠든 것에 대해서는 개의치 않았다. 음울함과 슬픔에 잠긴 그로서는 장난기와 열광을 도무지 참을 수가 없었다.

---

4) 메제리처 마기드가 다스리던 곳.
5) 리센스크의 레뻬 엘리멜레크의 지도력 아래 있었음.
6) 당시에 하시디즘을 반대하던 자들의 요새.

안티테제

　유대의 스승들은 모든 것이 법규화되고 성문화되어야 한다고 강조했다. 어느 한 순간이라도 확립된 규정과 모두가 인정할 수 있는 양식(樣式, pattern) 없이 살아갈 수는 없기 때문이라는 것이 그 이유였다. 그런 삶의 질서에 충실하다 보니 유다이즘 자체가 기계적인 행위의 연속으로 전락될 위험에 처하게 되었다. 그때에 바알 셈이 나타나서 사람들에게, 자발성도 양식 못지 않게 중요하며, 신앙은 복종만큼 근본적인 것이요, 정열이 없는 복종은 사람의 영혼을 멍청하게 만들 뿐이라고 가르쳤다.

　바알 셈 토브가 하고자 한 일은, 유대인의 경건을 단순한 기계적인 관례로 굳어지는 것으로부터 건져내는 것이었다. 그런데 그의 방법조차 하나의 관습, 하나의 기계적인 관례가 되고 말았다. 어떤 생각이 처음에 떠오를 때 그것은 굳어진 것을 깨뜨리는 송곳일 수 있다. 그런데 그 생각이 한 번 두 번 반복되기 시작하면 이내 꽉 막힌 담벼락이 될 수도 있는 것이다.

　1810년경이었다. 한 적은 무리의 사람들이 "거룩한 유대인"이라고도 불리는 프쉬스케의 렙 야코프 이츠악(Yaakov Yitzhak of Pshyskhe 1766~1814)의 둘레에 모여 앉아 있었다. 그들은 하시드 운동의 통속화에 대해 흥분하고 있었다. 그들은 사람의 영혼이 멍청해지는 것은 모방하고 흉내를 내려는 경향 때문이라고 생각했다. 하나의 영적 갱신을 추진하기로 공모했다.

　정열도 습관화되고 말았다. 열심을 자기애와 방종의 방편으로 삼는 자들에 의해 참된 자발성은 이지러졌다. 신앙은 도전과 의심이 없는 삶의 방식이 되었다.

위대한 스승 렙 야코프 이츠악이 시작하여 코츠커에게서 절정을 이룬 그 운동은 유대의 정신사에서 가장 중요한 장을 장식하고 있다. 여기서 사람들은 유대의 영혼이 그 순례의 길에서 가장 가파른 고비를 넘고 있는 것을 보게 된다. 순수라는 정상을 향하여 천천히 올라가면서 아슬아슬한 도약을 감행하고 기발한 착상을 실천에 옮기며 달콤한 확신들을 깨뜨리는 모습을 보게 되는 것이다.

코츠커란 어떤 인물인가? 폴란드의 루블린 근처 빌고라이에서 하시드 운동에 참여하지 않는 부모 밑에서 1787년에 태어난 렙 메나헴 멘들(Reb Menahem Mendl)은, 청년 시절 그 운동에 가담하게 되었다. 처음에 그는 "선견자"(the Seer)인 루블린의 렙 야코프 이츠악 밑에서 그의 제자가 되었다가 뒤에 프쉬스케의 렙 야코프 이츠악을 따랐다. 그러다가 마지막으로 렙 시마 부남(Reb Simha Bunam)의 제자가 되었다. 그는 부남의 후계자로 지명받아 처음에는 토마소프에 살다가 코츠크로 옮겼다. 1859년, 72세를 일기로 사망했다.

하시디즘은 동부 유럽의 유대인들 사이에서 연출된 가장 위대한 드라마였고, 코츠커는 그 드라마에서 매우 중요한 배역을 맡았다. 하시드 운동은 렙 이스라엘 바알 셈 토브에게서 비롯되어 코츠크의 렙 메나헴 멘들에게서 그 절정이자 안티테제(反正立)에 이르렀다고 나는 본다. 코츠커는 하시디즘 안에서 혁명을 일으켰다. 메츠비즈가 사랑, 즐거움, 이 세상에의 연민을 강조한 반면, 코츠크는 세속과의 투쟁에서 끊임없는 긴장과 수그러들지 않는 호전성을 가지라고 했다. 바알 셈 토브는 모든 사람에게 친절했고, 코츠커는 엄격했다. 옛 예언자들의 타오르는 분노가 코츠커에게서 되살아났다.

고전적인 하시디즘은 모든 유대인들과의 접촉을 시도했다. 그러나 코츠커는 다만 소수의 선택된 자들에게만 관심을 가졌다. 그는 자기의 깃발에 에멧(*Emeth*), 즉 진리라는 한 마디를 새겼다. 진리에 도달하기 위해 그는 모든 것을 희생시킬 준비가 되어 있었다. 무엇보다도 나쁜 것은 진리를 모방하는 행위였다. 본디의 것에 근사하면 근사할수록 그만큼 더 나빴다. 진리에로의 길은 굽은 길이다. 그 길을 걷기 위해 사람은 습관을 버리고 감정적인 편견도 버리고, 몇 세대를 통해 성스럽게 전수되어 내려온 것이라 하더라도 밖으로 표현되는 것이라면 그 모두를 떠나야 한다. 만일 어떤 사람이 다만 어제 기도했다는 이유로 오늘 기도를 바친다면 그는 악당보다도 더 못된 자라고 코츠커는 말했다. 매일 매일의 기도는 신선한 것이어야 했다. 인간은 매일 진리를 찾되, 전에는 알려지지 않았던 것을 찾듯이 찾아야 한다.

진리는 다만 철저한 자유의 길을 통해 도달할 수 있는 것이라고 코츠커는 가르쳤다. 그런 자유란 그 어떤 외부의 압력에도 굴복하지 않는 자유, 그 무엇에도 동화되지 않고 자기 자신이든 다른 누구에게든 아첨하지 않는 자유를 의미했다.

코츠커의 내부에서 타오르고 있는 자유의 정열은 위안이나 또는 안이한 믿음으로 질식되지도 가라앉지도 않았다. 그는 자기 자신이 모든 점에서 나약한 하나의 인간이지만 자유를 가진 존재라는 점에서 위대하다는 사실을 알고 있었다. 그는 인간의 목적이 그의 영혼의 순수성을 회복하는 데 있다는 주장을 부정하면서, "인간은 하늘을 찬양하기 위해 창조되었다"고 주장했다. 그는 금욕주의나 이 세계에 대한 부정을 설교하지는 않았다. 그러면서도 사람이 진리에 도달하려면 자기 자신과 사회에 반역해야 한다고 강조했다.

이 접근 방법은 렙 멘들의 제자들에 의해 실천되었다. 젊은 학자들은 집과 아내, 아이들 그리고 자기가 그동안 쌓아올린 학식을 버리고 산 진리와 정직을 찾아 코츠크에 몰려들었다. 참된 하느님 예배는 진리를 발견하는 데 있지 않고 진리를 정직하게 탐구하는 데 있다고 렙 멘들은 말했다.

　이 진리 탐구는 자아의 온전한 포기를 요구했다. 그것은 토라와 『탈무드』를 공부함으로써 가장 훌륭하게 수행되었다. 그러나 토라 연구가 가장 안전한 길이면서도 동시에 가장 위험한 길이기도 하다고 코츠커는 말했다. 사람이 자기 자신으로, 독선으로, 자기 만족으로 가득 채워질 위험이 도사리고 있다는 것이었다. 그런 것들은 우상 숭배말고는 아무것도 아닐 뿐더러, 자기가 찾아 헤매고 있는 진리로부터 자신을 멀리 떨어뜨린다는 것이었다.

　하시디즘은 많은 사람들에게 고상한 품격들을 심어, 자라게 해주었다. 정의, 연민, 겸손, 외경 모두 드물게 빛나는 영성(靈性)이었다. 그것은 칭찬과 감사를 받기에 합당한 은총이었다. 그러나 코츠커는 이의를 제기했다. 진리가 없는 세상에서 덕목들이 무슨 쓸모가 있단 말인가? 본디의 모습을 잃어버린 이상, 연민은 참된 것이 못 되고 겸손은 순수하지 못하며 진정한 정의라는 것도 있을 수 없다. 진리는 시작이고 끝이며 중심이다. 그것 없이는 모든 노력이 허사일 뿐이다. 그런데도 과연 진리가 이기는 것이 가능한 일일까?

　거짓말하는 습관은 사람의 영혼에 사형(私刑)을 가하는 것과 같은 해를 입힌다. 그런데도 사람들은 일반적으로 거짓말하는 것을 대수롭지 않게 생각한다. 사람이 저지른 첫 번째 죄는 속임수의 결과였다. 아담과 하와에게 하느님이 내린 명령은 금지된 실과를 따먹지 말라는 것이었다. 그런데 하와는 그것을 만지지 말라는 명령이었다고 말했다. 그 뒤로도 역사를 통하여 거짓말은 온갖 잔혹과 유언비어, 사기극의 어머니가 되어 왔고, 살인과 전쟁의 전주곡이 되었다. 남에게 아픔을 가하는 잔혹한 행위, 남의 고통과 절망을 모른 척하거나 나아가서 즐기는 행위는 모두가 자기 자신을 정직하게 보지 못한 결과로 파생된 것이었다.

진실은 무덤 속에

라삐 시몬의 비유 한 토막.

하느님께서 아담을 창조하실 때, 일을 맡은 천사들이 서로 갈라섰다. 한쪽에서 "아담을 창조하셔야 합니다!"라고 하자 다른 쪽에서 "창조하시면 안 됩니다" 하고 나섰다. "자비와 진실이 서로 충돌하고 정의와 평화가 맞부딪친다"(시편 85:10)는 말이 이래서 생긴 것이다.

자비가 말했다. "그를 창조하십시오. 그가 자비로운 행동을 할 것입니다." 진실이 말했다. "그를 창조하지 마십시오. 그가 거짓을 꾸밀 것입니다." 정의가 말했다. "그를 창조하십시오. 그가 의로운 일을 할 것입니다." 평화가 말했다. "그를 창조하지 마십시오. 그가 끝없이 다툴 것입니다."

거룩하신 분께서, 그분에게 축복을! 어떻게 하셨던가? 그분은 진실을 들어 땅 속으로 던져버리셨다.7)

---

7) *Genesis Rabba* 8,5.
"인간의 손이 미치지 못하는 곳에 위치한 진리"는 고대 회의론자들 사이에서 낯익은 명제였지만 이 비유가 강조하는 것은, 진리가 인간의 손아귀에 들어와 있지 않을 뿐만 아니라 둘의 존재 자체가 처음부터 서로 어긋나 있다는 사실이다.

"진리에 관해 우리는 아무것도 모른다. 왜냐하면 진리는 깊은 우물 속에 있기 때문이다"라고 데모크리토스가 말했다 한다. 디오게네스 라에르티우스, *Pyrrho*, 제9권, 12장.

"자연은 진리를 바다의 밑바닥에 묻었다." 시세로, *Academicarum Questionum*, 제2권, 10장.

"진리는 깊은 곳에 숨겨져 있다." 세네카, *De Beniticiis*, 제7권, 1장.

이 비유는 코츠커를 계속 따라다니며 괴롭혔던 것 같다. 실제로 모든 격양된 강론이 끝나고 흥분이 가시면 사람들은, 정말 진실은 무덤에 묻혀 있는 게 아닌가, 묻기 시작하는 것이다. 위의 비유는 진실이 갇혀 있는 무덤 위에 인간의 실존이 서 있음을 한마디로 선포하고 있다. 사람은 진실이 묻혀 있다는 단 하나의 까닭으로 기를 펴고 사는 것이다.… 그러나 누가 진심으로 이 일을 걱정하는가?

이 비유에 따르면 인간이 있게 된 것은 자비 덕분이다. 메츠비즈에서는 이 세상에서 사랑과 연민이 진실보다 우위에 놓여 있었다. 자비를 실현하기 위해서라면 진실을 덮어버릴 각오가 서 있어야 했다. 실재하는 것은 오직 하나, 곧 선이었다. 선한 것은 존재하고, 악한 것은 다만 하나의 환상이요 선의 그림자일 뿐이었다. 코츠크에서는 사람이 정직하지 못하여 거짓된 한, 그의 자비나 선함은 가짜요 환상이요 그림자에 불과하다고 믿었다.

코츠커는 진실이 매장되어 무덤 속에서 질식 상태에 있지만 그래도 살아있다고 생각했다. 진실은 밖으로 나오고자 하는데 사람이 그것을 방해하고 있는 것이다. 인간의 구조라는 게 진실의 무덤 위를 덮고 있는 거창한 묘와 같아, 진실이 고개 드는 것을 막고 있다. 실제로 모든 인간의 영혼 깊은 곳에는 진실을 받아들이려는 간절한 바람이 있는데, 그것을 더 이상 감각하지 못하게 된 것이다. 많은 사람이 이 사실을 걱정조차 하지 않는다.

그런데 코츠커는 걱정했다. 그는 사람이 진실과 갈라져버린 그 틈의 넓고 깊음을 보고 당황하지 않을 수가 없었다. 코츠크에서 울음소리가 울려 퍼졌고, 유대인들은 자극을 받았다.

하나의 비극이 탄생했다. 인간의 영혼이 타락하여 한 조각 고깃덩어리가 되어버린 것이다. 사람들은 그들의 텅 빈 영혼보다 텅 빈 주머니에 더 마음을 썼다. 그들은 물질적인 욕구에 사로잡혔다. 회당에서조차 그들이 눈물을 흘리며 감동하는 것은 다만 생계를 위한 기도문을 암송할 때뿐이었다. 그러면서도 그들은 내세에 즐기게 될 호사스런 삶을 감히 꿈꾸었다. 천국에 대한 그들의 생각은 우스꽝스런 것이었고 일그러진 것이었다. 그들은 아피코멘[8]을 게걸스럽게 먹어 대면서 자신이 스스로 세운 의로움을 즐겼다! 그들은 메시아에 대해 말을 주고받았다. 그러나 그들의 입술은 메시아의 이름조차 감히 부를 수 없을 정도로 가치가 없었다. 무슨 착한 일을 할 때면 전능하신 분께 무슨 큰 호의나 베푸는 양 생각했다.

이 비판은 단순한 대중에게만 적용되지는 않았다. 기초적인 신앙이나 규율의 차원은 넘어섰다고 스스로 생각하는 자들, 말하자면 바알 셈의 가르침을 따르는 하시드들에게도 겨냥되었다.

이 위대한 스승이 제시한 중요 원리들이란 무엇인가? 코츠커는 그와 어떻게 달랐나?

바알 셈과 코츠커

> 다윗의 침대 위에는 하프가 걸려 있었다. 밤중이 되면 북풍이 불어와 하프를 건드렸고, 하프는 스스로 울었다.[9]

바알 셈의 말에 귀를 기울일 때, 우리는 솟구쳐 나오는 마음에서 아무런 사전 준비도 없이, 마치 다윗의 침대 위에 걸려 있는 하프의

---

8) 율법은 과월절 식사 뒤에 누룩 안 든 빵을 조금 떼어먹도록 요구하고 있다. 그런데 어떤 사람들은 지나치게 경건함을 과시하고자 많은 분량의 누룩 안 든 빵을 먹는 어리석음을 드러냈다.

9) *Berachoth* 3b.

줄이 울리는 듯한 말을 듣는다. 그는 즐거움을 불러일으켰고, 코츠커는 뉘우침을 불어넣었다. 바알 셈은 은총으로 시작했고, 코츠커는 분노로 시작했다. 메츠비즈에서는 빛이 비쳤고, 코츠크에서는 불길이 치솟았다.

옛 예언자들의 적개심과 선대(先代)의 도덕주의적 징벌자들이 품고 있던 분노가 다시 유대 민족 위에 떨어졌다. 코츠커는 솔로몬의 아들 르호보암이 부르짖던 대로 부르짖었다. "너희는 부왕께서 메워 주신 멍에가 무겁다고 한다마는, 나는 그보다 더 무거운 멍에를 너희에게 지우리라. 부왕께서는 너희를 가죽채찍으로 치셨으나 나는 쇠채찍으로 다스리리라"(열왕기상 12:11).

코츠커는 자기 세대의 "설교자"였다. 그도 "공평무사하게 정의가 이루어져야 할 세상에 불의가 판치는 것을"(전도서 3:16) 보았다. "헛되고 헛되다"라고 설교자는 말한다. "헛되고 헛되다. 세상만사 헛되다"(전도서 1:2).

바알 셈 토브는 자기 시대의 <아가>(雅歌)였다. 하느님의 사랑에 흠뻑 취해 있는 연인이었다. 그 사랑은 "바닷물로도 끌 수 없고 굽이치는 물살도 쓸어갈 수 없는 것, 있는 재산 다 준다고 사랑을 바치리오? 그러다간 웃음만 사고 말겠지"(아가 8:7)의 사랑이었다. 바알 셈의 가르침은 "헛되고 헛되다!"는 설교자의 부르짖음을 머리부터 바꾸어 놓았다.

세상에 대한 코츠커의 불신은 "그는 세상처럼 착하다", "세상처럼 예쁘다", "세상처럼 슬기롭다"라는 식의 이디쉬 관용어에 반영되어 있는 유대민족의 세상에 대한 신뢰와 존경의 자세에 정면으로 맞섰다.

코츠커는 자신을 바알 셈 토브의 전통을 물려받은 상속자라고 생각하지 않았다. 위대한 메제리츠의 마기드(Maggid of Mezeritch)의 존경받는 제자였던 비텝스크의 렙 멘들(Reb Mendl of Vitebsk, 1730~88)은, 바알 셈과 같은 인물은 전에도 없었고 후에도 없을 것이라고 썼는데, 그것은 거의 모든 하시드 레뻬("라삐"의 이디쉬어―옮긴이)들의 견해이기도 했다.

코츠커에 대한 이야기들 중 이런 것이 있다. 한번은 그가 젊은 제자로 프쉬스케에 머물고 있을 때, "그대는 바알 셈 토브처럼 위대해질 속셈인가?"라는 나무람을 들었다. 그는 얼굴색 하나 변하지 않고 대답했다. "그렇습니다. 바알 셈이, 누구도 자기보다 더 위대해지면 안 된다고 못박아놨던가요?" 또 한번은 자기보다 먼저 살았던 하시드 운동의 지도자들을 열거하면서 바알 셈 토브의 이름을 빼놓았다. "내가 누군지 아는가? 일찍이 레뻬 렙 도브 바에르, 렙 쉬멜케, 레뻬 엘리멜레크, 루블린의 레뻬 '거룩한 유대인' 프쉬스케의 렙 야코프 이츠악, 레뻬 렙 부남이 있었지. 내가 일곱 번째 사람이야. 그 여섯 사람의 진수(眞髓)지. 내가 '안식일'이다."

"게러"(the Gerer)라는 이름으로 알려진, 코츠커의 제자, 게르의 렙 이츠악 메이르(Reb Yitzhak Meir of Ger)는 코츠커를 바알 셈과 똑같이 위대한 사람으로 모셨다. 위대한 스승, 프쉬스케의 "거룩한 유대인" 렙 야코프 이츠악이 등장할 때까지, 모든 짜딕들은 바알 셈의 교리를 해석하는 것이 전부였다. 그러나 푸쉬스케 이후 모든 하시드의 가르침은 프쉬스케에 대한 주석이었다고 게러는 말했다. 그는 덧붙여 말하기를, 코츠크에는 바알 셈과 동격의 수준에 올랐다고 할 수 있는 젊은이 3백 명이 있어서 그것을 시샘하거나 특별한 관심을 기울이는 일도 없었다고 했다.

렙 멘들의 병세가 악화되었다는 소식이 바르샤바에 전해지자, 그곳에 살고 있던 렙 이츠악 메이르는 코츠커에 대한 극단의 찬사를 늘어놓기 시작했다. "그와 같은 믿음직한 유대인은 없다. 나는 그가 바알 셈 토브와 동등하게 위대하다고 생각한다." 하시드들은 언제나 그들의 레뻬를 칭찬해 왔다. 그러나 바알 셈 토브에 견주어진 사람은 코츠커뿐이다.

하시드들은 바알 셈의 제자들과 위대한 메제리츠의 마기드가 남겨 놓은 고전들을 연구했다. 그러나 코츠커와 그의 하시드들은 『케두사트 레위』(*Kedushat Levi*)10)조차 읽지 않았다. 유일하게 그들이 읽은 것은, 브라츨라프의 렙 나하만(Reb Nahaman of Bratzlav)의 저술이었다.

루블린의 선견자 렙 야코프 이츠악이 남긴 저술들은 그 자체로써 탁월한 것들이었다. 운동의 바람을 루블린에서 프쉬스케로 옮겨가게 한 의견의 차이에도 불구하고 렙 이츠악 메이르는 이렇게 말했다.

> 나는 그 어떤 하시드 저술도 탐구하지 않았다. 저자들이란 다만 자기들의 세대를 위해 썼기 때문이다. 그러나 루블린의 레뻬가 남긴 것들은 예외이다. 나는 그것들을 아주 자세하게 연구한다. 단어 한 마디 한 마디가 그대로 한 권의 책이다. 그의 저술의 갈피마다 겸손과 기쁨으로 가득 차 있다. 그의 인생이 그렇더니 그의 저술 또한 그렇다… 나는 모세 오경의 첫 글자부터 마지막 글자까지, 그 모든 의미를 루블린의 레뻬가 이해한 것과 똑같이, 파악할 수가 있다.

바알 셈은 거룩함의 문들이 열려 있다고 믿었다. 의로운 사람이 된다는 것은 쉬운 일이었다. 단순하게, 계명을 지키면 됐다. 코츠커는 건널 수 없는 구렁이 인간과 하느님 사이를 갈라놓았다고 주장했다. 우리의 저속한 입술로 하느님의 이름을 부른다는 것은 뻔뻔스런 짓이었다. 인간은 단 하나의 계명이라도 지키려 하기 전에 먼저 자신

---

10) 베르디체프의 렙 레비 이츠악의 책.

의 안팎을 깨끗하게 정화시켜야 한다고 그는 주장했다. "너희는 내가 일러 준 말을 너희의 마음에 간직하고 골수에 새겨 두어라"(신명기 11:18)라고 기록되어 있다. 좀더 정확하게 읽으면 "너희 마음 위에 (upon) 간직하고…"로 되어있다. 왜 "마음 안에(in)"가 아닌가? 그 까닭은, 진리를 마음 안에 두라는 명령이 도대체 있을 수 없는 것이기 때문이라고 코츠커는 설명했다. 그 누구의 마음이 과연 진리를 그 속에 내포할 수가 있었을까? 그보다도, 어떻게 진리가 담으로 막혀 있고 굳어져 있는 인간의 마음을 뚫고 들어올 수 있을까?

그러므로 위의 신명기 구절이 뜻하는 것은, 진리가 인간의 마음 위에 돌멩이처럼 놓여야 한다는 것이다. 마음이 열리는 순간이 있다. 그때 마음 위에 말씀이 있다면 안으로 스며들어갈 수 있을 것이다. 진리가 안으로 들어갈 수 있는 것도 바로 그 순간이다. 사람은 다른 사람이 되어 무엇을 할 것인가, 무엇을 고칠 것인가를 알게 되고… 말씀은 그의 존재 안에 흡수되는 것이다.

우리는 매일 "당신의 토라를 향한 내 마음을 여소서… 그가 우리의 마음을 여시리이다" 하고 기도한다. 사람이 자기의 마음과 영혼을 모두 바쳐 기도하면 하느님께서 반드시 그를 도우실 것이다.

코츠커는 바알 셈을 넘어서는 길을 찾았다. 그는 마침내 바알 셈의 안티테제(反正立)를 드러내어 밝히는 일을 해내고 말았다. 그러면서도 그는 바알 셈을 반박하지 않았다. 이지러지게 하지도 않았다.

가리개의 세계

하느님은 사랑과 자비가 넘치는 아버지다. 그런데 왜 그는 숨겨져 있는가? 왜 우리를 이리저리 피하고 있는가?

그는 숨겨져 있지 않다, 라고 바알 셈은 말했다. 그는 숨어 계신다, 그는 아주 가까이 계시는데 가리개(veils)와 막(screen) 뒤에 숨어 계신다, 그는 자기 자녀들과 "숨바꼭질" 놀이를 하면서 발각되기를 바라신다, 그런데 우리가 그를 찾는 일을 잊어버린 것이다, 라고 바알 셈의 손자는 설명했다.

하느님의 부재(不在)는 하나의 환상이다. 감각이 우리로 하여금, 하느님은 아무데도 안 계셔서 찾을 수가 없다고 믿도록 속이는 것이다. 세계는 계시와 은닉으로 생존한다…. 영광스런 분은 어디에나 계신다. 그런데 한 쪽 손바닥으로 눈을 가리고 우리는 우리의 시선을 막는 것이다. 거의 모든 경우에, 어둠은 경험의 실패에 기인한다. 이지러져서 어두워지는 것은 태양이 아니라 우리의 마음이다.

사람의 영혼은 "위에서 내려온 하느님의 한 부분"이다. 그런데 그는 자신이 아래에서 올라온 모든 것, 질흙으로 이루어진 모든 것이라고 생각한다. 사람은 마땅히 자기 자신을, 그 꼭대기가 하늘에 닿아 있는, 땅 위에 놓여진 층계라고 생각해야 한다. 위에 있는 세계에서 일어나는 일에 영향을 미칠 힘이 그에게 있다.

사람의 가장 큰 죄는, 자기가 왕자(王子)라는 사실, 자기에게 왕권이 주어졌다는 사실을 망각하는 것이다. 모든 세계는 위로 올라가야만 한다. 모든 사람은 아래에 있는 것을 끌어올리고 떨어져 있는 것을 합치며 뒤에 처져있는 것을 앞으로 나가게 할 의무가 있다. 마치 모든 세계가, 아래 세계든 위 세계든, 기대와 도달해야 할 성스런 목적지로 가득 차 있어 완전한 성취가 이루어질 수 있듯이. 사람은 그 절정을 천천히 그러나 확실하게 가져오도록 부름 받은 것이다.

그러므로 우연히 일어나는 일은 없다. 머리를 스쳐가는 생각도 그냥 어쩌다가 생기는 게 아니다. 사상은 인격과 같다. 그것도 원상으로 회복될 필요가 있기 때문에 생기는 것이다. 굳어지고 잘못 사용된 생각은 그 뿌리와 다시 하나가 되는 길을 모색한다. 나아가서 그것은 사람에게, 그가 짊어지고 태어난 사명을 깨우쳐 주기 위해 전달되는 메시지가 될 수도 있는 것이다.

모든 사실은 비유이다. 그것들이 가리키는 대상은 하느님이다. 모든 사물은 스승이, 글자 그대로, 직설적으로 깨닫기 어려운 것들을 알기 쉽게 설명하기 위해 이야기한 이야기들이다. 눈에 보이는 사물을 통하여 하느님은 당신 자신을 우리가 이해할 수 있는 눈높이로 끌어내리는 것이다. 땅 위에 있는 사물들의 위대함을 깨닫지 못하는 사람들은 얼마나 수치스러운가. 그들은 삶이 아주 하찮은 것이라는 듯 행동한다. 모든 하찮은 것들이 신성(神性)으로 가득 차 있음을 모르고. 아무도 가장 높은 하늘을 휘젓지 않는 행동을 할 수가 없다.

유대 신비주의에 푹 젖은 바알 셈의 세계관은 코츠커의 세계관과 날카로운 대칭을 이루고 있다.

허깨비의 세계

우리들 대부분에게, 삶은 핑계대기, 허세부리기, 바꿔치기 그리고 합리화의 연속이다. 우리는 세계를 있는 그대로 보지 않고 우리 자신의 투영으로 본다. 그럼으로써 우리는 착각의 마술에 걸려 그것의 허위성을 알고 난 뒤에도 헤어나지 못하는 수인(囚人)이 된다. 점차로 허세가 확실성으로 둔갑하고 합리화가 얽히고, 광기(狂氣)가 자리 잡는다.

너무나도 많은 사람이 자신의 착각을 파는 세일즈맨이 된다. 지금, 여기의 세계가 최후의 것이 아님을 충분히 아는 사람은 거의 찾아볼 수가 없다.

『탈무드』는 유대의 율법이 안고 있는 물음들을 분석하고 논의하면서 그에 대한 가능한 해답을 제시하기 전에, "이렇게 생각할 수 있을 것이다", "이렇게 믿고 싶다"라는 말을 먼저 한다. 이제부터 전개하는 모든 논의가 단순한 가설이나 가정이 될 수 있다는 점을 분명히 한 뒤에 결론에 도달하는 것이다.

　이런 관용어의 정확한 의미를 충분히 이해하도록 노력해야 한다고 렙 부남은 말했다. 왜냐하면 우리가 살고 있는 이 세계는 단순한 가설이나 가정이기 때문이다. 온전한 결론은 아직 오고 있는 중이다. "그런 다음 뭇 민족의 입술을 정하게 하여 모두 야훼의 이름을 부르며 어깨를 나란히 하고 그를 섬기게 하리라"(스바니야 3:9).

　진실성과 영원성을 향한 열정으로 몸을 불사른 코츠커는, 자기의 온 생애를 가짜 목표를 위해 버리는 사람들을 어떻게 보았을까?

　거짓이란 단순히, 말과 그 말의 의미가 서로 맞지 않는 것이 아니다. 그것은 인생의 기초를 뒤틀고 이지러지게 하며, 그를 속여 존재하지도 않는 현실에서 살고 있다고 믿게 한다. 거짓을 살고 그것을 진실로 둔갑시키는 사람은 자아 망상의 세계로 빠져 들어간다.

　거짓은 인간의 생각을 더럽히는 오점(汚點) 정도가 아니다. 건강한 삶은 자기가 원하는 것이 무엇인지 알고, 앞에 있는 최후의 목표를 보고, 분명하게 이해되는 행동으로 그 목표에 이르기를 소망함으로써 이루어진다. 거짓말은 사람의 온 실존을 묶는 질병이다. 결과적으로, 우리의 식별 자체가 잘못이 된다. 척도를 잴 수 있고 통제할 수 있는 것을 실재하는 것으로 생각하며, 잴 수 없고 통제할 수 없는 것은 이치에 맞지 않고 실재하지 않는 것으로 여겨 부인한다.

　유대 신비주의 문학에서는 지금 여기의 세계가 "거짓의 세계"로 불린다. 모든 진실의 낱알이 거짓의 껍질로 싸여 있다는 것이다. 우리의 진리는 흔히 반쪽 진리요, 조금씩 습득되고 사정에 따라 불안하게 보존되는 가운데, 겨우 몇몇 죽어 가는 자의 입술을 피난처로 삼을 뿐이다. 너무나도 많은 사람들이 거짓을 위해 죽어가고 있기 때문이다. 진실을 공언하는 많은 사람들이 실은 진실을 회피한다. 그들의 엄숙한 선언은 흔히 가리개로 가린 속임수다.

아브라함이 한 일은 이것이다. 그는 진리와 더불어 홀로 살기 위해 공동체와 속임수를 포기했다.

진정한 고독은 새 공동체 출현의 전주곡이다. 그러나 당신이 발을 빼지 않고 "세상"의 부분으로 남는다면 당신은 자신을 속이지 않기 위해 최대의 노력을 기울여야 한다. 분명히, 인간의 가장 강한 속성 가운데 하나는 자기를 속이는 것이다.

사람들은 자기들이 살아 있는지 아닌지, 그리고 어디에 처해 있는지를 모른다. 세상은 온통, 무계획한 삶, 목적도 없는 행동, 벽 없는 지붕들로 뒤죽박죽이다. 그들은 스스로 춤을 추고 있다고 생각하지만 실은 마비되어 있다. 정신 착란이 그들을 황홀하게 한다. 그들은 자기 기만의 난장판 속에서 오히려 안락을 느껴, 사탄이 그들을 껴안을 때면 그가 자기네를 사랑하고 있는 줄로 생각한다.

거짓말은 인간의 적이다. 그런데도 인생은 점차로 더 많은 술책과 거짓으로 낭비되어 간다. 진실은 우리의 세계에서 있을 자리를 잃었다. 우리는 정직의 결핍으로 질식해 있다. 그 결과, 사람은 아직 숨이 붙어 있는 가운데 죽는다. 삶 자체가 죽음이 되었는데 누가 부활을 말할 수 있겠는가?

천하게 거들먹거리며 인간은 무례한 발언을 하고 건방진 짓을 저지른다. 그러나 진실이 무덤 안에 묻혀 있으면서도 죽지 않고 살아 있는 한, 그들은 죽은 것이다. 때로 땅 속으로부터 한 부르짖음이 울려 나오고 그러면 몇몇 소외된 자가 한숨을 쉬고 눈물을 흘린다.

사람이 자기 자신을 속이지 않으면, 그는 마침내 세계의 거짓됨을 깨닫게 된다. 그가 자신의 기만이 궁극적으로는 타당한 것이고, 자신의 독단이 최후의 의미를 갖는다고 믿는 한, 그는 허깨비의 영토에서 살고 있는 것이다. 빈둥거리며 놀고 있으면서도 자기의 성공을 확신한다. 죽어가면서도 나는 살아 있다고 스스로 다짐한다.

모든 사람이 저마다 이 물음과 더불어 씨름하지 않으면 안 된다. 나는 허깨비의 세계에서 살고 있는가? 내 삶과 내 모든 관심은 한낱 속임수인가?

이른바 세계의 주민이라고 하는 많은 사람들이 참으로 살아 있는 사람이 아니다. 당신이 지금 보고 있는 것은 길 잃은 자들의 땅, 크고 넓은 지옥의 변방(邊方)에 떠돌아다니는 허깨비들, 요괴(妖怪)들, 유령들이라고 코츠커는 말했다. 그들은 너무나도 안절부절못하여 천국이나 지옥에 머물러 있을 수가 없고, 없어질 세계에서 영원히 서성거린다.

소동이 일어나고 사람들이 몰려 있는 곳이면 어디서나 당신은 그들을 본다. 그들은 말을 하고 살아 있는 자로 취급된다. 그들에게 몸뚱이는 있지만 그러나 그들은 육체가 없는 유령이다. 그들은 사업을 하고 회의에도 참석한다. 그들은 자신이 허깨비의 세계에 살고 있다는 것을 까맣게 모르고, 항해를 하고 무역을 하며 돈을 벌어들이고 잃어버리고 한다. 그들은 부지런히 수입하고 지출하지만 실제로 들어오고 나가는 본체는 없기 때문에, 사고 파는 것이 아무런 의미도 없으며 이익을 보는 것도 손해를 입는 것도 아니라는 사실을 깨닫지 못한다.

이 떠돌이 영혼들은 몇 천 년에 걸쳐 인생의 회전목마 위에서 빙빙 돌고 있었다, 이윽고 한 인간이 깨닫고 그들을 멈추어 최후의 안식처로 보낼 때까지. 강제로 멈춰지고 생각하게 됨으로써 그들은 석방된다. 그들은 자신이 이 땅에 예속되어 있지 않다는 사실을 깨닫고

급히 떠난다.

렙 부남과 렙 멘들은 그들이 흔히 만났던 사람들, 곧 자신이 죽은 줄 모르는 죽은 자, 상상의 세계에 살고 있는 사람, 심지어 지옥조차도 받아들이지 않을 떠돌이들에 대해 말했다… 그들은 이 세상에도, 이 다음 세상에도 살지 않았다. 몰리고 혼란에 싸여 목표도 이유도 없이 떠돌아다니는 자들이었다.

하루는 렙 부남이 코츠커에게 말했다. "들판으로 나가자."
마차를 타고 그들은 마을을 떠나 들판에 이르렀다.
"자, 무엇이 보이느냐?" 하고 렙 부남이 물었다.
"곡식을 베는 농부들이 보입니다."
"아무나 한 사람을 부르게."
농부가 그들 앞에 서자 렙 부남이 말을 계속했다. "그대는 이 사람이 옷을 입고 있다고 생각한다. 그렇지 않은가? 그런데 그렇지 않다. 그는 수의(壽衣)에 싸여 있는 것이다. 그는 허깨비의 세계에 예속돼 있다. 저 사람을 영원한 안식에 이르게 하라…."

몇 년 뒤, 코츠커가 레뻬가 되었을 때, 그는 토마소프의 렙 히르쉬를 데리고 마을을 나섰다. 그들이 한 다리에 이르렀을 때 몇몇 여자들이 그들에게 돌을 던지기 시작했다.
"무서워하지 말게" 하고 코츠커가 말했다. "저들은 진짜 여자가 아니고 돌멩이도 진짜가 아니야. 모두 허깨비에 불과하네."
렙 히르쉬는 잠시 입을 다물고 있다가 이윽고 물었다. "우리 또한 허깨비가 아닐까요?"
"아니지. 때로 뉘우쳐야겠다는 순수한 충동을 간직하는 한, 우리는 허깨비가 아닐세" 하고 코츠커는 대답했다.

헛되고 헛되다?

여러 종교에서, 신성(神性)에 이르기 위해서는 먼저 속성(俗性)을 버려야 한다는 가설을 인정하고 있다. 성스러움과 저속함은 서로 배타적이다. 정신의 세계는 영원하고, 지금 여기의 세계는 헛되다.

논리적으로는 이런 이원론이 그럴듯하다. 그러나 조물주를 찬양하는 자라면 다음의 질문으로 도전받지 않을 수 없을 것이다. 즉 우리가 어떻게, 그 거룩하시며 숨어 계신 분을, 그분이 창조한 세계를 찬양하지 않으면서 사랑할 수 있겠는가?

바알 셈은 우리에게, 존재하는 모든 것을 높이 평가하라고 열심히 권했다. 어떻게 우리가, 조물주에게, 그가 만든 사물을 통하지 않고 가까이 다가갈 수 있겠는가? 그를 공경하면서 동시에 그가 만든 것들을 업신여긴다는 것은 있을 수 없는 일이다. 이것이 곧 세계, 사람들, 사물들을 사랑할 것인가 미워할 것인가, 공경할 것인가 불쾌하게 여길 것인가를 선택하기 위한 우리의 암중 모색의 결과를 결정짓는 것이다.

인간은 이 세계를 소중하게 여겨야 한다고 바알 셈은 말했다. 이 세계를 비난하고 조롱하는 것은 무례한 일이었다. 창조, 모든 피조물들은 위엄과 목적으로 충만해 있고 하느님의 뜻으로 이루어져 있다.

"헛되고 헛되다" 하고 설교자는 말했다. "헛되고 헛되다. 세상 만사 헛되다." 이 구절에 대해 바알 셈은 이렇게 설명했다. 이 구절은 두 부분으로 나뉘어져야 한다. 하나는 모든 것이 헛되다는 설교자의 단언이고, 다른 하나는 그에 대한 날카로운 반박이다. "설교자여, 그대는 모든 것이 헛되다고 강하게 주장하는가? 그대가 말한 것도 헛되다." 누구든지 감히 하느님이 창조한 세계가 헛되다고 확언한다면 그의 모든 선행도, 경건도 예배도 헛된 것이다! 인간의 우울을 찬양으로 몰아낸 것은 바알 셈의 천재성이었다. 인간의 우울은 하느님께 모독이었다.

짙은 어둠 속에서도 인간은 깜박이는 불꽃을 볼 수 있었다. 거룩하신 분의 빛줄기가 존재하는 모든 것의 한복판에 있었기 때문이다. 숨어 있는 광휘(光輝)를 찾아내고 껍질 속에 갇혀 있는 거룩한 알맹이를 드러내는 것이 인간에게 주어진 사명이었다. 신성은 어디에나 있으므로 인간은 언제 어디서고 거룩하신 분의 광휘를 쉽게 체험할 수 있었다. "번쩍이는 성스러움을 내포하지 않은 것은 없다. 그것 없이는 아무것도 존재할 수 없기 때문이다."

이런 견해가 이른바 범신론과 동일시되어서는 안 된다. 바알 셈에 따르면 세계와 하느님, 물질과 정신은 전적으로 분리된 실체였다. 범신론자가 주장하는 것과는 조금도 같지 않다. 비록 물질 세계를 지탱하는 본질 또는 영혼이 영적인 것이라고는 해도 구체적인 세계는 여전히 물질적인 것으로 남았다. 하느님과는 질적으로 구분되었다.

무엇이 의로운 자를 악한 자로부터 구별지어 주는가? 악한 자들은 그들에게 쾌락을 가져다 주는 물질의 덫에 걸려 있지만, 의로운 자들은 사물들 안에 내재한 신성의 신비함에 매혹되어 있다. 그들의 삶을 지탱시켜 주는 것은 그들의 외경이다.

바알 셈의 시대 이전의 경건한 유대인들은 하느님께 가까이 가기 위해서는 육신이 억제되어야 한다고 생각했다. 그래서 단식도 하고 고행도 해야 한다고 생각했다. 육체적인 즐거움을 추구하는 것은 천박한 짓이었고 성적인 쾌감은 곧장 그만한 불쾌감을 몰아다 주었다. 바알 셈과 그의 추종자들은 모든 기쁨이 에덴으로부터 나온다고 생각했다. "물질적인 사물에 대한 동경은 인간이 하느님의 사랑에 접근하는 한 방편이다. 천박한 욕망을 통해서도 인간은 창조자의 사랑에 다가갈 수 있는 것이다." 욕망, 색정, 나쁜 속성 이 모두가 고양되어야지 뿌리뽑혀서는 안 된다.

이런 견해는 코츠커의 그것과 전적으로 상반된다. 코츠커는 이 세계의 우둔함, 거짓됨, 더러움을 생각했다. "헛되고 헛되다. 세상 만사 헛되다"라는 구절의 정신에 입각하여 그는 차라리 세계로부터 스스로를 소외시키기를 바랐다.

렙 멘들은 신비주의자도 시인도 아니었다. 그의 견해는 암울했고 몸짓은 딱딱했다. 도덕적인 엄격성이 심미적인 감수성을 억눌렀다. 비록 단식과 자학을 거부하는 점에서 바알 셈과 의견을 같이하기는 했지만, 이 세상의 쾌락을 강조하거나 칭찬할 수는 없었다. 그는 인간의 속성을 믿지 못했다. 바알 셈의 의견대로 악한 성향을 위로 끌어올리는 대신에, 뽑아내기를 원했다.

고전적인 하시디즘은 인간의 영혼이 "위에서 내려 온 하느님의 한 부분"이라는 생각을 강조했다. 카알린의 렙 슬로모(Reb Shlomo of Karlin)는 이렇게 말했다. "유대인이 저지를 수 있는 가장 큰 죄는 자기가 왕자임을 잊어버리는 것이다."

코츠커는 인간 영혼의 근본이 하느님에게 있다는 사실에 물음을 던지지는 않았지만, 인간을 탐구한 결과, 그가 자신의 근본과 어긋나 있음을 발견했다. 그에게 인간은 "고약한 냄새를 풍기는 정액"이었다.

코츠커에게는 인간의 가치에 대한 인식이 부족했던가? 그에게는 인간의 자기중심적인 본성에 대해 가혹하게 말할 것들이 더 많이 있었다. 그러나 그 가혹한 비판은 모두 인간을 멸시해서 나온 것이 아니라 오히려 자신의 의지력을 실천하기만 하면 이루어질 인간의 가능성에 대한 과대 평가에서 나온 것이었다. 코츠커는 제자들에게 드높은 목표를 세워 주었다. 그들이 그 목표에 이르기 위한 엄청난 노력을 모두 감당해낼 수 있다고 믿었기 때문이다.

코츠커는 진실한 인간이란 진실을 향한 뜻(意志)을 지닌 인간이라고 생각했던 것 같다. 그럼에도 불구하고 인간의 의지력은 가끔 내면 생활의 소란과 솟구쳐 흐르는 홍수의 아우성, 지하 동굴의 어둠 속에서 혼돈을 일으킨다.

렙 멘들의 쓰디쓴 절망은 그 주요한 까닭이, 선해질 수 있는 성향을 비뚤어지게 하고 쓸데없이 소모시키는 인간을 알게 된 데 있다. 인간을 사랑하는 사람들은 가끔 손해를 보면서 그를 섬겼다. 부자가 된다거나 유명해진다는 것은 코츠커로서는 펄쩍 뛸 일이었다. 진정으로 인간을 사랑하는 자는 이웃과 함께 자기 자신도 속이지 않을 것이다.

바알 셈은 육체와 영혼이 서로 치열하게 싸운다는 전통적인 명제를 받아들이지 않았다. 육체는 영혼과 협력하여 하느님을 섬겨야 한다고 그는 생각했다. 그러므로 육체의 기본적인 욕구는 충족되어야 했다.

제자 렙 야코프 요세흐(Reb Yaakov Yosef)가 금욕주의를 받아들여 육체의 고행을 하고 있다는 소식을 듣고 그는 편지로 그만 둘 것을 권했다. 이런 맥락에서 바알 셈 토브는 "네 골육을 모른 체하지 말라"(이사야 58:7)는 예언자 이사야의 권고를, 네 자신의 육체를, 그것의 욕구를 모른 체하지 말라는 말로 해석했던 것이다.

반면에 코츠커는 성욕(性慾)을, 더불어 싸워야 할 거대한 적대자로 보았다. 사람이 고행으로써 자기 육체를 다스릴 수는 없다는 점에 동의하면서도 육체의 응석을 받아 준다거나 그 욕구를 만족시켜주다 보면 영혼이 멍청해진다고 확신했다.

바알 셈의 사상에서, 모든 체험은 사랑으로 비롯된다. 누구든지 그에게 온 사람은, 하느님에게 바치는 그의 공경이 모든 인간에게 향한 애정과 아주 잘 섞여 있음을 느끼게 마련이었다. 그는 마음이 따뜻했고 쉽게 가까이할 수 있는 사람이었다. 그는 마을에서 마을로, 도시에서 도시로 돌아다니며 단순한 민중의 벗이 되고자 했다. 남녀의 구별이 엄격하여 낯선 여자와의 대화조차 꺼리던 당시에 바알 셈의 행동은 실제로 용감하기조차 했다. 그는 상담이나 축복을 바라고 오는 여자들을 모두 받아들였다. 그러나 코츠커는 사람들을 멀리했다. 물론 여자는 그의 문하에서 공부할 수 없었다.

코츠커의 제자가 되려면 상당한 정도의 『탈무드』 연구를 했어야 했다.

어느날, 배운 게 없는 한 평범한 사람이 코츠커에게 왔다. 렙 멘들은 그에게, "그대 같은 유대인은 나를 만나러 여행할 필요가 없네. 대신 집에서 난롯가에 앉아 시편이나 암송하게" 하고 말했다.

바알 셈은 자신의 일생을 고독과 은거 생활로 시작하여 자신을 세상에 드러내는 것으로 마쳤다. 코츠커는 사방으로 문이 열린 방에서 대중을 가르치는 일로 시작하여 고독과 자기 격리로 마쳤다.

키테프(폴란드어로 쿠티)의 렙 게르손에게 보낸 유명한 편지에서 바알 셈은 자기 영혼이 어떻게 하늘나라에 올라갔는가를 설명했다.

한 계단 한 계단 올라가서 나는 마침내 메시아의 궁궐에 들어갔다…. 나는 그에게 여쭈었다. "언제 오시겠습니까?" 그가 대답했다. "네 가르침이 온 세상에 퍼지고 네 정신의 샘물이 터져 나오기 전에는 가지 않겠다."

바알 셈은 그의 메시지를 유대 대중들에게 전파하여, 그들로 하여금 하느님을 존재하는 모든 것의 뿌리로 깨달아 알게 하려고 애썼다. 반면에 코츠커는 다만 선택된 사람들을 가르치고 지적인 엘리트를 양성하는 일에만 관심을 두었다.

18세기의 순회 설교가들인 마기드들은 마을에서 마을로 여행하며, 사람들에게 그들이 얼마나 많은 죄를 지었는가를 얘기해 주었다. 그들이 갖고 다니던 책에는 어떻게 못된 영들과 마귀들이 사방에 깔려 있어, 주어진 법령을 조금이라도 어기는 자에게 무서운 벌을 주려고 기다리고 있는가가 자세히 기록되어 있었다. 윤리학과 설교학 분야의 가장 유명한 저술들 가운데 하나인 『세베트 무사르』(*Shevet Musar*, 『矯正의 회초리』)는 1729년에 사망한 스미르나의 엘리야(Elijah of Smyrna)가 쓴 것이다. 그 책에서 저자는 악인이 지옥에서 겪는 고문들을 자세히 묘사하고 있다.

그때 바알 셈이 나타나 사람들에게 한 사람 한 사람의 가치가 하느님 마음에 얼마나 귀중한 것인가를 이야기해 주었다. 그는 여러 가지의 비유로 하느님 자신이, 그 거룩하신 현존이 어떻게 모든 사물과 모든 인간 안에서 발견되는가를 설명했다. 설교가들은 사람을 깎아내렸고, 바알 셈은 추켜 올렸다.

바알 셈의 사랑의 힘, 각 개인의 신성한 가치에 대한 느낌, 여느 대중의 일상적인 걱정거리에 대한 관심, 그 모든 사람들을 자기와 동등한 사람들로 여기는 마음—코츠커의 사람들을 대한 태도에서는 이런 것들을 찾아볼 수가 없었다.

바알 셈이 다룬 것은 실존의 뒤얽힌 문제들뿐만이 아니었다. 그는 삶 속에서 발견될 수 있는 풍부한 잠재 능력, 자연스런 보물들—기쁨, 사랑, 노래, 열정을 캐어내는 일도 했다. 그는 오랫동안 봉인되어 있던 샘을 열었다. 황무지처럼 시들었던 유대인의 삶이 황홀한 향기가 가득 찬 정원으로 바뀌었다. 그는 유대인이라는 사실을 사람들이 스스로 긍지를 느끼며 사랑하게 되고 거기에서 기쁨을 찾을 수 있을 것이라고 믿었다.

그러나 코츠커는 배움이 없는 느낌, 자기반성이 없는 사랑, 자기통제가 없는 열심은 모든 울타리를 무너뜨릴 것이라고 했다. 감정은 곁길로 들어서게 돼 있고 마음도 그 자체만으로는 맹목적이었다.

바알 셈을 앞에서 이끈 것은 라삐들의 격언인 "하느님은 마음을 요구하신다"였다. 코츠커의 항구는 "사람의 마음은 천 길 물 속이라, 아무도 알 수 없다"(예레미야 17:9)는 예언자의 견해였다.

바알 셈은 사람이 마땅히 열성과 기쁨으로 하느님을 섬겨야 한다는 원칙을 강조했다. 코츠커는 그 반대를 말했다. 사람은 자기 자신을 무시하며 하느님을 섬겨야 한다. 그것은 그가 원하기 때문이 아니라 원하지 않기 때문이다. 명백한 이유가 붙어 있지 않는 성서의 법이 합리적인 설명이 붙어 있는 다른 법보다 높다. 하느님은 모세에게 미디안의 여자들을 헤아려 보라고 명령하셨다(민수기 31:35). "우리 주님 모세가 이방 여자들을 세어 보라는 명령을 받았다?! 그렇다. 그런 명령을 받았으면 그대로 하는 거다. 자신의 의견 따위는 제쳐놓고 말이다."

내재(內在)와 초월(超越)

하느님이 어느 장소에 계신다고 말하는 것은 하느님이 어디에도 계시지 않다고 말하는 것과 그다지 거리가 멀지 않다. 무한한 하늘나라를 가득 채우시는 존엄하신 분이 이 지구 위 어떤 구석에 자신의 영광을 스스로 한정시켜야 한다는 것은 이해할 수 없는 일이다.

세대를 거듭하는 동안 유다이즘은 하느님의 주권과 초월을 그분의 가까이 계심과 현존 못지 않게 기려왔다. 시인들은 그것을 노래하고 신비주의자들은 넌지시 말했다. 그러나 한편으로 신학자들은 거의 모두가 지나치게 은인자중하여 그것을 분명하게 표현하지 못했다. 하느님의 하나이심과 독특성에 대한 이해를 더욱 깊게 하려는 열심에서 중세기 유대 철학자들은 '쉐키나'(*Shekhinah*)를 전적으로 도외시해 버렸다. 쉐키나란 이 세계 안의 하느님의 현존과 내재하심으로서, 위대한 라삐 아키바와 그의 제자들이 정열적으로 가르친 것이다. 후기 유대교 신비주의에서조차 쉐키나 이론은 대부분 인간의 경험 속에 직접으로 개입하시는 하느님보다는 접신론적(接神論的)인 초월이라는 술어로 시인될 정도였다.

그 누구보다도 바알 셈이 쉐키나 사상을 사람의 마음과 영혼 속에 심어주었다. 하느님의 가까이 계심은 인간이 닿을 수 있는, 하느님의 가장 중요한 상(相)이 되었다. 하느님이 당신의 거리를 유지하는 것은 보통 아버지가 자기 아이와 놀이하듯, 하느님이 당신의 영원한 아이인 인간과 놀이를 하는 것이라고 그는 보았다.

코츠커로서는 그런 생각이 짜증나는 것이었다. 모든 것을 불태워 버리는 하느님의 힘이, 이 악의로 가득 찬 세상을 불사르지 않고 어떻게 가까이 올 수 있단 말인가? 이 다음에도 다시 다루겠지만, 그는 위대한 덴마크의 신학자인 키르케고르(Kierkegaard)와 몇 가지 중대한 관심을 공유하고 있다. 코츠커가 하시드 사상의 하느님의 내재에 대한 강조에 반발했듯이 키르케고르는 개신교 사상의 비슷한 국면에 문제를 제기했다.

르네상스 이후의 전반적인 사상의 흐름은 인간의 삶, 역사, 경험 속에 내재하시는 하느님 개념 쪽으로 흘렀다. 헤겔에 대한 키르케고르의 중요한 반박 가운데 하나가, 무한 존재는 유한 존재로부터 떨어져 있지 않고 따라서 유한 존재 안에서 그 모습을 드러내며 세계 속에 편입되어야 한다는 사상에 대한 반박이었다. 키르케고르에게 하느님은 오로지 초월일 뿐이었다. 그분은, 사실상, 여전히 건널 수 없는 심연 너머 저쪽 끝에 계셨다.

바알 셈에게 하느님은 초월이면서 내재였다. 다만 하느님의 가까이 계심 쪽으로 쏠리는 그의 사상적인 경향 때문에 가끔 내재론의 입장을 선호하여 하느님의 초월을 무색하게 만들었던 것이다. 이 근본적인 문제에서 코츠커는 바알 셈 토브와 노선이 갈라졌다.

그러나 코츠커는 인간과 하느님 사이를 격리시킨 구렁을 강조하면서도 그 구렁을 건널 수 있게 하는 다리가 인간의 마음으로부터 하느님에게 이르도록 만들 수 있음을 가리켰다.

하느님과 사람

이 세상은 악하고 해로운 영들로 가득 차 있다고 18세기 설교가들은 경고했다. 바알 셈은 이 세상이 빛, 영광, 신성함으로 가득 차 있다고 보았다.

하느님과 사람 사이에는 쇠로 된 장벽이 있다고 『탈무드』는 말하고 있다. 그러나 바알 셈은, 사람이 공부를 하거나 기도를 할 때에는 그를 가로막는 장벽을 볼 수가 없다고 했다. 변덕스러운 생각이나 죄스러운 쾌락 속에도 하느님은 계셨다. 비록 위축되거나 숨겨진 상태라고는 해도.

인간의 모든 슬픔은 마찬가지로 쉐키나의 슬픔이기도 하다. ("인간이 아파할 때 쉐키나는 부르짖는다. '아아, 내 머리야! 아아, 내 손발아!'") 『미쉬나』의 현인(賢人)들에 의해 표현된 이 사상은, 그대로 거대한 정신적 실재가 되어, 모든 경험에 새 차원을 열어 주었다. 나의 고뇌는 하느님의 고뇌이다! 심한 괴로움을 혼자서만 겪지 않고 다른 많은 사람과 함께 나누는 것이 무슨 위안이 된다면, 그것을 거룩하신 분과 함께 나누는 것은 위안 정도가 아니다.

바알 셈은, 인간들 틈에서 유배(流配) 당해 떠돌고 있는 쉐키나를 보게 됨으로써 끊임없는 불안과 깊은 고통을 안고 괴로워해야 했다. 반면에 코츠커의 어록에서는 하느님이 유배당했다는 생각 따위는 찾아볼 수가 없다. 하느님의 신성과 수동성은 서로 모순되는 개념이었다. 그에게, 하느님이 위축당한다는 것은 도대체 있을 수 없는 일이었다. 더군다나 인간의 어리석음 때문에 그럴 수는 없었다. 바알 셈의 입에서는 노래소리처럼 들리던 똑같은 말이 코츠커의 목구멍에서는 쓰디쓴 신음소리로 바뀌었다.

바알 셈은 계속해서 우리에게, 얼마나 하느님이 인간과 모든 사물에 가까이 계신가를 상기시켜 주고 있다. 렙 멘들은 쉬지 않고, 얼마나 인간이 진리로부터, 하느님으로부터 격리되어 있고 멀리 떨어져 있는가를 이야기하고 있다. 바알 셈은 이 세계 안에 현존하시는 하느님과 우주의 조물주를 드러내 보여 주고 있다. 그는 하늘을 좀더 가까이, 인간에게로 끌어내린다. 그러나 렙 멘들은 인간의 부패가 신성을 퇴박하는데 무슨 목적으로 하늘을 끌어내리느냐고 반문한다.

바알 셈은 "그대 자신 위에 존재하는 것을 알라"[11]는 말을 이런 식으로 풀이한다. 그대는 그대 자신의 안에서나 밖에서[12] 위에 계신 하느님을 알게 될 것이다. 인간은 하느님의 신성한 부분인 영혼을 소유하고 있으며, 그 영혼을 통하여 위에 계신 하느님의 신성을 어느 만큼 직관으로 알 수 있다.

---

11) 『조상들의 어록』Ⅱ, 1.
12) 히브리어 "미므카"(*mimkha*)는 "그대 밖에서"라는 뜻이기도 하다.

바알 셈은, 하느님은 모든 곳에 계시는데 다만 사람이 죄를 지었을 때 하느님은 위축되거나 갇혀 있다고 가르쳤다. 이 사실은 "죄"를 뜻하는 '헤트'(*het*)라는 히브리 단어 속에 암시되어 있다. '헤트'라는 단어 속에 들어 있는 히브리 문자 '알레흐'(*alef*)는 우주의 주(알루흐 *aluf*)이신 하느님을 의미한다. 그는 히브리어의 "죄"라는 단어 속에, 묵음(默音)으로 들어가 있는 것이다.

그러나 렙 멘들은 하느님의 신성과 세계의 속성(俗性)은 본질적으로 서로 같을 수 없고, 그래서 인간이 가끔 하느님의 신성에 도전을 한 것이라고 생각했다. 그는 세계가 하느님의 신성으로 가득 차 있다고 보는 바알 셈 토브의 견해에 정면으로 반대했다. 하느님이 어디 계시느냐는 질문을 받았을 때, 바알 셈은 어디에나 다 계신다고 대답했다. 코츠커는, 들어오시도록 허락을 받은 곳에 계신다는 대답이었다.

코츠커는 자아란 비참과 고뇌의 동굴이라고 생각했다. 사람이 자신을 들여다 볼 때, 볼 수 있는 것은 어둠과 혼돈뿐이었다. 자아는 너무나도 갈팡질팡하여 하느님을 아는 데까지 이르지 못했다. 자아를 정복하고자 애씀으로써 기초를 놓지 않으면 안 되었다.

바알 셈은 모든 유대인에게, "의심스런 점은 피고에게 유리하도록 해석을 내리는 은전(恩典)"을 베풀었다. 그는 길을 잃고 헤매는 자들 속에서도 거룩함의 현존을 파악했다. 『탈무드』도, "이스라엘에서는 죄인들도 선한 행실로 충만하다. 마치 석류 열매에 씨앗이 들어 차 있듯이"라고 말하지 않았는가? 코츠커는 이 말의 뜻을 거꾸로 엎어버렸다. 즉 사람은 마치 석류 열매에 씨앗이 들어 차 있듯이 선한 행실로 충만할 수 있지만 그럼에도 불구하고 그는 여전히 죄인이다….

이사야와 욥

　세상을 열광적인 눈으로 바라보아 그 놀라움과 빛나는 영광에 넋을 잃은 사람이 있는가 하면, 같은 세상의 추악함과 사악함을 보고 충격을 받는 사람도 있다. 예언자 이사야는 스랍(천상에서 하느님을 모시는 천신 가운데 하나임.―옮긴이)들이 "만군의 야훼, 그의 영광이 온 땅에 가득하시다"(이사야 6:3)라고 외치는 소리를 들었다. 반면에 욥은 "땅을 악인의 손에 넘기셨으니 재판관의 눈을 가리우신 이가 그분 아니고 누구시겠는가!"(욥기 9:24)라고 했다. 렙 멘들은 스랍들보다는 욥 쪽으로 더 기울어진 사람이었다.
　바알 솀은 스랍들의 관점을 받아들였다. 세상은 영광으로 가득 차 있었고, 악은 있지만 선의 그늘로 존재할 뿐이고 그나마 선하게 될 가능성을 품고 있었다. 코츠커는 천사들의 소리를 듣고자 하지 않았다. 그가 보고 들은 것은 거짓으로 사로잡혀 있는 세상이었다.
　바알 솀은 도덕을 강조하는 설교가들에게, 사람들을 징벌하고 신랄한 꾸지람으로 두려워하게 하는 일을 그만두라고 간청했다. 누구든지 남을 책망코자 하는 자는, 그 책망 받을 자의 잘못에 대한 책임의 일부가 자기 자신에게도 있음을 깨달아야 한다는 것이었다. 그 누구도, 생계를 유지하는 일에 매달려 있는 자에게 토라(法)를 공부하는 데 시간을 바치지 못한다고 비웃거나 책망하지는 못한다. 일반적으로, 아무도 자기 동료를 꾸짖지 못하게 되어 있다.
　『바빌로니아 탈무드』에, 라삐 시몬 벤 요하이와 그의 아들 엘르아자르의 이야기가 있다.

　그 두 사람은 로마인들의 박해를 피하여 동굴 속에 몸을 숨겼다.

열 두 달 뒤에 동굴에서 나와 밭을 갈고 씨를 뿌리는 사람들을 보고 그들이 외쳤다. "이 사람들은 일상 생활에만 마음을 쓰고 토라를 공부하지는 않는구나. 이들은 영원한 삶을 포기하고 있어." 그들의 눈에서 나온 불로 눈앞에 보이던 모든 것들이 갑자기 타버리고 말았다.

그러자 하늘에서 외치는 음성이 들려왔다. "너희들은 내 세상을 파멸시키려고 나왔느냐? 다시 동굴 속으로 들어가거라!"

그래서 그들은 동굴 속으로 들어가 다시 열두 달을 보냈다. 왜냐하면 그들이 평소에 말하기를 지옥에서 받는 형벌은 열두 달 계속된다고 했기 때문이다.

형벌 받는 기간이 다 차자 하늘에서 음성이 들려왔다. "동굴에서 나오너라!"

그래서 그들은 나왔다. 라삐 엘르아자르가 상처를 입힌 곳에는 어디든지 라삐 시몬이 가서 고쳐 주었다. 라삐 시몬은 말했다. "아들아, 비록 우리 둘만이 남아서 토라를 공부한다 하더라도 세상을 위해 그로써 충분하리라."

이야기는 이것으로 끝난다.[13]

죄인들을 비난하지 말라고 바알 셈은 말했다. 그들을 공격하지도 말고 고통을 주지도 말라. 헐뜯기를 좋아하여 남의 잘못을 꼬집어내지 않고는 못 배기는 사람은 자기 자신의 잘못을 고칠 일이다. 남을 비난할 꼬투리를 찾는 자는 자기 자신을 비판할 일이다.

렙 멘들은 관용의 교육적인 가치를 인정하지 않았다. 그는 거짓을 목격하고 가만히 앉아 있을 수가 없었다. 이 세상의 온갖 거짓됨은 그에게 상처를 입혔고 그리고 인간은 아플 때 울부짖는다. 자기

---

[13] A. J. Heschel, *The Sabbath: Its Meaning for Modern Man* (New York, Farrar, Strais and Giroux, 1951), pp. 35ff.

집에 불이 났는데도 양순하게 앉아 다른 사람들의 감정을 자극하지 않는 그런 사람이 있을 수 있는가? 그에게 있어 가장 중요한 일은 우선 불길을 잡고 건져낼 수 있는 것은 무엇이든 건져내는 일이다. 렙 멘들에게는 이 세상이 불에 타고 있는 것처럼 보였다. 그것도 풍전등화처럼 말이다. 그는 레뻬가 되었을 때에, 자기는 제자들에게 라뻬 시몬 벤 요하이의 노선에 따른 명령을 내리겠다고 선언했다. 아마도 그는 라뻬 시몬이 첫 번째로 동굴에서 나왔을 때 보여준 엄격한 삶의 양식을 가리켜 말했을 것이다.

코츠커의 방법과 메시지는 엘리트를 위한 것이었고, 바알 셈의 그것은 모든 사람을 염두에 둔 것이었다. 메츠비즈에서는 이스라엘의 사랑이 흘러 넘쳤다. 무지한 사람도 존엄하다는 주장이 강조되었다. 왜냐하면 그도 하느님의 형상으로 빚어졌기 때문이라는 것이었다. 명성을 떨치는 학자보다 평범한 유대인이 하느님의 총애를 더 많이 받을 수도 있었다. 바알 셈은 "모든 어머니의 아들"을 위해 기도 드렸다. 코츠크에서는 가르침을 받지 못한 자는 가까이 올 수가 없었고 업신여김을 받기까지 했다. 대중에게 돌아가는 것은 "뒤죽박죽된 무리"라는 경멸뿐이었고, 레뻬는 그들을 가리켜 "어중이 떠중이"라고 했다. 뒤에 그가 유명해졌을 때, "내가 젊었을 적에는 그런 자들이 내 곁에 얼씬도 할 수 없었다"라고 투덜거렸다.

인간성은 오욕으로 더럽혀졌다. 인간은 진실로 타락했다. 온 세계를, 아니면 이스라엘만이라도 이 늪으로부터 건져내는 일은 마치 눈(雪)으로 반죽과자를 만드는 것처럼 불가능한 일을 시도하는 것이었다. 사람이 할 수 있는 일은 고작, 타락의 늪으로부터 몇 사람쯤 건져내는 일이었다. "내가 바라는 것은 단지 열 사람의 유대인이 지붕 꼭대기에 서서 '주님은 하느님이시다!' 하고 소리지르는 것이다"라고 코츠커는 말했다.

한번은 어떤 유대인이 코츠커에게 와서 "레뻬여, 나를 위해 기도해주십시오" 하고 말했다. 그의 대답은, "자네는 스스로 기도 수건을 걸치고 자신을 위해 기도할 수도 없을 정도로 병들었는가?"였다.

렙 멘들의 스승이었던 프쉬스케의 렙 부남(Reb Bunam of Pshyskhe)은 제자들을 한 사람 한 사람 영적으로 성장시키고자 했다. 그는, "만일 그대들이 나를 순종하면, 좋고 잘하는 일이다. 만일 순종하지 않으면 나는 스스로 두려움의 외투를 입겠다. 그러면 그대들은 죄다 쥐구멍으로 도망치리라!" 하고 소리질렀다.

코츠크에서는 서로 등을 두드려 주는 일이 결코 없었다. 그들은 서로 깔보고 바보 취급을 했다. 이렇게 함으로써 그들은, 위로하거나 가슴에 불을 밝히는 일이 절대로 없는 그들의 레뻬로부터 가르침의 열쇠를 받았다. 그는 결코 호의를 베풀지 않았다. 제자들에게 그 어떤 은혜를 주는 일도 없었다. 그 대신 그의 말은 상처에 뿌리는 소금 같았다. 그의 꾸지람은 갈비뼈 사이를 후비고 심장을 쪼개는 칼날이었다.

코츠커의 만년에 볼 수 있었던 장면이다.

그의 뛰어난 제자들이 공부방에 앉아 있다. 갑자기 방문이 벌컥 열리면서 코츠커가 나타나 호세아에 기록되어 있는 하느님의 무시무시한 독설을 되풀이한다. "새끼 빼앗긴 곰같이 달려들어 가슴을 찢어 주리라. 개들이 그 자리에서 뜯어 먹고…."(호세아 13:8). 제자들이 겁에 질려 급히 사라진다.

고양(高揚)이냐, 자성(自省)이냐?

바알 셈 토브의 가르침은 놀람과 고양으로 가득 차 있다. 그의 가르침은 열정, 기쁨, 황홀을 불러 일으켰다. 코츠커의 금언은 고통과 괴로움으로 충만하다. 그의 가르침은 진지한 반성과 자기 탐색, 냉철함, 엄격성을 요구했다.

코츠크에서는 일찍이 소소브의 렙 모세 레입(Reb Moshe Leib of Sosov)이 한 말을 항상 인용했다. 즉, 이 세상을 사는 것은 양쪽에 지옥이 입을 벌리고 있는 가운데로 칼날 위에서 걸어가는 것과 같다는 것이다.

렙 부남은 말했다. "그대는 악령이 그대의 머리를 끊어버릴 준비를 갖추고 그대 바로 머리 위에서 도끼를 높이 들고 서성거리는 자객처럼 지켜보고 있음을 상상해야 한다."
"만일 제가 그것을 상상할 수 없다면 어떻게 합니까?" 하고 한 하시드가 물었다.
"그렇다면 그것은 그가 이미 자네의 머리를 끊어버렸다는 확실한 증거이다."

만일 한 사람이 그의 생애의 짧은 한 순간이라도 두려워 경계함이 없이 보내 버린다면 그를 위해서는 지옥도 과분하다고 렙 부남은 말했다. 그의 한 제자는 그가 기가 막힌 이야기로 다른 사람을 웃기면서도 자신은 결코 웃는 일이 없었다고 회상했다.

우리는 언제까지나 벼랑의 가장자리 위에 산다. 한번 잘못 움직이면 끝없는 구렁으로 굴러 떨어진다. 하시드나 짜딕이라 하더라도 서슴지 않고 우상숭배에 빠질 수 있다. 그렇다고는 하더라도 한 경건한 유대인이, 한 짜딕이 우상에게 경배하는 일이야 어찌 상상할 수 있으랴? 이 점에 대해 렙 부남은 이렇게 대답했다.

예를 들면, 만일 그가 어떤 속셈이 있어서, 이를테면 자기 주변 사람들에게 자신의 철저한 훈련 정신을 과시하기 위해 음식을 거절한다면 그것은 일종의 우상 숭배적 행위이다.

여기에 코츠커는 이렇게 덧붙였다.

설교자는 "언제나 깨끗한 옷을 입고 머리에 기름을 발라라"(전도서 9:8)고 말한다. 사람은 자신이 비싼 흰 비단옷을 입고서 머리 위에는 기름이 가득 든 주전자를 이고 있다는 사실을 항상 잊지 말아야 한다. 만일 한 순간이라도 그것을 잊으면 기름이 쏟아질 것이다. 그러면 흘러내리는 기름으로 비단옷이 얼룩질 것이다.

세계는 속임수와 꾸밈으로 가득 차 있다. 그러기에 실재의 본질에 도달하기는 그만큼 어렵다. 거짓과의 싸움에서 이기기 위해 인간은 자신의 체험과 이기주의 위로 솟아올라야 한다. 코츠커의 한 제자는, 인간이 수고하고 자기 계발을 열망하여 어느 정도 높은 단계에까지 이르렀다 하더라도 그것이 자기-사랑에서 나온 행위라면 그는 결국 지옥에서 구원받지 못할 것이라고 말한 적이 있다. 렙 부남은 지옥과 천당의 차이는 머리카락 한 올에 불과하다고 말했다.

하루는 코츠커가 하시드들에게 물었다. "진지한 기도란 무엇을 의미하는가?"

그들은 그가 무슨 말을 하는 건지 이해하지 못했다. 그가 계속 말했다. "무슨 일이든지 진지하지 '않게' 할 일이 있느냐?"

부지런한 자와 게으름뱅이는 어떻게 다른가! 부지런한 자는 언제나 반성하면서 행동한다. 그러나 게으른 자는 너무나도 굼떠서 생각을 하지 못하며 따라서 깊이 생각하는 일 없이 행동한다. 『신명기』에서 그냥 "전쟁에 나갔다가…"라고 하지 않고, "원수14)를 치러 싸움터에 나갔다가15)…"(21:10)라고 한 이유가 여기에 있다. 이 구절에서 이야기하고 있는 것은 내부에 있는 적과의 싸움이다. 그 싸움은 당신이 자기 자신으로부터 "앞으로 나아갈" 때에, 즉 당신 자신을 뒤에 남겨둘 때에 비로소 싸울 수 있는 싸움이다.

선과 악

고전적인 하시디즘은, 악으로부터 떠나는 바른 길은 거룩하신 분에게 흡수되는 것, 선행을 하는 것이라고 주장했다. "못된 일을 하지 말고 착한 일을 하여라"(시편 34:14)라는 시인의 명령이 실제로 뜻하는 것은 착한 일을 함으로써 못된 일을 하지 않을 수 있다는 것이다. 선한 것에 몰입되면 악한 것에서 자연히 떠나게 된다는 것이다. 카알린의 렙 슬로모가 말했듯이 이것은 테수바(*teshuvah*), 즉 하느님께로 돌아서는 길이요, 선을 행함으로써 악을 멀리하는 길이다.

코츠커는 악이란 것이 그렇게 쉽게, 그렇게 간접적으로, 그것을 가장자리로 밀쳐 버림으로써 정복될 수 있다고 믿지 않았다. 악은 난

---

14) "원수"라는 말은 "거짓 꾸밈"을 가리킨다.

15) "너를 뒤에 남겨둔다"라는 뜻.

폭한 적으로서 고집불통이고 막강했다. 인간은 그것과 정면으로 맞서 용감하게 싸워야 한다. 그는 하시드들에게 이렇게 말했다. "먼저 그대들은 악을 미워하는 것을 배우고 그것으로부터 등을 돌리는 것부터 해야 한다. 그래서 선한 일을 할 준비를 갖추게 되면 그때 내가 그대들을 도울 수 있으리라."

메츠비즈에서는 덕에 이르는 길이 넓게 열려져 있었다. 선한 일은 언제 어디서나 발생할 수 있었다. 코츠크의 사람들은 선한 행실을 실천하는 데는 신중한 생각과 준비가 있어야 한다고 믿었다. 엉뚱한 속셈은 철저하게 배제되어야 했다. 엉뚱한 속셈으로 선한 행실을 하는 것은 우상 숭배와 마찬가지였다.

바알 셈은 악이 선의 씨앗을 품고 있다는 사실을 꿰뚫어 보고 뛸 듯이 기뻐했다. 비록 선과 성(聖) 속에 미리 의도하지 않은 악이 잉태되어 있을 때가 간혹 있기는 하지만 말이다. 마이모니데스는, 악이란 적극적으로 존재하지는 않으며 다만 선의 부재요 선의 한 소극적인 모습(*modus*)일 뿐이라고 보았다. 이것을 회상하여 바알 셈은 악이란 아직 숨어 있는 선의 일시적인 표출이며 일종의 선을 향한 발판 구실을 하는 보조 기능을 갖고 있다고 가르쳤다. 그의 관심은 악 안에 묻혀 있는 선을 해방시키는 것이었다. 반면에 코츠커의 관심은 선 안에서 발견되는 악을 추방하는 데 있었다. "면죄 제물을 드리는 규정은 다음과 같다. 그것은 더없이 거룩한 제물이므로"(레위기 7:1)—"찾아내야 하는 죄는 어디 있느냐? 그 더없이 거룩한 제물 속에…"라고 코츠커는 말했다.

바알 셈 토브는 "악"을 "선"으로, "속"을 "성"으로 변모시킬 필요성을 강조했다. 그러므로 그에게는 "악을 떠나 선을 행함"이 악을 선으로 변화(convert)시킴을 의미했다. 코츠커는 그런 변화의 가능성 자체에 대해 노골적으로 의문을 제기했다. 그에게 악은 너무나도 완강하여 처음부터 다른 무엇으로 변화될 수가 없었다.

코츠커의 제자 알렉산더의 렙 헤노크(Reb Henokh of Alexander)는 이것을 다음과 같은 은유로 표현했다.

> 만일 두 장의 철판을 함께 제련하려면 먼저 모든 불순물을 제거해야 한다. 녹이 붙어 있는 한 그것들은 용해되지 않는다. 마음이 순수하지 않는 한, 하느님께 붙을 수는 없는 일이다.

무엇보다도 코츠크에서는 사람이 자신의 불순물을 제거하기 위해 온갖 노력을 다 기울여야 한다는 것이 당연한 이치였다. 그 전에는 아무도 하시드로서의 삶을 살 수가 없었다. 인간의 모든 행동이 이기심으로 오염되어 있기 때문에 성(聖)을 완벽하게 실현한다는 것은 지극히 어려운 일이었다. 인간은 자신의 악한 충동과의 싸움에서 주도권을 차지해야 했다. 자기 만족 속에 잠겨서는 안 되었다. 코츠커는 "자랑거리를 늘어놓는 혀"를 역겨워했다!

코츠크는 하시드의 길을 걷고자 하는 유대인들이 머물러야 하는 첫 번째 정거장이 아니었다. 그들은 코츠크에 가기 전에 자신에 대한 근본적인 변화를 겪어야 했다. 코츠커는 유치원 선생이 아니었다. 때때로 그는 이렇게 꾸짖곤 했다.

> 그대는 무엇을 하러 내게 왔는가? 그대에게 묻은 진흙을 닦아내고자 왔는가? 그대의 열정을 훈련하는 데 도움을 받고자 왔는가? "백성들은…키브롯 하따아와를 떠나 하세롯에 이르러 머물렀다."16) (민수기 11:35). 그대는 먼저 스스로 그 일을 해내야 한다. 우선 그대

---

16) "키브롯-하따아와"란 지명의 뜻은 "열정의 무덤"이고 "하세롯"의 뜻은 "마당"(정원)이다.

의 욕정을 장사지내라. 그러기 전에는 레뻬의 마당에 한 발도 들여놓지 못한다.

렙 헤노크는, 프쉬스케로 갔다가 거기에서 코츠크로, 다시 코츠크에서 게르로 갔던 한 위대한 하시드에 대해 말한 적이 있다. "프쉬스케에서 그는 자신의 비열함을 씻어버렸고 코츠크에서는 자신을 명확하게 세웠고 게르에서는 높은 경지에 이르렀다."

코츠커의 후계자인 게르의 렙 이츠악 메이르(Reb Yitzhak Meir of Ger)는 여러 가지 방법으로 스승의 칼날 같은 교리를 부드럽게 했다. 그럼에도 불구하고 그에게 있어서도 선을 행하기 전에 먼저 악을 추방하는 일이 이루어져야 했다. 그는 완전히 죄로부터 벗어날 수 있을 때까지 기다릴 것을 엄하게 가르쳤다. 사람이 선행을 함으로써 받을 수 있는 도움 없이 모든 죄악으로부터 발을 빼려면 상당히 힘든 투쟁이 요구된다. 바알 셈의 가르침대로, 선한 행실을 하는 것이 앞서고 악에서 떠나는 것이 그 뒤에 자연스럽게 이어져야 하는 까닭이 여기에 있다.

해답은 문제이다

유대의 법학자들은 사람이 해야 하는 일은 무엇이고 해서 안 되는 일은 무엇인가라는 문제에 관심을 두어 왔다. 그 핵심에는 행위가 있다고 그들은 말했다. 철학자들과 카발라 파 사람들(Kabbalists, 유대교 신비주의파 - 옮긴이)은 사람이 생각해야 하는 것과 생각하면 안 되는 것이 무엇인가에 대해 토론을 벌였다. 하시드들은 사람이 어떻게 행동하면서 생각해야 할 것인가라는 문제에 골몰했다. 그들의 제1 전제는 사람이 행동하면서 무엇을 생각하는가가 종교 생활의 질(質)을 결정한다는 것이었다.

인간의 내면에서 일어나는 것이 결정적으로 중요하다는 이 주장은 전통의 완고한 수호자들에게 일종의 충격으로 부닥쳐 왔다. 그들이 언제나 가르쳐온 것은 유대인에게 있어 삶의 핵심은 행실에 있다는 것이 아니었던가? 내면성이라든가 선한 동기 같은 것은 바람직한 것이긴 했으나 필수적인 것은 아니었다. 선한 동기에서 우러난 것이 아니었다 해도 한번 이루어진 선한 행실은 그 가치가 손상되지 않고 남는다는 것이 기정사실화된 원리 아니었던가? 적지 않은 권위자들이, 선한 행실에 반드시 선한 동기가 수반되어야 하느냐는 물음을 던지기까지 했다.

이 오랫동안 받아들여졌던 견해에 정면으로 도전하여 하시드들은 의도가 핵심이라고 주장하고 나섰다. 사람이 생각하고 느끼는 것은 단순히 선한 행실을 돋보이게 하는 첨가물이나 더 아름답고 빛나게 하는 장식용 보석이 아니라 삶의 핵심을 구성하는 것이었다. 사람은 좀더 높은 깨달음의 경지에 오르기 위해 능력과 다양한 감수성을 개발해야 한다. 때로는 내적인 체험이 있고 거기에서 행동이 따라 나올 수 있도록 되어야 한다.

코츠커는 극단으로 치달았다. 그는 가슴과 마음이 동원되지 않고 관습적으로 이루어진 덕행(德行)은 하느님께 경의를 표하지 않은 것이라고 주장했다. 그 대신에 그것은 에사오에게, 숨은 동기에 의해 이루어진 선행으로부터 그 생명력을 빼앗아 가는 어둠의 세력에게, 주어지는 하나의 선물이었다. 악한 행실뿐만 아니라 사람의 눈에 거룩하고 경건하게 보이는 행실도 만일 그 배후의 의도가 불순하다면 신성을 모독하는 것이다.

이러한 강경한 발언은 의도의 절대적인 우위성을 강조했다. 사람은 일상생활 속에서 자기 자신의 이득을 위해 일하게 마련이다. 그러나 그가 하느님을 섬기는 일에 자신을 바치는 때에도 그 동기가 자신의 에고(ego)에서 우러난 것이 아니어야 한다. "하느님을 위해 법을 어기는 것이 마땅한 동기 없이 이루는 미츠바(mitzvah, 善行)보다 낫다."17) 이 놀라운 주장의 뜻은, "너희는… 너희 하느님에게 성별된 백성이 되어야 한다"(민수기 15:40)는 성서 구절에 대한 렙 헤노크의 묵상 속에서 메아리치고 있다. 모든 거룩한 것은 하느님께 속해 있다. 이 말은, 모든 종교 행위는 그 의도가 순결해야 한다는 뜻이다. 만일 어느 성결한 행동이 이기심으로 물든다면 악한 세력이 그 행동을 장악하고 그 성결함을 제 것이라고 고집할 것이다…. 왜냐하면 악은 거룩함(the Holy) 없이는 존재하지 못하기 때문이다. 악은 자기 중심의 이기심으로 오염된 미츠바의 성결함 위에 기생한다. 그 어떤 예배 행위도, 그것이 하늘을 예경하기 위해 이루어지는 것이 아니면 우상 숭배일 따름이었다. "우상을 섬기는 것과 하느님을 위하는 마음 없이 하느님을 섬기는 것과 무엇이 다르겠는가?"18)

유대인들은 토라가 하느님의 신성으로 빛난다는 믿음을 항상 지녀왔다. 그러나 바알 셈은 하느님의 신성을 이루는 또 다른 원천들이 있다고 가르쳤다. 예를 들면, 인간 영혼들이 영성(Spirituality)을 빛낸다고 그는 가르쳤다. 최소한 한번이라도 유혹에 항거하여 본 적이 있고, 그래서 다른 사람을 감옥으로부터 구해낸 일이 있는 술주정뱅이 유대인의 가치가 오만한 학자의 그것을 능가한다고 그는 보았다. 코츠커는 이런 편애를 강조하지 않았다.

바알 셈은 할라카, 즉 법률이라는 수단으로는 해결될 수 없는 문제들이 있음을 깨달았다. 허용이나 금지 따위로는 해결되지도 않고

---

17) *Nazir* 23b.
18) *Hashava Letovah*, p. 72.

될 수도 없는 그런 상황이 있음을 알았다. 그런 문제와 상황은 라삐 요세프 카로(Joseph Caro)의 『술한 아루크』(*Shulhan Arukh*), 즉 법전(法典)[19]으로는 풀어낼 수가 없는 것이다. 짜딕들은 의식(儀式)에 관한 문제에 대해 결단을 내리는 일이 아니라 고뇌하는 영혼에 촛불을 밝히는 일에 자신의 일생을 바쳤다. 이 점에서도 코츠커는 바알 셈의 모범을 따랐다.

바알 셈의 강한 독창성은 유대 민족과 유대인에 대한 그의 견해 속에 잘 드러나 있다. 다른 사람들이 인간의 행동을 보고 그를 판단할 때 바알 셈은 그를 전인격과의 관계에서 보았다. 인격의 고상함은 그에게 경건만큼 중요했다. 선한 행실의 가치를 깎아내리지 않으면서 그는 그 선한 행실의 목적이 인간 존재의 질을 높이는 데 있다는 사실을 재확인했다.

인간 존재를 규율과 법제의 술어로 해석하려는 라삐들이 있었다. 바알 셈은 규율과 법제를, 인간의 행동과 그 행동을 어떻게 하는가라는 술어로 해석했다. 코츠커도 어떤 법률 조항을 지키는 일에 나태해지는 것은 다루어야 할 중대한 문제가 못 된다고 생각했다. 인간은 병들었다. 거짓으로 인해 병이 든 것이다. 나아가서 그는 불결함을 떨쳐버리지 못했다. 자신을 깨끗하게 하는 행동 자체도 불결했다. 전인적인 치료를 받아야 했다.

어떤 사람들은 종교가 자동적으로 모든 문제에 해답을 제시한다고 생각한다. 유대인들도 선행을 하면서 토라를 공부함으로써 모든 난국이 풀려질 수 있다고 믿었다. 그러나 바알 셈은 토라 연구와 선한 행실이 새로운 인간의 곤경을 만들어낸다고 보았다. 해답이 어느덧 또 다른 문제로 둔갑한 것이다.

---

19) 1565년에 초판 발행.

코츠커의 통찰도 같은 결론에 도달했다.

사랑이냐, 진실이냐?

사랑과 진실은 사람의 영혼을 내적인 정글로부터 이끌어내는 두 길이다. 사랑은 어떻게 살 것인가라는 문제에 답을 제시한다. 진실 안에서 우리는 어떻게 생각할 것인가에 대한 답을 발견한다.

그러나 이런 분리는 위험하고 편파적이다. 진실의 중심에는 사랑이 있다. 그러나 우리의 가슴 속에, 우리의 사랑 속에 진실이 있는가? 의미심장하게도 "사랑"은 명사이면서 동사이다. 그러나 "진실"은 결코 동사가 아니다….

사랑하지 않으면서 진실을 발견하는 일은 불가능하다. 동시에 성실하지 못하면서, 진리 안에 살지 못하면서 사랑을 체험하는 일도 불가능하다.

바알 셈의 가르침에 따르면, 사람의 본질적인 목적은 하느님 가까이에서 사는 것이다. 코츠커는 그런 노력이야말로 무례한 짓이라고 생각했다. 사람의 속이 거짓으로 가득 차 있으면서, 그 경건함이 속임수이고 내적인 삶이 한낱 거지 굴에 불과하면서 어떻게 감히 스스로 진리의 근원이신 그분에게 가까이 접근할 수 있다고 생각한다는 말인가!

신비적인 체험을 추구하는 노력으로부터 반성과 자기비판의 훈련에로 역점을 옮긴 것은 하시디즘에서 "거룩한 유대인"(Holy Jew), 곧 프쉬스케의 렙 야코프 이츠악이 시작한 혁명의 한 부분이었다. 삶의 의미는 모든 결단의 확고부동한 표준인 진리에 대한 헌신 속에서 발견되었다. 중심 문제는 교리로서의 진리가 아니라 인격적으로 체험되는 정직성, 진지성, 진실성이다. 코츠커는 모든 것이—자기 자신도, 그의 가정도, 장차 올 세계에서 차지하게 될 그의 위치까지도, 진리를 위해 희생되어야 한다고 가르쳤다.

사람은 죄를 짓지 않기 위해 극단의 조심을 할 수 있다. 철저하게 빈틈없는 사람이 되기 위해 온갖 노력을 다 할 수 있다. 그러나 만일 그에게서 정직이 결여되어 있다면 그 모든 것이 한낱 스포츠에 불과할 것이다. 게르의 렙 이츠악 메이르는 사람이 얻을 수 있는 것은 다만 진리의 한 조각일 뿐임을 알고, 일단 악령이 그 진리의 한 조각을 훔쳐간 이상 하시드는 연구과 기도를 계속할 수 있다고 분명히 밝혔다. 왜냐하면 그런 행위들은 단순히 힘을 상실한 것뿐이기 때문이라는 것이다.

앞에서 언급한 비유("진실은 무덤 속에"를 참조할 것—옮긴이)는 사람이 그의 선함과 사랑 덕분에 존재한다는 것을 말해 주고 있다. 바알 셈은 사랑이 진실보다 높다고 가르쳤다. 참으로 중요한 것은 얼마간의 연민이었다. 다만 하나의 실재가 있는데 그것은 사랑이었다. 선한 것은 무엇이든 참되었고 선하지 않은 것은 무엇이든 존재하지 않을 뿐이었다. 악이란 하나의 환영이요 신기루였다. 코츠크 사람들은 거꾸로 보았다. 즉 사람이 거짓인 한은 그의 사랑도 선함도 속임수에 불과했다.

바알 셈은 "땅에서는 진실이 돋아나오고"(시편 85:11)라는 구절을 인용하면서 "참으로 진실을 발견하기란 쉽지 않은가?" 하고 물었다,

그리고 그는 이렇게 계속했다. "실로 그것은 쉬운 일이다. 그런데 아무도 허리를 굽히지 않는다. 아무도 진실을 줍기 위해 몸을 숙이려 하지 않는다."

이와는 대조적으로 코츠커는, 진실의 한 단편만이라도 가까이 접근하기란 어렵고도 어려운 일이라고 생각했다. 그것은 이빨을 뽑는

일이나 바람을 거슬러 항해하는 일과 마찬가지로 어려운 일이었다. 그는 진실 안에 거짓이 숨어 있음을 보고 낙망해 있었다.

바알 셈은 그 어떤 악 속에도 선이 있다고 확신했다. 그리고 거짓말 속에도 일말의 진실이 포함되어 있다고 생각했다. 한편 그러면서도 거짓이 가져다주는 불행을 간과하지 않았다. 사람은 진실과 더불어 이 세상 어디에나 갈 수 있다는 속담이 있다. 바알 셈은 이 말을 받아들였다. 진실은 이 지구 위 어느 곳에서도 만날 수 있는 방랑자이기에.

불꽃으로 타오르느냐, 속에 불을 간직하느냐?

사람이 즐거움과 정열과 불타는 마음으로 이루는 행위가 있다. 반면에 의식적(儀式的)인 예배 행위는 가끔 기쁨도 즐거움도 없이 이루어질 수가 있다. 무심코 기도하는 사람도 있고 노동으로 하느님을 예배할 수 있는 듯이 행동하는 사람도 있다. 복종은 거룩하다. 그러나 하느님께서 요구하시는 것이 고작 자동적인 관행이란 말인가?

바알 셈은 하느님을 사랑하는 것이 인간의 본바탕이라고 생각한 사람 가운데 하나였다. 그는 씨앗이 자라게 되어 있듯이 사람이란 하느님을 사랑하게 되어 있다고 믿었다. 그것은 최고로 즐거운 행위이고, 그것 없이는 인간의 숨이 막히고 스스로 자신에게 짐이 된다고 생각했다.

바알 셈은 하느님께 대한 유대인의 관계를 일종의 연애 관계로 보았다. 그래서 얼마나 많은 종교의식이, 황홀한 행위 대신에 지루한 행위가 되었고 놀람의 손짓이 아니라 습관적인 반복이 되었는가, 마음이 없는 하나의 손짓이 되고 말았는가를 알게 되었을 때 당황하지 않을 수 없었다. 그에게 믿음은 침전물이 아니었다. 그것은 불이었다. 이스라엘 백성이 광야에서 방황할 때 불기둥이 그들을 인도하지 않았던가? 그리고 불은 빛의 시작이었다.

바알 셈은 재 속에 잠들어 있던 불씨를 휘저었다. 그래서 그의 영감의 결과로 새로운 잠재력의 느낌이 공동체 속에 흘렀고 사람들은 열정의 격류에 휩쓸렸다.

영적인 삶에의 강한 묘미를 일깨워 준 것이 그의 공헌 가운데 하나였다. 그는 그것을 "불꽃으로 타오른다"라는 뜻을 지닌 '히틀라하우트'(*hitlahavut*)라는 말로 표현했다. 그것은 인간의 영혼이 하느님을 향한 끝없는 갈구로 불꽃처럼 타오르는 순간의 체험이다. 그런 순간엔 다른 모든 흥미에 대한 기억도, 비참한 현실과 압박에 대한 공포도 잊어버리는 것이다. 그럴 때 사람은 자신을 하느님께 바치고자 하고 스스로 하느님께 바쳐진 것을 즐거워한다.

고양(高揚)의 순간이 얼마쯤 계속되다 끝날지 모르나, 모든 인간을 사로잡는 그 순간이 피워낸 꽃은, 그 기쁨과 보물은 영원히 계속된다. 위대한 순간들에 한곳으로 모아진 불은 거듭거듭 타오를 수 있는 것이다. 바알 셈의 불꽃에서 비쳐 나오는 새로운 빛 속에서 일상 생활의 무거운 짐은 더 이상 사람을 억누르지 못했다. 한숨과 눈물로 세월을 보내던 사람들은 놀람과 기쁨이 가득 찬 사람으로 되살아났다.

하느님께 순종하여 그의 계명을 지키는 것은 인간으로서 살아가는 데 기본이 된다. 그러나 바알 셈은 정열이 없는 순종이나 자발성이 없는 관행은 메마르고 야위었으며 생명이 없는 해골에 불과하다고 생각했다. 유대인이면 모름지기 열정을 품고 하느님을 섬겨야 했다. 인간의 영혼 속에는 어쩔 수 없이 불이 들어 있게 마련이었다. 거대한 빙산과는 거리가 멀게 (인간의 내면을 빙산으로 비유하고 설명한 심리학설을 말하는 듯함.—옮긴이) 인간의 내면은 죄악으로 가득 찬 욕망의 온상으로서 기회가 있으면 잔인성과 자기를 파괴시키는 정열이 거기에 섞이기도 하는데—이 온상은 다만 거룩한 불에 의해서만 깨끗해질 수 있다.

유혹을 당하게 될 때 우리의 의지력은 약화되고 더 이상 스스로를 자제하지 못하게 된다. 바로 그때에 하느님과 그의 사랑을 생각함으로써 불꽃으로 타오를 수 있는 능력이 저속한 욕망을 태워버리고 우리의 의지에 새 힘을 불어넣게 되는 것이다.

하시드가 가르친 것은 결국 새로운 삶의 스타일이었다. 하시드는 기도하고 공부하고 살아가는 이 모든 일을 솟아오름(高揚) 속에서 한다. 사람들은 그의 표정, 말, 몸짓 속에 타오르고 있는 불을 볼 수 있다. 영감을 주는 한 마디 말을 들을 때 그는 황홀경 속에 빠져든다. 그의 마음 속에는 감정을 감추어 두는 어떤 방이 따로 마련되어 있지 않다. 그의 영혼은 빛난다. 그것은 빛으로 가득 차 있다.

프쉬스케의 "거룩한 유대인"(렙 야코프 이츠악)을 중심으로 시작된, 고전적인 하시디즘과 의견을 달리하는 새로운 운동도 불과 자발성을 갖추어야 한다는 바알 셈의 주장을 받아들였다. 그러나 종교적인 외전(外轉)의 길로 들어서게 될 것을 걱정했다. 불이란 그 본성이 경솔하다. 그것은 뽐내려는 경향이 있다. 남에게 보여 주기 위한 경건처럼 역겨운 것은 없다. 하시드의 규정이 계속 변혁되어 온 까닭이 여기 있다. 속으로 숨는 일 없이는 예배를 드릴 수 없다. 불꽃은 타올라야 한다. 그러나 각 개인의 내면 깊은 곳에 숨어 은밀하고 정숙하게 타올라야 한다. 열정이 밖으로 드러나는 일은 없도록 하여라. 정열이 그대를 휩싸거든 그것을 베일로 가려라.

코츠커의 스승인 렙 부남은, 황홀경이 자기기만으로 인도할 수 있음을 경고했다. 황홀경에 들어갈 때 사람은 곧장 자기가 완성된 하시드가 되었다고 확신한다. 그의 가슴은 하느님께 향한 불로 타오르고 세상은 한낱 공(空)같이 보인다. 그래서 그는 스스로 끌어올려졌다고 믿는 것이다. 그러나 실제에 있어 고양은 하늘이 주는 하나의 시험일 뿐, 불꽃이 잠깐 타오르고 나면 다만 재와 연기만이 남는다.

코츠커는 황홀한 불꽃의 순간을 체험하고는 다시 예전처럼 건조하고 삭막한 자아로 돌아가는 하시드들을 나무랐다. 그는 줄곧 확고함과 일관성을 요구했다. 아브라함의 위대함은 주님의 명령에 자신의 아들을 희생시킬 준비가 되어 있었다는 데 있지 않았다. 누구든지 황홀경을 느끼고 하느님의 명령을 준수하는 것은 마땅한 일이다. 그러나 아브라함의 고양된 마음은 하느님의 명령을 받은 지 사흘이 지나도 사그러들지 않았다. 그에게는 곰곰 생각해 볼 시간이 넉넉했는데도 말이다.

선한 행동을 하는 것만으로는 충분하지 못하다. 그 선한 행동을 온 마음으로 해야 한다. 모든 행동은 목숨과 힘을 모아 이루는 것이어야 한다.

> 이스라엘 자손들이 죄를 지었을 때 하느님은 명령하셨다. "사람마다 자기 목숨값을 야훼께 바쳐야 한다…. 성전 세겔로 셈하여 반 세겔을 내야 한다"(출애굽기 30:12,13). 모세가 여쭈었다. "우주의 주인이시여, 그 누가 제 목숨값을 내겠습니까?"
>
> 거룩하신 분께서, 그분에게 영광을!, 대답하셨다. "네가 생각하는 것과는 다르다! 그러나, 이것을 그들은 내야 한다…." 거룩하신 분께서 영광의 보좌로부터 불꽃 동전 같은 것을 꺼내어 모세에게 보여 주시면서 말씀하셨다. "이것을 그들은 내야 한다."[20]

---

20) *Pesikta Rabbati* 16, 7.

그러므로 레위 사람이 불타오르는 마음으로 제물을 드릴 때, 그때에 비로소 그 제물은 그 사람의 영혼을 사는 몸값이 되는 것이다. 왜냐하면 그때에 바쳐진 것은 그냥 동전이 아니기 때문이다.

사람이 젊었을 때는 정열을 갖고 하느님을 섬길 수 있다. 그러나 나이 먹음에 따라 열정은 점차로 식는다. 그러므로 알렉산더의 랩 헤노크는 "아무도 부정을 타는 일이 없도록 하라"(레위기 21:1)고 경고했던 것이다. 아무도 멍청해지고 미지근해짐으로써 자신을 더럽히는 일이 없도록 하라. 끊임없이 영혼 속에서 타오르는 불꽃에 부채질을 하여 다시 타오르게 할 일이다.

다른 짜딕들도 역시 내부의 불을 강조했다. 그러나 코츠커는 한 걸음 더 나아가 그 불꽃은 깊이 들어가 숨으면서도 보다 더 강렬하고 뜨겁게 타올라야 한다고 주장했다.

> 야훼께서 모세에게 말씀하셨다. "너는 아론과 그의 아들들에게 이렇게 지시하여라. '번제를 드리는 규정은 다음과 같다. 제단에는 늘 불이 타고 있어야 한다. 제단에서 타는 그 불 위의 번제물은 아침이 될 때까지 밤새도록 남아 있어야 한다'"(레위기 6:1,2).

불은 늘 제단 안에서 타고 있어야 했다. 번제물을 얹어 놓은 "단"(hearth)이란 말은 소문자 h(히브리어로 *mem*)로 시작되어 있다.

이에 반하여 『신명기』는, "너희는 한마음으로 너희 하느님 야훼만 섬겨라"(18:13)고 강조하고 있는데 "한마음"(wholehearted)이란 말이 대문자 W(히브리어 *vav*)로 시작되어 있다. 한마음이란 사람의 모든 것을 움직이는 것이다. 그 깊은 곳에 황홀감은 감추어져 있어야 하는 것이다. 불길이 밖으로 솟아 나와서는 안 된다.

우리가 "불"이라 할 때 그것이 의미하는 것은 무엇인가? 그것의 본성은 휴식을 모르고 쉴새 없이 움직이는 것이다. 속에 불길을 품고 있는 것이 어째서 좋은가? "그것은 황홀감이 모든 비열함을 태워버리기 때문이다"라고 렙 이츠악 메이르는 말했다. 그는 밖으로 드러난 열성이 영혼의 성취로 간주될 수도 있다고 생각했다.

렙 이츠악 메이르는 "불길이 그를 앞서 가며 에워 싼 원수들을 살라 버린다"(시편 97:3)는 시귀를 인용했다. 인간이 타오르는 열정을 지니고 그의 모든 비열함을 소멸시켜 버리면, 그때 "번개가 세상을 비춘다."(시편 97:4). 그러면 안식일(즉, 신적인 평안)의 광휘가 그를 통하여 눈부시게 빛나는 것이다. 그리고 만일 그가 "나는 과연 안식일에 쉴 만한 값어치가 있는 자인가?"를 물으면서 겸손하게 안식일을 맞으면 안식일이 그를 곤경에서 건져줄 것이다.

조건 없는 기쁨

기독교 정적주의자들(quietists)처럼 바알 셈 토브도, 재물과 역경을 태연하게 받아들이는 신성한 무관심의 경지에 이르렀다. 그러면서도 그는 결코 기쁨과 즐거움과 행복을 추구하려는 욕망을 억압하라고 요구하지 않았다. 정적주의자들과는 달리, 그는 모든 욕망에 냉정하고 그것들을 제어하라고 강요하지만은 않았다. 오히려 예전에 있었던 성서적인 기쁨의 혼(魂)을 회생시켰다.

성서와 성서 이후 문학 속에 빈번하게 강조되고 있는 유대적인 영성(靈性)의 핵심적이고 독특한 성격을 말하면서 렙 부남은, 기쁨은 지혜요 예언을 위한 준비라고 했다. 이는 정말로 특별하고 들어 보지 못하던 주장이다. 일반적으로 세계의 모든 종교에서 타당하게 보는 인간의 태도는 겸손, 복종, 참회, 슬픔, 뉘우침이다.

기쁨은 대부분 종교의 가르침에서 신학적인 범주에 들어 있지 않고 신학 핸드북에서 논의되는 일도 없다. 정신적인 엄숙성에 압도되어 있어, 믿음이 언제나 수치스러운 죽음과 영원한 생명 사이의 갈등 속에서 유지되어야 한다는 사실을 잊을 수 없는 사람은 유대인의 생각을 이해하기가 쉽지 않다. 유대교 안에서조차 예배의 핵심에 기쁨이 들어 있고, 또 기쁨이 경건 생활의 전제 요건이라는 가르침은, 어리석은 자에게는 스캔들이요 마음이 좁은 자에게는 걸림돌이다.

그럼에도 불구하고 유머 감각 또한 유대인의 신앙에 없어서는 안 되는 요소이다. 몇 세대를 이어 포로 생활을 하며 압박을 받는 가운데 유대인의 즐거움과 기쁨은 서러움과 슬픔으로 변형되고 말았다. 침울한 정신이 백성들 머리 위를 덮었다. 선구적인 하시드들이 백성들의 우울과 어두운 그늘에 대해 계속 꾸짖고 격려하고 한 것을 보면 당시의 지배적인 분위기가 얼마나 그늘지고 침울했는지를 알 수 있다.

바알 셈은 기쁨이야말로 종교 생활의 핵심이요 신앙의 본질이며 다른 모든 종교적인 덕목들보다 위대한 것이라고 주장했다. 그와 그의 제자들은 인간의 영혼으로부터 우울을 몰아내 버렸고 "유대인 된 즐거움을 드러내 놓았다." 하느님은 땅과 하늘을 지으신 분일 뿐만 아니라 "즐거움과 기쁨을 창조하신" 분이시다.

우리가 기쁨의 필요성에 대해 말할 때 생각하고 있는 것은 계명을 완수하는 데서 오는 기쁨이 아니라고, 위대한 하시드 운동의 한 스승은 말한다. 왜냐하면 그런 자발적인 기쁨을 누릴 능력은 뛰어난 영혼들에게만 주어진 특권이므로 모든 유대인들이 그런 기쁨을 맛보기를 기대할 수는 없기 때문이다. 여기에서 우리가 말하는 기쁨이란 슬픔의 추방을 의미한다. 유대인으로 태어난 것을 즐거워하지 않는 유대인은 하늘나라를 달갑게 여기지 않는 것이다. 그것은 그가 유대인으로 태어난 뜻을 파악하지 못했다는 증거이다. 저속한 환락조차 그 뿌리는 거룩함에 있다. 악의 불과 싸우는 데는 금식과 고행보다는 황홀경의 불꽃이 더 유리할 수가 있는 것이다.21)

바알 셈은 『탈무드』에 나오는 다음 이야기를 특별히 아꼈다.

> 라삐 베로카는 늘 저자거리를 방문하곤 했는데 거기에서 예언자 엘리야가 가끔 그에게 나타났다. 사람들은 그 예언자가 어떤 성자들에게 그들을 영적으로 안내해 주기 위해 나타난 것이라고 믿었다.
> 한번은 베로카가 예언자에게 물었다. "여기 있는 사람 중에 장차 올 나라의 분깃을 차지한 자가 있습니까?"
> 그가 대답했다. "없다…."
> 그들이 이야기하고 있는 동안에 두 사람이 지나갔다. 엘리야가 말했다. "저 두 사람이 장차 올 나라의 분깃을 차지했다."
> 라삐 베로카가 그들에게 가까이 가서 물어보았다. "당신들 직업이 무엇이오?"
> 그들이 대답했다. "우리는 광대요. 사람들이 낙심해 있는 것을 보면 그들을 기운나게 해 주지요…."

고뇌 속에서의 기쁨

4세대가 흐르는 동안 바알 셈의 가르침은 거의 모든 유대인들의 가슴을 휘저었고 그들의 마음을 사로잡았다. 그리고는 하시드 운동의 갱신을 위한 때가 무르익었다. 코츠커가 의식적으로 갱신을 위해 노력했든, 그 운동을 본디의 것으로 완성해 주기 위해 노력했든, 분

---

21) A. J. 헤셸의 『땅은 하느님의 것』(뉴욕, 1950), pp.75f를 보라.

명한 것은, 전에도 말했지만, 그가 자신의 일탈(逸脫)을 알고 있었다는 사실이다. 실제로 그 운동의 내적인 논리는, 숱한 하시드 파 레뻬들이 설교한 인자하고 환희에 넘치는 기쁨보다 더한 무엇을 요구하게 되었다. 새로운 도전과도 대면해야 했다. 그는 사람이 벼랑에 서 있으면서 어두운 낭떠러지에 관심을 두지 않는 것은 무책임한 기쁨이라고 보았다.

코츠커가 가르친 것은 고뇌를 외면한 기쁨이 아니라 고뇌에도 불구하고 기쁜 기쁨이다. 부조리를 체험하는 것은 갱신의 전제 요건이다. 들끓는 부조리의 가마솥으로부터 그것을 뛰어넘으려는 노력이 솟아나는 것이다.

바알 셈과는 반대로, 코츠커의 얼굴에는 구름이 끼었고 가슴은 우울로 가득 찼다. 젊은 시절에 루블린의 선견자 렙 야코프 이츠악을 찾아갔을 때 선견자는 그에게 이렇게 말했다. "그대와 있는 것이 유쾌하지 않네. 그대가 선택한 길은 우울로 가는 길이야…."

그 존경받는 노(老) 스승의 거절도 마음에 결심을 굳힌 젊은 반항아에게는 그리 영향을 끼치지 못했다. 과연 우울은 인간 영혼이 맛볼 수 있는 최악의 패배인가? 오히려 더 추하고 더 고약한 위험이 그토록 널리 선전된 무조건적인 열광과 기쁨 속에 숨어 있는 것이 아닌가? 사람이 즐거이 기쁨으로부터 자기만족으로 미끄러져 들어가고 무관심과 부패의 수렁에 빠지고 있지 않는가?

사람이 자신의 고상한 기대가 부서지는 것을 체험할 때, 자기 마음 속에 그 어떤 부패케 하는 요소도 허용하지 않으려는 생각을 갖게 된다. 정신이 혼란되어 있는 상황에서 살아야 했던 코츠커는 우울이야말로 정신적으로 필요한 것이라고 생각했다. 그것은 분명히 쉴 곳을 잃은 영혼이 인간의 조건과 타협하며 살아가는 한 길이었다.

코츠커와 여러 가지 점에서 같은 통찰을 하고 있는 키르케고르는 이렇게 썼다. 그에 대해 우리는 뒤에 다시 얘기하게 될 것이다.

내 우울은 사방으로 두려운 것을 찾아 헤맨다. 그리고는 나를 공포로 사로잡는다. 나는 그것으로부터 도망칠 수도 없지만 도망치지도 않는다. 나는 그 생각을 견뎌야 한다. 그리고는 종교적인 고요를 발견한다. 그제야 비로소 나는 정신적으로 자유롭고 행복하다. 비록 내가 가장 열렬하게 하느님의 사랑을 깨닫지만 또한 나는 그분이 하늘 위에 앉아 사람들의 욕구를 만족시켜 주시는 늙은 할아버지가 아니라는 사실, 오히려 인간은 시간 안에서, 일시적인 실존 속에서, 모든 것을 괴로워할 준비를 갖추어야 한다는 사실을 깨닫는다. 한 인간이 하느님과 특별한 관계를 즐긴다고 생각하는 것은 습관적인 비겁이거나 게으름이라고… 나는 확신한다. …공포를 멀리하기 위해 정신적이고 세속적인 수단들을 소란스럽게 늘어놓는 일은 메스껍기만 하다. 왜냐하면 이런 수단들은 공포가 무엇인지 이해하지 못하기 때문이다. …종교적인 차원에서 자기 의지대로 결단코자 하는 사람은 공포에 대해 그것을 받아들일 태도를 갖추어야 한다. 그는 공포에 대해 자신을 열고, 다만 그것이 중도에서 멈추지 말고 마침내 무한(無限)의 안전한 곳에 자신을 이끌어가도록 보살펴야 한다.22)

믿음은 스스로 오지 않는다

하시디즘이 토라 연구의 가치를 떨어뜨렸다는 비난은 잘못된 것이다. 하시디즘은 다만 토라를 공부하는 것으로 충분하다는 견해를

---

22) S. 키르케고르, 『인생길의 단계들』, 1845, (프린스턴, 1940, 월터 라우리 옮김), pp. 342f.

움츠러들게 했을 뿐이다. 바알 셈 토브는 경외함이 없는 배움은 그 값어치가 의심된다는 오래된 유대인의 윤리훈(倫理訓)을 회복시키고 그 영향력을 강화시켰다.

어느 유명한 현자가 말했다. "정원도 없으면서 정원으로 들어가는 문을 만드는 자에게 화가 있을지어다." 배움이란 사람이 경건과 외경의 삶이라는 정원으로 들어가는 문이다. 정원에는 관심 없이, 그리로 들어가는 입구를 만드는 사람은 비난을 받을 만하다. 공부, 배움은 야훼께 가까이 다가가려는 갈망과 손을 잡아야 한다. 그것은 기도의 차원에까지 끌어올려져야 한다. 단순한 이해가 아니라 일종의 기도가 되어야 한다.

기도하는 것보다는 공부하는 것이 더 쉽다. 학자가 되는 것보다는 하느님을 경외하는 사람이 되는 것이 더 어렵다. 악령은 사람이 『탈무드』의 논리를 공부하는 것은 내버려둔다. 왜냐하면 그 방면의 학위를 따는 것은 그의 허영심을 만족시켜 주고 명성을 더해 주기 때문이다. 그러나 만일 그가 도덕률에 대한 책이나 『술한 아루크』(法典)를 펴들고 앉으면 악령이 방해를 한다. 그것을 공부하면 그 사람 안에 외경심이 자라나겠기 때문이다.

나아가서 바알 셈 토브는 다른 카발라파 사람들과 함께 『탈무드』의 논리를 공부하는 것이 신비주의를 공부하는 것보다 더 낮은 수준이라고 믿었다. 『게마라』(Gemara)[23]를 공부하면서 몇 년을 보내고 나면 사람들은 하느님이 누구신가를 찾아내는 가장 중요한 일을 잊고 만다. 많은 사람들이 그럴 듯한 간섭꾼과 유식한 책벌레들의 영향을 받아 갈팡질팡하고 있는 사이에 바알 셈은 은밀히 하느님을 찾아 헤

---

23) 『미쉬나』에 관련된 토론과 논쟁들을 모은 부분으로서 『탈무드』의 뼈대를 이루고 있다. 『미쉬나』는 3세기에 라삐 유다 하나시(Judah ha-Nasi)가 편집해 놓은 법률 조항의 묶음이다.

매고 기도로 살며 믿음에 열중하는 사람들에게 끌렸다.

믿음은 스스로 오지 않는다. 사람은 그것을 위해 노력해야 한다. 하시디즘은 미크나그딤(Mitnagdim)24)이 더 쉬운 일인, 계명의 책임을 수행하는 일에 온 힘을 다 쏟고 하늘왕국을 세우는 일에는 거의 관심하지 않는다고 비난했다. 렙 부남은, 하늘왕국을 세우는 일에 자기 몸을 바치는 길을 각 방면에서 배우지 않으면 안 된다고 강조했다.

「쉐마」25)의 앞부분은 온 마음과 온 영혼과 온 힘으로 하느님을 사랑해야 하는 인간의 책임을 말하고 있다. 뒷부분에서 하느님의 윤리훈을 조심스럽게 지켜야 하는 책임이 언급된다. 앞부분은 이렇게 시작된다. "그리고 너희는 이것을 네 후손들에게 새겨 주어야 한다." 뒷부분은 "너희는 이것을 네 후손들에게 가르쳐야 한다"로 되어 있다. 앞의 것은 외경을 요구하고 뒤의 것은 복종을 요구한다. 뒤의 것은 배울 수가 있는 것이다. 그러나 하늘을 외경하는 것, 하늘왕국의 짐을 지는 것은 마음에 새겨져야 하는 것이다.

초창기의 하시드들은 열심 있는 공부만으로는 인간을 깨끗하게 할 수 없다는 사실을 발견하고 아파했다. 토라에 자신을 모두 바치면서도 여전히 죄인으로 남는 일이 가능했다. 사람은 동시에 학자이면서 악인일 수가 있었다.

"가온"(Gaon)이라는 별명으로 널리 알려진 렙 이츠악 메이르는 이렇게 말한 적이 있다. "바알 셈이 활동하던 시절에 유대 사람들은 밤낮으로 공부했다. 그러나 지나치게 잘난 척했고 바알 셈은 그것을 참아낼 수가 없었다."

하시드 운동의 뛰어난 선구자들인 프리미쉴란의 렙 멘들(Reb Mendl of Primishlan)과 코레츠의 렙 핀 하스(Reb Pinhas of Koretz)는 『탈무

---

24) "적대자들." 특히 하시디즘을 드러내놓고 적대한 자들.
25) 하루에 두 번 암송하는 암송문(신명기 6:4-9). 하느님의 하나되심을 찬양함.

드』의 논리에는 몰두해 있으면서 외경심의 배양에는 등한한 학자들을 날카롭게 비판했다. 그들의 말에 의하면 위대한 학자일수록 하늘나라에 대한 두려운 마음은 희박했다.

바알 셈의 제자인 폴로노예의 렙 야코프 요세흐(Reb Yaakov Yosef of Polonnoye)는, 학식과 영리함을 뽐내기 위해 『게마라』와 그 주석책 연구에 헌신하는 학자들을 가차없이 욕했다. 자신이 뛰어난 학자이기도 했던 "위대한 마기드" 메제리츠의 렙 도브 바에르(Reb Dov Baer of Mezeritch)는 그런 사람들을 경멸했다.

토라와 하느님

유대인은 흔히 하느님께 바치는 것과 동일한 존경심과 사랑으로 토라를 대함으로써, 마치 토라와 하느님이 같은 존재인 것처럼 행동한다. 물론 그런 동일화가 드러나게 표현되는 경우는 거의 없지만 그것이 그렇지 않다고 자신 있게 말할 수 있는 사람도 거의 없다.26)

"마하랄"(Maharal)이라는 이름으로 알려진 프라하의 라뻬 유다 루(Judah Loew of Prage, 1525~1609)에 의하면, 토라에 대한 그런 공경은 한편으로 크게 칭찬받기는 했지만 그 속에 위험을 내포하고 있다. 사람은 "동시에" 두 실재를 사랑할 수 없다. 따라서 토라에 대한 극진한 사랑은, 그것이 바쳐지는 동안, 하느님에 대한 사랑을 배제시킨다. 마하랄이 처음으로 이 문제를, 자신의 책 『이스라엘의 광휘』(*Tiferet Israel*) 서문에서 다루었다.

마하랄의 책은 프쉬스케와 코츠크에서 크게 사랑받았다. 코츠커

---

26) A. J. 헤셸, "하느님, 토라 그리고 이스라엘", 『변화기의 신학과 교회』(필라델피아, 1970), pp. 71-90의 논문 참조..

는 하느님과 토라 사이의 분별이 분명해야 한다는 그의 논지를 받아들였다. 그는 하시드는 야훼를 두려워하며 살고, 미트나기드(하시디즘의 대적자)는 율법 조항(『술한 아루크』)을 두려워하며 산다고 했다.

토라와 하느님의 서로 같지 않음을 강조하면서 바알 셈은, 사람이 토라에 자신을 바치면서도 여전히 하느님에게 거리가 멀 수도 있다고 말했다. 토라 연구에 몰두하는 것은 아름다운 일이다. 그러나 보다 더 시급한 목표는 하느님께 가까이 가는 것이다.

전설에 의하면 바알 셈이 어느날, 연구에 몰입되어 있는 어느 학자에 대해 이렇게 말했다고 한다. "그는 너무나도 깊이 몰입되어 있어 이 세상에 하느님이 계시다는 사실조차 잊어버렸다." 하늘을 외경하는 것이 배우는 것보다 더 고귀하다고 그는 가르쳤다. 계명을 준수하고 선한 행실을 함으로써 삶의 어느 특정한 국면을 거룩하게 하는 것도 필요한 일이지만 근본적인 인생 목적은 전체 인간을 성화(聖化)시키는 것이다.

가끔 토라가 지혜의 가장 높은 원천이요 모든 신비가 그 안에서 드러난다는 주장을 은밀하게 하는 사람이 있다. 그러나 어떤 유대 신비주의자들은 우리가 알고 있는 토라가 숨겨져 있는 지혜의 반영이며 어느 정도의 신비만이 드러날 뿐이라고 강조했다.

렙 부남은, 토라를 공부하지 않고 하느님의 본성을 파악한 사람은 아브라함, 욥, 히즈키야 세 사람뿐이라는 옛말을 인용했다. 그는 이 사실을, "그들의 영혼은 토라보다 더 높은 원천에서 솟아났다. 그래서 그들은 토라의 도움을 받지 않고도 하느님의 본성을 알 수 있었던 것이다"라는 말로 설명했다.

『탈무드』의 논리에 빠지게 되면 최소한 어느 한 순간만이라도 하느님께 전심으로 가까이 가는 일에 방해를 받게 된다는 마하랄의 주장에 반하여, 렙 부남은『탈무드』의 연구가 "사람의 눈을 밝혀 준다"(시편 19:8)고 믿었다. 『게마라』가 없었다면 포로 생활을 단 한 시간도 견딜 수 없었으리라고 그는 생각했다.

이 하느님과 토라의 서로 상관된 중요성에 대한 견해는 이즈비카의 렙 모르데카이 요세흐(Mordecai Yosef of Izbica)에 의해 보다 더 예리하게 묘사되었다. 그는 코츠커가 공적으로 활동하던 시대에 코츠커의 제자였다. 그는 토라의 신성함과 높은 가치를 문제삼지 않으면서, 그러나 하느님의 위엄이 더욱 고결하다고 힘주어 말했다. 그것은 율법보다 높고 할라카보다 높다. 그는 하느님과 토라는 서로 다르다는 점을 강조했다. 하느님을 생각하지 않고는 토라를 참으로 이해할 수 없다고도 했다. "야훼여, 토라를 제쳐놓으시고 친히 나서실 때가 되었습니다"(시편 119:126)라는 말처럼, 가끔 하느님을 위해 토라를 제쳐놓아야만 했던 까닭이 여기에 있다.

율법 공부로써 깨끗이 풀어지지 않는 문제는 하나 둘이 아니다. 그런 문제들을 만나 결단을 내리려면 직관이 필요하다. 만일 한 사람이 (영적으로) 자신의 생명을 하늘에 바쳤던 아브라함, 이사악, 야곱의 후손이라면, 그는 전통적인 율법이 바르게 안내하지 못하는 지점에서 자신의 직관에 의지할 수 있을 것이다. 토라의 말이 모호하고 따라서 어떻게 행동해야 할지 알 수 없을 때에는, 하느님께서 우리의 눈을 열어 주실 것이므로 그의 손에 자신을 맡겨야 한다고 렙 모르데카이 요세흐는 권면했다.

라삐 시몬 벤 요하이의 유명한 말이 있다. "토라가 잊혀질 그런 때가 올 것이다."[27] 이 말을 듣는 유대인은 대개 악몽을 꾸는 듯 두려워한다. 토라 없는 우리는 어찌 될 것인가! 그러나 렙 모르데카이 요세흐는 그 말을 이렇게 풀이했다.

---

27) *Shabbat*, 138b.

토라가 잊혀질 것이라고 해서 두려워할 것 없다. 마침내 토라를 연구함으로써 하느님의 뜻을 알아내지는 못할 그런 때가 올 것이다. 그러나 그때는 모든 것이 밝혀진 때이다. 만물이 그 본연의 모습을 회복하고 인간의 마음은 너무나도 하느님께 밀착되어 있어 그의 뜻에서 벗어나는 일조차 불가능한 그런 때이다.

이런 때가 언제 올 것인가? 물론 메시아가 오신 뒤겠지?

공부는 목적을 위한 하나의 수단이다

바알 셈 토브가 살던 시대의 출판물들은 유대 공동체가 온통 탈무드 이론가들의 요란한 수예품에 거의 중독되었던 것 같은 인상을 준다. 논리의 환상적인 가능성들을 찾아 깊숙이 파고드는 것은 우아하고 점잖은 하나의 놀이였다. 수많은 저술과 어록 그리고 설교집 속에서 저자들은, 이를테면 마이모니데스 법전이나 아니면 서로 반대되는 다른 권위 있는 자료들 속의, 조리에 맞지 않는 모순률 따위와 씨름을 했다. 성서의 극적이며 시적인 이야기들은 논리적인 궤변으로 바뀌었다. 인간의 열정에 관한 이야기들은 유대 율법에 관한 미묘한 논쟁과 토론으로 읽혔다.

학자들은, 예를 들면, 16세기 폴란드의 한 권위 있는 스승이 품고 있던 법적인 견해와 아람인 라반이 그의 사위였던 족장 야곱과의 대화에서 암시한 견해를 어떻게 조화시킬 수 있을까—라는 투의 스스로 창안해 낸 문제들을 즐겼다. 그들이 제시한 문제와 대답들은 모두 독창적이고 교묘한 것들이었다. 그러나 공허하고 비생산적이었다. 설교는 감정이라고는 조금도 섞이지 않았으며, 도랑에 괸 물처럼 지루하기만 했다. 유대 민족이 온갖 종류의 아픔을 다 겪으며 괴로워하고 있는 동안, 라삐들은 부지런히 땅 짚고 헤엄치기를 계속했던 것이다. 아피코멘(*afikomen*, 유대인들이 과월절 예배 의식에 사용하는 세 개의 무교병 중 가운데 것에서 떼어낸 조각으로서 식사 후에 먹기 위해 떼어 둠.―옮긴이) 조각이 학질을 치유할 수 없는 것과 마찬가지로 그들의 토론은 불안해하는 인간에게 아무런 도움도 되지 못했다.

현대적인 술어를 빌어 말한다면, 바알 셈은 지식 자체를 목적으로 삼고 지식을 탐구하려고 꾀하기를 거부했다. 그는 토라를 공부하는 목적은 고상한 인품과 고결함과 선한 습성을 획득하는 데 있다고 생각했다. 그는 가난한 자에게는 아무런 관심도 두지 않는, 영양 상태가 좋고 자기만족에 도취한 지식인들을 그냥 두고 볼 수가 없었다. 오만한 속물 근성은 그를 구역질나게 했다. 그는 마침내 토라 연구의 역사에 일대 전환을 가져왔다. 그의 언어는 청중을 몽땅 빨아들였다. 그들은 빛을 보았고, 영감을 받았다. 그는 정신적인 봉화대에 따뜻하고 눈부신 통찰의 불을 피웠다.

여러 세기에 걸쳐 사람들은 공부야말로 가장 보람있는 직업이라는 고정관념을 품고 있었다. 널리 불려진 자장가를 통해 아기들은 요람에 누워 토라가 최고로 값진 재산이며 가장 귀한 재화(財貨)라고 배웠다. 배운 사람이 되면 그만큼 다른 사람보다 우월한 자리에 앉게 된다고 배웠다.

그러나 바알 셈과 그의 제자들은 외경을 배움 위에 두었다. 그 마음이 오만하다면 지식으로 가득 찬 머리가 무슨 덕이 되겠는가? 불결한 통에서 발효시킨 포도주가 어떻게 맛있을 수 있는가? 이와 관련하여 코레츠의 렙 핀하스는 다음과 같이 대담하게 말한 적이 있다.

> 오늘 이 세대는 이전 세대처럼 토라를 많이 연구하지 않는다. 왜냐하면 오늘의 세대는 하느님을 크게 경외하며 살기 때문이다. 이

전 세대는 하느님을 덜 경외했다. 그래서 사람들은 토라 공부에 더욱 몰두했다. 지금도 사람들이 공부를 많이 하는 곳이 있다. 거기에는 외경(畏敬)이 없다!

바알 셈 토브는 외경에 이르기 위해서는 힘들여 노력할 필요가 있다고 믿었다. 의무적으로 치르는 공부만으로는 부족했다.

라삐나 학자들에게 중요한 것은 자신을 민중에게 헌신하여 그들에게 영향력을 미치는 것이지 따로 떨어져서 공부에 열중하는 것은 아니었다. "토라를 공부하는 것은 그것이 행동으로 연결되기 때문에 위대하다"라고 탈무드는 말한다. 공부는 수단이 되어야 한다. 그 자체가 목적일 수는 없다.

라삐 하니나 벤 도사(Hanina ben Dosa)는 이렇게 말하곤 했다. "누구든지 그의 행위가 그의 지혜보다 우월하면 그의 지혜는 지속될 것이다. 누구든지 지혜가 행위보다 우월하면 그의 지혜는 지속되지 못할 것이다."28)

한 전승에 따르면, 바알 셈의 초기 제자들은, 어쩌면 바알 셈 자신도, 그들의 지혜가 행위를 능가하는 일이 없도록 하기 위해 신경을 썼다고 한다. 그들 중의 한 사람이 새로운 통찰에 이르면 그 즉시 그는, 새로운 통찰을 새로운 선행으로 연결시키는 일에 열심이었다.

그는 알파시(Alfasi)를 보기를 원했다

토라 연구는 하느님의 현존에 이르는 한 길이라고 바알 셈은 가르쳤다. 토라를 연구하는 사람은 아버지에게서 편지를 받고 그에게

---

28) 『조상들의 어록』, III, 12.

무슨 말을 해야 할 것인가를 골똘하게 생각하는 아들 같은 느낌을 지녀야 한다. 그는 마치 아버지가 곁에 서 계신 것처럼, 그 편지를 귀중하게 여겨 읽고 또 읽는다.

네 개의 히브리 문자로 구성되어 있는, 십계명의 첫 번째 단어 "나"(*anokhi*)는 "나는 기록된 양식으로 자신을 주노라"는 말의 첫글자를 모은 것이기도 하다고 『탈무드』에 기록되어 있다. 하느님은 자신을 언어 속에서 주셨다. 사람은 이 언어 속에 주어진 하느님을 어떻게 만날 것인가를 배우지 않으면 안 된다. 하느님은 문자들 속에 숨어 계신다. 사람은 신비적인 명상을 통하여 하느님의 빛을 발견할 수 있다. 토라 연구에 스스로 몰입하는 목적은 그 이론적인 의미를 파악하는 것뿐만 아니라 그 안에 내재해 있는 신성한 현존과 하나가 되는 것에 있다.

사람이 책에서보다 사람에게서 더 많이 배울 수 있음을 납득시키기 위해 바알 셈은 『탈무드』 연구에 사람과의 만남을 첨가시켰다. 『탈무드』 자체가 그 내용의 대부분이 실명(實名)의 현자들이 품고 있는 견해들로 이루어져 있다. 그는 자기 학생들에게 현자들의 생각을 이해하기 위해 애쓰는 것과 똑같은 열심으로 그들과 교제를 갖도록 하라고 강조했다. 그래서 "아빠예 가로되"나 "라바 가로되"를 공부하는 동안 (그들의 말을 이해하는 것과 동시에) 몸소 아빠예와 라바29)를 만나야 한다고 주장했다. 누구든지 그들을 알려면 그들의 사상만을 파악할 것이 아니라 그들과 더불어 살면서 그들의 마음과 영혼 속에 들어가야 했다.

1745년 비스툴라 강변의 노이스타트에서 태어난 리마노프의 렙 멘들(Reb Mendl of Rymanov)은 젊은 시절에 베를린에 있는 다니엘 야페

---

29) 아빠예와 라바는 4세기 전반기에 『탈무드』 이론을 정상에 올려놓았다.

(Daniel Yafe)가 세운 배움의 집에서 공부를 했다. 그는 불타는 열정을 지니고 지식을 모았다. 그러나 얼마 후 보다 더한 무엇을 갈망하는 마음이 속에서 자라기 시작했다. 그는 『탈무드』의 담론을 지적으로 터득하거나 지정된 명제를 이해하는 일 또는 두 견해 사이의 차이점을 명백하게 분별하는 일 따위로 더 이상 만족할 수가 없었다. 그는 자신의 영혼이 『게마라』의 토론들을 이해하는 것 이상의 높은 데에는 도달할 수 없으며 토라에서 거두어들일 수 있는 것보다 더 깊은 인식은 없다는 사실을 잠자코 용납할 수 없었다. 그는 자신의 머리와 가슴이 함께 공부할 수 있기를 바랐으나 어떻게 해야 할지를 알지 못했다.

『예루살렘 탈무드』에 의하면, "한 현자의 이름으로 전승을 인용하는 자는 동시에 그 현자의 존재를 느낄 수 있어야 한다."

리마노프의 렙 멘들이 알파시[30]를 깊이 연구하고 있을 때 그는 그 본인을 보고자 원했다. 알파시 자신을 경험하고자 했던 것이다. 그러나 그것은 현실에서 이루어질 수 없는 일이었고, 마침내 그는 괴로워서 울다가 잠이 들었다. 그때 알파시가 그에게 나타났다.

"멘들, 엘리멜레크에게 가거라" 하고 그가 말했다.

렙 멘들은 누군지도 모르는 엘리멜레크를 찾아 배움의 집을 떠났다. 그는 이 도시 저 마을로 여행을 계속했다. 그가 (폴란드의 한 지방인) 갈리시아에 이르렀을 때 그곳에서 상당히 먼 거리에 있는 리센스크에 렙 엘리멜레크라고 하는 위대한 짜딕이 살고 있다는 말을 들었다. 그는 리센스크로 가는 어떤 행인의 마부가 되었다. 리센스크에 도착했을 때 그는 잔뜩 지쳤고 옷은 넝마조각이 되어 있었다.

---

30) 라뻬 이사악 알파시(Isaac Alfasi, 1013-1103). "리프"(Rif)라는 이름으로 알려짐. 마이모니데스 이전의 가장 중요한 유대 법전 저자.

굶주림과 추위에 떨면서 가까스로 레뻬의 집에 이르렀다. 비서가 그를 보고 레뻬를 괴롭히는 거지들 중의 하나로 알고는 들여보내 주지 않았다. 그러나 렙 멘들은 그를 밀어 제치고 집 안으로 들어갔다.
 "누가 너를 보냈느냐?" 하고 렙 엘리멜레크가 물었다.
 "알파시가 보냈습니다."
 렙 엘리멜레크는 무성한 눈썹을 치켜올리고 그를 한참 동안 바라보다가 말했다. "나와 함께 있거라."

 이렇게 하여 렙 멘들은 렙 엘리멜레크의 제자가 되었다. 스승이 죽자 렙 멘들은 갈라시아의 하시드 운동 지도자가 되었다.

토라 사랑보다 이스라엘 사랑을 먼저

 바알 셈은 이 세계와 더불어, 사람들과 더불어 사는 길을 발견하는 천부적인 재능을 지닌 사람이었다. 그는 모든 인간의 영혼 속에 포함되어 있는 거룩함과 아름다움을 생각했고, 평범한 사람을 만날 때면 먼저 그를 사랑하고 나서 비로소 그에게 하느님과 사랑을 가로막는 족쇄를 벗어버리라고 권고했다.
 그는 만인이 자기 자신과 동등하다는 처지에서 민중을 대했다. 사람이 된다는 것, 유대인이 된다는 것의 영광스러움이 그를 매혹시켰다. 그는 모든 사람의 영혼 속에서 보물을 발견할 수 있었고 가는 곳마다 화해를 모색했다.
 사랑의 가장 중요한 전제 조건은 정당하게 알아주는 것이다. 이스라엘의 탁월한 점을 발굴해 낸 바알 셈은 민중에 대한 새로운 인식을 성숙시켜 사랑의 신선한 샘물을 터뜨렸다.

이스라엘에 대한 사랑은 모든 예언자 중에 가장 뛰어난 예언자인 모세가 지녔던 품성 중의 하나로 『탈무드』에 언급되어 있는, 오래 된 개념이다. 바알 셈의 결정적인 공헌은 그것을 종교적인 품성들의 계층에서 더 높은 자리로 끌어올렸다는 점이다. 『조할』31)에 암시된 바에 따르면 유다이즘은 하느님, 토라, 이스라엘이라는 3대 요소로 이루어져 있다. 한 전승에 따르면 바알 셈이 "나는 하느님 사랑, 이스라엘 사랑, 토라 사랑을 가르치러 왔다"고 말했다.

순서의 바뀜이 중요하다. 토라 사랑이 이스라엘 사랑보다 선행되어야 한다는 많은 학자들의 견해와는 반대로 바알 셈은 이스라엘을 앞세운다. 토라가 이스라엘을 위해 창조된 것이지 이스라엘이 토라를 위해 있는 것은 아니라는 주장이다.

사람의 사랑은 그가 성서나 학자들과 어떻게 관계를 맺고 있는가가 아니라 천민들과 어떻게 만나고 있는가를 보아 알 수 있는 것이다. 바알 셈은 모든 인간의 영혼 속에서 고상한 품성을 볼 수 있었다. 실제로 그는 죄인들과 행악자들에게 부드러운 태도로 대해 줄 것을 권고함으로써, 하느님께서 만인을 사랑하셨다는 신앙에 충실했다. 후에 카알린의 렙 아아론(Reb Aaron of Karlin)은 이 사상을 이런 식으로 표현했다. "나는 하느님께서 가장 저질의 악당을 사랑하시듯 가장 위대한 짜딕을 사랑하고 싶다."

바알 셈이 하시디즘에 미친 영향의 크기는, 짜딕들이 서로 친구로서 도움을 주려고 열심인 것과 심지어 신앙과 규례를 지키지 못하고 떨어져 나간 사람들에게까지 사랑의 감정을 품고 있다는 점을 보아 짐작할 수 있다. 그들은 죄를 지은 유대인도 하느님의 세계에서는

---

31) 『광휘(光輝)의 책』, 카발라 문학의 핵이 되는 저작.

명예로운 자리를 갖고 있다고 믿었다.

바알 셈은 오만하지 않은 죄인을 사랑으로 대했고 오만한 학자들과는 멀리 했다. 그는 자신의 태도를 이렇게 설명했다.

> 자신이 죄를 지었음을 아는 죄인은 겸손하다. 그러므로 야훼께서는 그들 곁에 머무신다. "부정한 그들 가운데"(레위기 16:16) 계신다. 그러나 오만한 자는 비록 악한 일을 하지 않았다 해도 하느님과 거리가 멀다. 왜냐하면 하느님께서는 그에게 이렇게 말하시기 때문이다. "그와 나는 한 세상에서 더불어 살 수가 없다."32)

루블린의 선견자 렙 야코프 이츠악도 스스로 죄인임을 아는 죄인을 자신이 짜딕이라고 알고 있는 짜딕보다 낫게 여겼다. 왜냐하면 자기 자신을 아는 죄인은 눈앞에 진리를 보고 있는 것인데, 하느님은 진리이시며 진리라고 불리기 때문이다. 그러나 스스로 덕을 지녔다고 확신하는 짜딕은 잘못을 범하고 있는 것이다. "사람이 제아무리 착하다 할지라도 좋은 일만 하고 나쁜 일은 하지 않는 사람은 이 세상에 없기"(전도서 7:20) 때문이다. 정말로 그는 진실로부터 멀리 떨어져 있는 것이다.

렙 보루크(Reb Rorukh)33)는 바알 셈의 교의(敎義)를 이렇게 해설했다. 올바른 길을 벗어난 사람은 전적으로 악당인가? 그의 어느 부분은 정직하고 순수한 채로 남아 있다. "그런 사람을 볼 때 나는, 그의 내부에 있는 악을 보지 않고 선한 것을 본다"고 그는 말했다.

바알 셈은 아주 뜻깊은 격언을 하나 만들어 냈다. 즉 우리가 어떤 사람의 비열한 성품을 꼬집어내는 것은 그런 성품을 스스로 지니고

---

32) *Arakhin*, 15b.
33) 바알 셈 토브의 손자.

있기 때문이다. 하늘은 우리가 이 사실을 깨달아 알기를 바란다. 이를 위해 우리에게 뉘우칠 필요성을 지적해 주는 것이다.

유대인들은 몇 세기에 걸쳐 학자들과 짜딕들은 공경해야 하고 비천하고 배우지 못한 자들은 아무렇게나 무시해도 좋다는 고정 관념에 사로잡혀 있었다. 바알 셈은 이 고정 관념에 도전했다. 그는 사람이 학자이면서 동시에 비열한 악당이 될 수 있음을 알았다. 그리고 비천한 사람도 온 세상의 존재를 위해 한 몫 감당하는 행위를 할 수 있다고 생각했다. 행악자라고 하여 모욕을 하면 안 된다는 것이다. 왜냐하면 그의 기도나 토라를 위한 작은 정성이 때로는 짜딕의 기도나 정성보다 더욱 하느님께 환영받았기 때문이다.

코레츠의 렙 핀하스와 코제니츠의 마기드(the Maggid of Kozhenitz)에 의해 표현된 다음 사상도 바알 셈 토브에게서 유래된 것이다. 세상에는 두 종류의 사람이 있다. 전적으로 악한 사람과, 자신이 전적으로 선하다고 확신하는 사람이다. 그런데 자신이 선하다고 확신하는 사람들은 부지런히 공부하고 육신을 억제한다. 그러나 그들은 황홀경을 체험하지 못한다. 그들은 공부하고 기도하고 하늘나라를 위해 계명을 지키는 방법을 실제로는 모른다. 이 두 종류의 사람이 서로 다른 점은, 악한 사람은 영적인 깨달음에 이르러 참회를 할 수 있지만, 자칭 짜딕이라는 자에게는 아무런 희망도 없다는 사실이다. 그런 사람이 참회하는 일은 결코 없을 것이다.

어느날, 한 사람이 바알 셈에게 자기 아들에 대한 불평을 늘어놓았다. 경건한 삶을 포기하고 도무지 유대인답지 못한 행실을 한다는 것이었다.

"레뻬여, 제가 어떻게 해야 되겠습니까?" 하고 그가 물었다.

"당신은 당신 아들을 사랑하는가?"

"물론이지요. 사랑합니다."

"그러면 그를 더욱 사랑하게."

"세상에 더없이 사악한 자라도 내게는, 자녀의 외아들이 자녀에게 귀여운 것만큼 귀엽다"라고 바알 셈 토브는 언젠가 제자 한 사람에게 말한 적이 있다.

하니폴리의 렙 주샤(Reb Zusya of Hanipoli)가 메제리츠에 있을 때이다. 어느날 무거운 범죄를 한 자가 마기드의 집에 들어오는 것을 보았다. 렙 주샤는 그 범죄자가 마기드의 면전에서 부끄러움을 모르고 뻔뻔스럽게 서 있는 것을 보고 크게 당황했다. 마기드는 렙 주샤의 속을 들여다보고 그를 축복해 주었다. 그날부터 렙 주샤는 불경스런 짓을 하는 사람에게서도 악을 보지 않게 되었다. 그는 다만 그에게서 나올 수 있는 선(善)을 식별할 따름이었다.

단순한 사람들의 더 훌륭한 품성은 바알 셈 토브와 다른 짜딕들에 의해 자주 높이 평가되었고 칭송도 받았다. 그러나 코츠크에서는 거의 없는 일이었다. 이스라엘 사랑을 토라 사랑보다 앞에 둔 바알 셈의 순서 배열은 코츠커의 가치 척도에 일치될 수 없었다. 렙 멘들은 『조할』에 언급된 대로, 하느님, 토라, 이스라엘이라는 본디의 순서를 따르고자 했다.

짜딕은 뜻을 정하고, 하느님은 이루신다

한 오랜 신앙 전통에 따르면 지상에서 일어나는 모든 일은 미리 하늘에서 예정된 것이고 따라서 하느님의 뜻은 엄격한 것이기는 하나 현명하고 바르고 거룩하다. 그런 하느님의 뜻(天命)은 거스를 수 없는 것인가? 이를테면 아브라함이 소돔과 고모라를 건져내려고 했듯이, 하느님의 뜻에 이의를 제기하고 거두어 주십사는 기도를 드릴 권한이 사람에게 부여되어 있는 것인가?…견해는 나누어진다.

『탈무드』는 이야기한다.

> 사람들이 한번은 호니 하-메아겔(Honi ha-Meaggel)[34]을 찾아가 비가 오게 기도해 달라고 청했다. 그가 기도했으나 비는 내리지 않았다. 그러자 그는 무엇을 했던가?
>
> 그는 원을 그리고 그 안에 들어 가 크게 외쳤다. "주여, 저들은 나를 당신 집안의 한 식구로 믿고 있습니다. 당신께서 저들에게 자비를 베푸실 때까지는 여기에서 한 발도 나가지 않을 것을 당신의 위대하신 이름으로 맹세합니다."
>
> 가랑비가 내리기 시작했다. 호니가 말했다. "내가 기도한 것은 이런 비가 아니라 저수지와 웅덩이와 연못들을 가득 채울 수 있는 비입니다."
>
> 그러자 호우가 쏟아지기 시작했다. 다시 그가 말했다. "내가 기도한 것은 이런 비가 아니라 자비와 축복과 은총의 비입니다."
>
> 그러자 보통 내리는 비가 내렸다. 그때 명성이 높은 학자인 시몬 벤 세타(Shimon ben Shetah)가 그에게 메시지를 보냈다. "당신이 호니가 아니었다면 나는 당신을 연금시켰을 것이오. 그러나 당신은 마치 자기 아버지에게 떼를 쓰는 아들처럼 하느님을 졸라대고 또 떼를 쓰는 아들의 청을 들어 주는 아버지처럼 하느님께서 당신의 청을 들어 주시는데 내가 당신을 어떻게 할 수 있겠소?"

---

34) 제2 성전시대(기원전 1세기)에 기적을 일으키는 사람으로 널리 알려진 인물.

제2 성전시대의 가장 영향력 있는 학자로서 마술가들을 제거시키는 일에 열성적이었던 라삐 시몬 벤 세타는 기적행위를 수상쩍게 보았다. 그는 호니의 행동이 무례하고 몰염치하다고 생각했다. 라삐 이스마엘의 가르침을 받은 학자들은, 짜딕들이 천당에서 발언을 했다는 오만 무례한 신앙을 받아들이지 않았다. 그리고 후대 사람들은 그런 것에 거의 관심을 갖지 않았다.35)

그러나 아모라임(the Amoraim)36)이 팔레스틴에서 활약하던 시대에 이르러, 짜딕들이 하느님의 결심에 영향력을 끼칠 수 있다는 믿음이 점차로 널리 받아들여졌다. "짜딕들은 축복받으실 거룩하신 분의 행동을 좌우한다(govern)." "짜딕은 뜻을 정하고, 거룩하신 분은 이루신다." "거룩하신 분은 뜻을 정하고 짜딕은 폐기시킨다."

하시디즘은 이 생각을 부활시켜 더욱 강조했다. 예를 들면 루블린의 선견자 렙 야코프 이츠악은 절망 속에서 괴로워하고 있는 인간을 위해 짜딕이 하늘을 향해 일어서야만 한다고 믿었다. 이미 하늘의 뜻이 선포되었다 하더라도 그는 "거룩하신 분은 뜻을 정하시고 짜딕은 폐기시킨다"라는 말에 따라 그 뜻을 무효화시켜야 했다. 선견자는 "그러나 너희 하느님 야훼께는 그런 식으로 해드리지 못한다"(신명기 12:4)는 권고를 이렇게 풀이했다.

"그런 식으로"라는 단어는 히브리어에서 승낙을 표현하는 단어다.37) 그러므로 "그런 식으로 해드리지 못하다"는 말은 "승낙하지 말라"는 뜻이기도 하다. 즉, 말하자면, 유대인에게 반(反)하는 나쁜

---

35) A. J. 헤셀, 『고대 유다이즘의 신학』(런던과 뉴욕, 1965), Vol. II, pp. 360ff.
36) 『미쉬나』가 완성된 무렵(약 200년)에서부터 『바빌로니아 탈무드』와 『예루살렘 탈무드』가 완성된 때(4-5세기)까지 활동한 학자들. 이 기간에 『게마라』가 비롯되었다.
37) 『민수기』 27:7 참조..

명령을 용납하지 말라는 것이다.

하시디즘이 시작된 후 처음 두 세대 동안에 기록된 책들을 보면, 하늘의 뜻을 무효화시킨 짜딕들의 능력에 대한 언급이 자주 나온다. 그런 능력에 대한 믿음이 짜딕들과 하시드들의 사상에 중심되는 주제였다.

그러나 프쉬스케와 코츠크의 하시디즘은 이 문제를 전혀 다른 빛에서 보았다. 물론 그들도 이 원리를 부인하지는 않았지만, 그러나 이 문제에 대해서는 거의 언급하는 일이 없었다. 이 사실은 기적의 중요성을 대수롭지 않게 보려는 그들의 경향을 보여 주는 것일 수도 있다. 기적을 일으킨다는 것은 하늘에게 자연의 법에 어긋나는 일을 하도록 강요하는 것을 뜻하고, 그들로서는 자연의 법을 희생시키면서까지 세상일에 간섭해 달라고 하늘에게 억지를 쓸 마음은 처음부터 없었던 것이다.

기적의 중요성을 최소한으로 줄이고 심지어 무시하려고 한 모든 주장들은 오히려 짜딕들에게 기적을 일으킬 능력이 있었음을 암시해 주고 있다. 반대의 요점은 이것이다. 만일 기적이 믿음을 낳지 못한다면 무슨 소용이 있는가?

코츠커는 "하느님이 정하신 뜻을 폐기시키는" 능력을 스스로 이용하고자 하지 않았다.

하루는 렙 멘들의 수행원인 렙 훼이블이 그에게 한 가난한 하시드를 축복해 달라고 강권했다. 코츠커가 대꾸했다. "그런 축복을 할 수만 있다면 분명히 결과가 있을 것이다."

이 말을 듣고 렙 훼이블이, "그렇다면 복을 빌어 주십시오."

그러나 코츠커는 언성을 높여 그에게 물었다. "어떻게 내가 하늘을 거역할 수 있겠느냐?"

짜딕이 뜻을 정하고 하느님께서 그것을 이루는 것은 사실이다. "그러나 도대체 어느 곳에 숭상하는 마음이 있을 것인가?"라고 코츠커는 물어야 했다.

매년 속죄일(Yom Kippur. 유대력으로 정월 10일, 단식을 함.―옮긴이) 마감 시간에 우리는 겸손하게 시인한다. "누가 감히 당신의 결정에 도전하겠습니까?"

메츠비즈의 생각이 코츠크에서 살아남다

젊은 코츠커는 하시디즘을 받아들이고 그 공동체의 한 사람이 되어, 하시드 운동을 반대한 자기 아버지에게 항거했다. 하시디즘의 메시지는 새로웠으며, 그 영적인 투지와 흔히 볼 수 없는 신선함은 위대한 약속을 품고 있었다.

그러나 세월이 흐르면서 코츠커는 하시디즘의 퇴락을 느끼기 시작했다. 그의 마음에 하시디즘이 정도(正道)에서 벗어나는 것 같았다. "그들이 하시드의 가르침을 역겹게 만들었다"고 그는 말했다.

바알 셈 토브에 의해 창안된 훈련 방법들, 이를테면 하시드들을 영접하여 조언을 하는 것, 탄원을 받아들이는 것, 개인에게 관심을 기울여 주는 것 따위가 코츠크에서도 활용되었다. 이것은 사랑과 외경을 널리 펴기 위해 이루어졌다. 코츠크의 하시디즘도 제자가 자기의 짜딕에게 가까이 접근하는 것의 중요성을 강조했다. 그러나 짜딕이 자기 제자에게 해야 할 일에 대해서는 달리 생각했다.

바알 셈 토브가 강력하게 쇄신한 것 중의 하나가 안식일의 세 번째 식사(the Third Meal)였다. 다른 두 번의 안식일 식사는 몸과 영혼을 위한 것이었다. 세 번째 식사는 다만 영혼을 위한 것이었다. 상징적인 몸짓으로 약간의 음식을 먹지만 진짜 목적은 깊고 오랜 명상에 있었다. 두 번의 안식일 식사는 집에서 했다. 가족은 목소리를 모아 노래부르고 평화를 즐긴다. 제3의 식사는 회당에서 갈망하고 꿈꾸고 예배하고 묵상하고 기도하는 공동체의 일원이 되어 먹는다. 다른 의식들—거룩한 법궤에서 토라 두루마리를 꺼내는 것, 메노라(일곱 개의 불을 밝히는 촛대.—옮긴이)에서 촛불을 켜는 것, 독경대에서 의식문을 읽는 것—이 진행되는 동안에는 회중들이 모두 이루어지고 있는 상황을 볼 수 있었다. 그러나 세 번째 식사시간에는 아무것도 볼 수 없었다. 예배하는 자들은 거의 어둠에 가까운 희미한 조명 밑에 앉아 있었다. 축복의 말이 있은 다음 빵과 청어 조각을 조금 뜯어서 맛보고 영혼을 고무하는 노래를 불렀다. 그러면 내면의 빛을 빨아들이는 능력이 커지는 것이었다.

안식일은 온종일 귀중했지만 세 번째의 식사시간이야말로 그날의 가장 놀라운 순간이었다.

오래 된 격언에 이런 게 있다. "하느님께 돌아오는 한 시간이(또는 '땅 위를 하느님과 함께 걷는 것'이)… 장차 올 세계에서의 모든 생활보다 더 값지다."

"그 시간이란 어떤 시간인가?" 코츠커는 자기가 물은 이 질문에 스스로 대답했다. "그것은 세 번째 식사시간이다. 안식일은 장차 올 생활과 같다. 세 번째 식사는 장차 살게 될 모든 생활보다 더 귀하다."

후에 코츠커에 의해 다시 강조된 바알 셈 토브의 가르침 가운데 중요한 하나는 진정한 유대인은 대중을 따름으로써는 완성될 수 없다는 것이었다. 사람은 모두가 자기의 개인적인 목적을 갖고 또 고유한 일거리를 소유했다. 물론 저마다 집단의 한 구성원이기는 하지만 그는 자기의 개인적인 운명을 망각해서는 안 되었다. 바알 셈 토브는 심지어 개인의 영적인 구원을 가르치기까지 했다. 그것은 정말로 대담한 생각이었다. 왜냐하면 유대의 사상은 전통적으로 구원을 백성의 차원에서 집단적으로 보았고, 세계는 전체로서 파악해 왔기 때문이다.

바알 셈은 개인의 독자적인 상태에 중요성을 덧보태 주는 내면성, 마음의 기능, 생각 따위를 강조했다. 그는 전체 백성과 전 세계를 구원하러 메시아가 오시도록 기도해야 하는 중요성을 강조할 뿐만 아니라 각 사람이 자기 자신의 구원을 위해서도 애써야 한다고 주장했다.

코츠크의 하시디즘을 지배한 것은 극단적인 개인주의였다. 전체로서의 백성에게는 거의 눈을 돌리지도 않았다. 초점은 개인에게 집중되었다.

유다이즘의 한복판에는 언제나 하나의 요구가 들어 있었다. 그것은, 만일 어느 개인이 유대인답게 살고자 한다면 공동체에 속해야만 한다는 것이었다. 여기에다 바알 셈 토브는 또 하나 새롭고도 중요한 조건을 덧붙였다. 유대인답게 살려면 레뻬에게, 짜딕에게 예속되어야 한다는 것이었다. 그는 금욕의 고행을 거절하고, 그 대신에 레뻬에게 가까이 접근하여 함께 사는 훈련을 시켰다. "하시드"라는 말 자체가 더 이상, 어떤 특성을 소유한 사람이나 어떤 특별한 규례를 충실하게 지키는 사람을 의미하지 않았다. 그것은 그 하시드와 그의 레뻬 사이의 관계를 가리키는 말이 되었다. 사람들은, 그가 누구의 하시드인가를 함께 밝히지 않고는 결코 아무개를 하시드라고 말하지 않았다. 그리고 이것이 하시디즘의 근본 원리로 지속되었다.

코츠커의 가르침과 바알 셈 토브의 제자인 코레츠의 렙 핀하스의 가르침 사이에는 주목할 만한 유사점이 있다. 그는 21년 동안, 진리에 의해 밝혀지고 다스려지는 삶을 찾아 애썼다고 한다. 곧 7년간 진리를 탐구하고 이어서 7년간 모든 거짓을 추방하고, 나머지 7년은 진리를 받아들이는 데 보냈다.

코츠커도 부(富)의 썩게 하는 힘에 항거하는 일이 매우 어렵다는 점에 렙 핀하스와 의견이 일치했다. "아브람은 가축과 은과 금을 많이 가진 큰 부자38)가 되었다"(창세기 13:2). 렙 핀하스는, 아브람에게는 부자가 된 것이 진저리나는 일이었다고 해석했다.

하시디즘과 카발라

바알 셈과 그의 많은 제자들은 카발라(Kabbalah)에 몰두했다. 실제로 그의 가르침을, 루리아 학파의 신비주의를 바르게 인식하지 않고 이해하기란 어려운 일이다. 비록 그가 강조한 것이 루리아 신학의 정복보다는 그것의 실존적인 적용이었다고는 해도, 그는 그 신학의 많은 요소를 자신의 가르침에 포함시켰다. 그러면서 강조점을 바꿔 놓았다. 신비주의를 단순히 이해하는 것보다는 신비주의를 사는 것이 그에게는 중요했다.

하시드 운동의 영향을 받아, 몇 세기 동안 은밀한 회당에서 연구되고 그 방면의 전문가만이 이해할 수 있었던 카발라가 대중의 마음에 닿고 그들의 삶에 영향을 끼치게 되었다.

---

38) 히브리 단어 "카벳"(ka ved)은 "무거운", "진저리나는"의 뜻도 지니고 있다.

몇몇 전승에 따르면, 바알 셈은 카발라 파로서 살았다. 그의 기도와 의식(儀式)들은 신비적인 행위로 충만했다. 그 자신의 기도집도 카발라식 묵상으로 가득 찼다. 그는 자주 이후딤(yihudim), 즉 하느님의 영역 안에서 "신비한 일치"를 이루는 영적인 정신 집중을 꾀했다. 또는 거룩한 이름들의 연결에 대한 명상에 들어갔다. 그는 가끔 자신의 강론들을 카발라의 교리들과 뒤섞고, 그때까지 카발리스트들에게만 국한되어 온 행동 양식과 관습을 권면하기도 했다.

바알 셈의 후계자인 메제리츠의 위대한 마기드 렙 도브 바에르(Reb Dov Baer of Mezeritch, 1772년에 사망)는 루리아 학파의 교리를 바알 셈의 가르침 속에 더욱 깊숙이 짜넣었다. 그는 제자들과 더불어 카발라의 신비를 연구했고, 그들을 묵상과 이후딤이 세계로 안내했다. "하밧"(Habad)이라는 이름으로 널리 알려진 그의 제자 렙 스느우르 잘만(Reb Shneur Zalman)의 교리는 거의 전폭적으로 루리아 학파 카발라의 영향을 받았다.

루블린의 선견자 렙 야코프 이츠악은 우리에게, 저명한 카발리스트였던 "거룩한 사자(獅子)" 라뻬 이츠악 루리아(Yitzhak Luria, 1534~72)와 바알 셈의 사이, 그리고 루리아의 수제자인 라뻬 하임 비탈(Hayyim Vital, 1542~1620)과 렙 도브 바에르 사이에 서로 견해의 차이가 있었음을 상기시켜 주고 있다. 선견자는 이렇게 썼다. "우리는 두 스승 사이에서 결단을 내릴 수가 없다. 또한 우리는 두 제자 사이에서 누구 하나만을 선택하고자 하지도 않는다."

고전적인 하시디즘에 반하여 비주류 계열인 프쉬스케와 코츠크의 레뻬들은 그들의 가르침 속에 루리아 신학의 흔적을 남기지 않았다. 드러내놓고 말한 적은 없지만 그들의 가르침에는 카발라의 묵상을 하시드의 관심으로부터 제거하려는 명백한 의도가 내포되어 있다.

한 하시드가 정월 초하루에 쇼파르(양의 뿔로 만든 악기)를 불 사람으로 지명되었다. 그는 카발라에서 이 순간을 위해 규정해 놓은 신비한 명상에 들어가려고 정성을 모아 마음을 정돈하기 시작했다. 그때 렙 부남이 그에게 와서 말했다. "기도서에는 그냥 'ㅇㅂ'라고 돼 있다. 이것은 '얼간아, 불어라'의 약자이다. 명상에 들어갈 필요가 없다. 그저 하느님의 뜻을 이끌어내기 위해 '(나팔을) 불' 생각만 하여라."

렙 부남은 한 제자에게 주의를 주면서 다음과 같이 카발라에 대해 반대하는 자신의 처지를 표현하기도 했다.

쉐마(신명기 6:4-9—옮긴이)에는 "증거"라는 단어를 구성하는 두 개의 대문자가 나오는 구절이 있다. 그 구절이 내포하고 있는 비밀을 카발라 파에게 물어 보라. 율법에 의하면 쉐마는 어떤 언어로도 낭송될 수 있다. 그러나 그렇게 되면 문자들이 달라진다. 그렇지 않느냐? 그러니까 따라서 그런 비밀은 없는 것이다.

"거룩한 유대인"(프쉬스케의 렙 야코프 이츠악—옮긴이)은 식사에 관한 신비적인 명상에 대해 역설적인 자신의 태도를 밝혔다. 식사하는 동안 사람이 생각해야 하는 것이 있다면 그것은 대식가가 되지 않으려는 생각일 뿐이라고 그는 말했다. 렙 부남의 태도도 비슷했다. 그는, 중요한 것은 음식을 꼭꼭 씹는 것이라고 했다….

분명히 렙 부남은 카발라의 훈련에 몰두한 사람들을 거의 존경하지 않았다. 언제가는 한 저명한 카발리스트에 대해 "그는 카발라를 모른다"고 한 적이 있었다. 그 말을 듣고 그 카발리스트의 제자가 놀라는 눈치를 보이자, 렙 부남은 이렇게 설명했다. "내가 말한 것은,

사람이 어떤 동네에 대해 그곳에 가보지 않고는 모르는 것과 마찬가지로, 그가 카발라를 도무지 모른다는 것이다. 카발라를 안다는 것은 그곳에 가서 몸소 보는 것을 뜻한다."

그러나 렙 부남은 짜딕의 중요한 사명이 그가 겪는 모든 것 속에서, 자발적으로거나 억지로거나, 이후딤(yihudim)을 실천해 나가는 것이라는 원리는 받아들였다. 우리의 모든 행위는 그 하나 하나가 너무나도 신비스럽고 그만큼 중대하기 때문에, 비록 이 세상에서 유한한 인간에 의해 이루어지는 것이기는 하나, 능히 저 위의 세계에 영향을 미칠 만한 것이었다.

선견자의 제자인 지다조프의 렙 제위 히르쉬(Reb Zevi Hirsh of Zhydatshov)가, 그리고 뒤에 디네브의 렙 제위 엘리멜레크(Reb Zevi Elimelekh of Dinev)와 지다조프의 렙 아이지크(Reb Ayzik of Zhydatshov)가 이 특별한 좁은 길을 택했다.

코츠커와 카발라

코츠커와 렙 핀하스는 둘 다 날카로운 통찰력을 지닌 사상가였다. 그들은 하시드들이 카발라를 공부해서는 안 된다는 데 의견을 같이했다.

코츠크에서는 "신비스런 일치"나 저 높은 천당에 대한 말은 아예 들을 수가 없었다. 코츠커의 강론은 『조할』의 영향도, 라삐 이츠악 루리아의 저술의 영향도 받지 않았다. 프쉬스케와 코츠크의 하시드들 가운데서는 단 한 사람의 카발리스트도 나오지 않았다. 그들은 거의 모두가 마하랄(프라하, 1525~1609)의 저술을 연구했다. 그러나 그의 제자들 중 루리아의 저술에 관심을 둔 자는 없었다.

첫 번째 "일치" 체험을 겪은 사람은 모세였다. 시나이에서 토라를 받을 때 이루어진 일이었다. 두 번째 "일치"는 메시아가 오실 때 이루어질 것이었다. 이 두 시점(時點) 사이의 중간에는 순수한 일치가 이루어질 수 없다고 코츠크는 믿었다. 만일 이루어졌다면 그것은 메시아가 이미 와 있다는 말이 된다.

어느 안식일 저녁에 한 탁월한 하시드가 코츠크에 도착했다. 그런데 날이 너무 저물어 늘 행하는 세정식(洗淨式)을 행할 수가 없게 되었다. 그래서 그는 카발라 식의 명상에 몰두함으로써 정신적인 세정식을 갖기로 작정했다. 그는 정말로 깨끗해진 느낌이었다.
바로 그 순간 회당 문이 벌컥 열리면서 렙 멘들이 뛰어 들어왔다. 들어오면서 그는 이렇게 말했다. "누가 감히 여기서 명상과 신비 따위로 자리를 어지럽히는가? 무례하구나! 두 번 다시 그런 짓은 하지 말라."

코츠크에서는 이를테면, "무(無)와 존재", "신성(神性)의 신비", "피조물 안에 현존하는 조물주", "불꽃의 구원", "모순되는 사상의 승화", "쓰라림의 뿌리를 달게 만드는 것" 등 바알 셈이 가르친 주제들이 거론조차 되지 않았다.
코츠크의 방법은 하시디즘을 지성화(知性化)시키는 것이었다. 느낌보다는 성찰이, 상상보다는 분석이 우선적으로 행해졌다. 묵시문학적 사고(思考)와는 먼 거리를 유지했다. 저 높은 세계의 신비를 추구하여 시간을 보내는 것보다는 자신의 영혼 속에 내재해 있는 갈등에 대한 대책을 마련하는 방법을 배워야 했다.
코츠크에서는 환상적이거나 신비적인 실재가 인간의 경험으로 바뀌었다. 코츠커의 한 제자는 이렇게 말한 적이 있다. "아직 드러내야 할 신비들이 남아 있다. 토라의 비밀은 너무나도 오묘하게 감추어져 있어 그것을 아는 자들도 정확하게 표현할 수가 없다. 말로 표현되었다 해도 그것들은 여전히 감추어져 있다."

『미쉬나』가 "지혜롭고 직관적인 파악력을 지닌" 자가 아니면 하느님의 수레의 신비를 가르치지 말라고 한 것에 대해, 렙 멘들이 놀라움을 표현한 까닭이 바로 여기에 있었다. 아무리 부지런히 배우고 또 배워도 자질이 없는 자는 이해할 수가 없는 일이다. 만일 누가 먼저 자신의 "조잡한 육체성"을 깨끗이 닦지 않았다면, 스스로 토라의 비밀을 꿰뚫어 안다고 하여 그것이 무슨 덕이 되겠는가? 그렇지 않다. 그는 기초조차 터득하지 못할 것이다. 왜냐하면 그는 곧 낙담하여 몰두하지 못하게 될 것이기 때문이다. 그의 둔한 머리에는 그것들이 아무런 뜻도 지니지 못한다. 자신의 조잡함을 깨끗이 닦아내지 못한 사람이 만일 토라의 신비를 배운다면, 그는 그 신비의 뜻을 파악하지 못할 것이고, 이윽고 유다이즘에는 아무런 의미도 들어 있지 않다는 결론을 내릴지도 모른다. 그는 믿지 않는 자가 될 수도 있다. 그러므로 그런 자에게는 아무것도 말해 주지 않는 것이 더 바람직한 일이다.

이로써 미루어 알 수 있는 것은, 코츠커는 사람이 순결해지고 고상해지기 전에 카발라를 공부하는 것에 대해 반대했다는 사실이다. 그러나 과연 어느 누가 먼저 그런 상태에 이를 수 있었던가?

하밧(Habad)[39]에 대한 렙 멘들의 다음과 같은 말에서도 우리는 카발라에 대한 그의 견해를 발견할 수 있다.

---

39) 리야디의 렙 스느우르 잘만(Reb Shneur Zalman of Lyady, 1745-1831)에 의해 설립된 하시드 운동의 한 학교로서 하느님, 세계, 인간의 개념에 관한 신지학적(神知學的)인 교의들을 가르쳤음.

하밧의 학생들은 위로부터 아래로 내려오는 길을 따른다. 그들은 저 높은 곳에 대한 교리와 사색들로부터 시작하여 그것을 인간의 상황에 적용시키는 길을 더듬어 찾는다. 우리는 그 반대의 길을 걷는다.

코츠커와 빌나의 가온

빌나의 가온(the Gaon of Vilna, 1720~97) 라삐 엘리야는 미트나그딤(Mitnagdim), 곧 하시드 운동의 극렬한 반대자들의 지도자로서, 그는 열심히 공부했음에도 불구하고, 대부분의 레뻬들과 하시드들 사이에서 존경을 받지 못했다.

그러나 코츠커는 그를 상당히 존경했고 또 그것을 드러내놓고 표현했다. 한번은 이런 얘기를 한 적도 있다. 가온이 죽었을 때, 몇몇 폴란드인 레뻬들이 그가 낙원으로 들어가지 못하도록 막아섰는데, 갑자기 타나임40)과 아모라임 몇이 나타나 그들에게 간청하기를, "그를 들여보내어라. 그는 우리의 말을 연구했다" 하더니 그를 데리고 낙원으로 들어갔다는 것이다.

레뻬 이츠악 메이르와 비얄레(비알라)의 레뻬 모세 미하엘이 한번은 회당에 앉아 복잡한 『탈무드』의 주석에 대해 토론하고 있었다. 그때 갑자기 코츠커가 들어오더니 퉁명스럽게 내뱉었다. "빌나의 가온이 지적하기를 주석 책에서 제기된 문제들은 모두 엉터리라고 했소."

그리고 그는 자기의 방으로 가버렸다. 두 레뻬는 가온의 주석을

---

40) 200년 이전 『미쉬나』의 스승들.

뒤져보기 시작했다. 그때 또 코츠커가 나타나 말하기를, "그리고 그 빌나의 좀도둑이 설명한 바에 따르면, 이 주석 책의 문제는 이미 풀어졌소."

모두 그의 말을 듣고 어안이 벙벙했다. 코츠커가 다시 설명하기를, "하느님께서 모세에게 토라를 주실 때, 장차 올 세대의 사람들이 도달하게 될 모든 가능한 해석들까지 계시해 주셨소. 그런데 그때 몇 안 되는 영혼이 모세의 등 뒤에 숨어 모든 것을 엿들었는데, 그 좀도둑들 중의 하나가 바로 빌나의 가온이었소."

빌나의 가온에 대해 혹독하게 평가한 볼리니아의 하시드들과 대조적으로, 프쉬스케의 렙 부남은 앙심을 품지 않은 채, 때로는 매우 역설적으로 그에 대해 말했다.

어느 안식일, 세 번째 식사를 하고 있을 때 렙 부남의 영혼이 칠층천으로 올라갔다. 거기서 그는 빌나의 가온이, 무엇 때문에 하시드들과 그토록 앙숙이었느냐는 질문을 받고 있는 것을 들었.

"제 의도는 명예로운 것이었습니다" 하고 그가 순진하게 대답했다. 그러자 천국이 웃음소리로 진동했다.

코츠커의 사위인 소크하체프(폴란드어로는 소카체우)의 렙 아브라함(Reb Abraham of Sokhatshev)은 가온을 높이 칭찬하고는, 그의 탁월한 학자 정신에 대한 이야기를 이렇게 마감했다. "그의 학식은 끝이 없었다. 만일 그가 메제리츠의 마기드의 권위를 부여받았다면 얼마나 더 위대했을까 상상해 보라!"

하시드들은 코츠커가 가온을 그대로 닮은 사람이라고 했다. 그래서 그가 세상에 태어난 것도 하시드 운동에 대한 가온의 적개심을 수정하려는 것이었다고 했다. 어쨌든 코츠커는 빌나의 가온을 존경한 몇 안 되는 하시드 파 인물 가운데 한 사람이었다. 실제로 그 둘은 서로 닮은 점이 많았다. 무엇보다도, 그들은 세상과 절연하여 고독하게 살았다.

가온은 공부하는 시간을 뺏기지 않으려고, 사람들이 찾아오는 것을 받아들이지 않았다. 그의 누이가 12년 만에 찾아왔을 때에도 그는 시종에게, "저 세상에서 만나자고 전하여라. 여기서는 만날 시간이 없으니까"라고 말했다.

코츠커의 태도도 이와 비슷했다.
그러나 두 사람은, 그 중심에 있어서는 달랐다. 가온은 하시디즘과 싸웠다. 코츠커가 투쟁의 대상으로 삼은 것은, 감추어진 엉뚱한 속셈과 기득권이었다. 그는 거짓과 위선을 상대로 싸웠다. 가온은 고전 텍스트들의 수정에 심혈을 기울였다. 반면에 코츠커는 영혼의 개선, 저 건너 세계의 고양에 헌신했다. 가온은 토라 연구를 통하여 고요함에 도달했다. 코츠커는 영적인 화산이 폭발하는 지역을 파고 들어갔다. 그에게 돌아온 보상은, 잠시도 가만히 있을 수 없는 흔들림이었다.

제2부

코츠커와 키르케고르

두 낯선 자의 유사성

오래 전, 실존 철학의 아버지라는 키르케고르의 책들을 읽기 시작했을 때 나는 그의 생각들의 많은 부분이 이미 내게 낯익은 것들이라는 사실을 발견하고 깜짝 놀랐었다. 이윽고 나는 그의 관점과 기본적인 관심의 상당한 부분이 코츠커의 가르침과 상통하고 있음을 알게 되었다. 내 젊은 시절은 코츠커의 두 문하생에게서 깊은 영향을 받은 터였다.

키르케고르는 지금 세계적으로 유명하다. 코츠커는 거의 알려져 있지 않다. 그의 탁월한 통찰은 제대로 평가를 받지 못했다.

코츠커는 1787년 폴란드 고레이에서 태어나 1859년에 사망했다. 키르케고르는 1813년 덴마크의 코펜하겐에서 태어나 1855년에 사망했다. 키르케고르가 1843년에 그의 첫 저서인 『이것이냐/저것이냐』(*Either/Or*)를 출판했을 때 코츠커는 세계로부터 빠져나와, 죽을 때까지 계속된 고독한 생활을 시작했다.

둘은 서로를 알지 못한다. 만일 만났다 해도 둘은 상대방을 이해할 수 없었을 것이다. 성장 과정, 종교적인 욕구와 헌신, 학문적인 관심 그리고 생활방식 같은 모든 점에서 그들은 조금도 같지 않았다. 코츠커는 『탈무드』와 『탈무드』의 논리를 탐구하는 일에 몰두했다. 키르케고르는 서양 철학에 열중했다.

　유다이즘과 기독교 사이의 차이점에 근거한 그들의 철저한 이질성을 염두에 둘 때, 그들의 관심이 비슷한 점을 보여 주고 있다는 사실은 더욱 놀라운 일이다. 그들의 유사성은 너무나도 뚜렷하여, 각자의 전통 속에 선천적으로 같은 성격이 잠재해 있었다고 생각해야 할 정도이다.

　이 책에서 다루고자 하는 두 사람의 대비 연구는 전적으로 신학의 영역에 한한다. 왜냐하면 키르케고르가 크게 기여한 제반 철학적인 문제는 코츠커의 세계 밖에 있기 때문이다.

　이 책은 심층 신학(depth-theology)의 한 연구이다. 이 책이 다루고자 하는 것은 교리나 신조보다는 삶의 극적인 순간들, 투쟁, 상황들이고, 신학의 정리(整理)보다는 양심과 하느님의 대결이며, 종교의식이나 과거에 대한 회상보다는 삶 속의 참여와 자기 것으로 삼는 일에 관한 것이다. 한마디로, 이 연구는 신학적 사변(思辨)보다는 자아성찰을 다룰 것이다.

　신학적으로—교리와 종교의식에 있어—코츠커의 세계와 키르케고르의 세계는 거리가 멀다. 특별히 코츠커에게는 기독교의 창시자에 대한 믿음이라는 것 자체가 못마땅했다. 그러나, 그들이 살아야 했던 상황과 출발점은 근본적으로 달랐지만, 그럼에도 불구하고 살아가면서 부딪쳐야 했던 문제들 즉 심층 신학의 차원에서 부딪쳐야 했던 문제들은 똑같을 적이 많았다. 이 둘은 그들의 내면적인 정황에 있어—그 내적인 체험과 관심의 양태, 진지한 열정에 있어, 많이 닮았다. 교조(敎條)와 그 교조의 실행이 최종적인 것이다. 그런데 어떻게 사람이 교조를 살아내는가가 문제이다. 어떻게 사람이 자기의 궁극적인 결단을 실천해 나갈 것인가? 이 문제에 있어 두 사람 다 하나의 한정되고 분명한 행동을 한 번 받아들이는 것으로 만족할 수는 없었다. 그들에게 문제가 된 것은, 어떻게 인간이 날마다 그의 결단을 새롭게 하느냐였다. 사람은 시간 속에 산다. 따라서 그에겐 종점도, 머물러 서 있을 장소도 없다.

인간의 인격(人格)이란 단순한 그리고 고정적인 실체로 해석될 수가 없는 것이라고 코츠커와 키르케고르는 주장했다. 자아는 언제나 유통하고 있다고 그들은 생각했다. 자아의 실존은 그 자신과 부단히 갈등을 일으키고 열정적으로 자신에게 관심하기 때문에, 그리고 영속성이 없다는 피할 수 없는 이유로 불안하기만 했다. 주어진 가장 큰 사명은 인간의 조건을 그것에 도전함으로써 영속시키는 것이었다.

너무나도 많은 사람들이 내면 생활을 임자 없는 땅으로 버려두었다. 그런데 키르케고르와 코츠커에게는 그것이 가장 깊은 관심의 대상이었다.

유대인이 된다는 것은 무한한 과정이라고 코츠커는 생각했다. 결론이란 모두가 한낱 전제일 뿐이었다. "끝마쳤다고 생각하는 자는 정말로 끝장난 것이다"라고 그는 말했다. 자기만족은 패배의 징표였다. 삶이란 앞으로 나아가는 노력과 긴장의 끝없는 싸움터였다.

그 투쟁이란 대개 자기 자신을 자신의 노예가 되는 것으로부터 건져내는 것이었다. 지칠 줄 모르고 솟아나는 이기적인 고집 속에는 개성과 자유를 파괴시키는 독이 들어 있다. 코츠커에게 있어, 본디적인 유대인이 되려면 이기심의 감옥에서 나와 하늘의 부름에 헌신적으로 응답하지 않으면 안 되었다. 이 부름에 귀가 멀어 응답하지 않는 자는 신앙을 회피하여 광대짓을 하며 살아가는 것일 뿐이었다. 왜냐하면 신앙을 갖는다는 것은 자아를 잊어버리고 오로지 하느님께만 향하는 것이기 때문이다.

키르케고르가 심오하게 깊은 내면적인 삶을 탐구하여 적지 않은 수효의 저서들을 남긴 데 비해, 코츠커는 몇 마디 짧은 말을 남겼을 뿐이다. 키르케고르는 산적해 있는 문제들과 씨름했다. 반면에 코츠커의 이름으로 전해 내려오는 몇몇 경귀들은 그 영역이 한정되어 있다.

불타오르는 열성으로 신앙생활을 탐구한 두 사람은 결코 고정된 교리를 만드는 일에 열심을 보여 주지는 않았다. 오히려 그들은 새로운 태도와 감수성을 빚어내고자 애를 썼다. 그들의 유산은 결정적인 원리를 만드는 것이 아니라 한없이 도전하는 것이다.

모든 전통적인 종교가 지니고 있는 고질병은 괴어 있어 썩는 것이다. 안착하여 기정 사실이 되어버린 것은 무엇이거나 쉽게 부패할 수 있다. 신앙이 교조로 대치되고 자발성이 진부한 모방으로 바뀐다. 이런 현실에 대한 키르케고르와 코츠커의 공격은 해방의 행동이었다.

두 사람 다, 우선 무엇보다도 세계로부터 소외될 것을 설교했다. 인간의 자기를 중심으로 삼으려는 모든 시도와 성품을 경멸한 코츠커는, 이기심을 송두리째 포기할 것을 강요했다. 그런 요구는 터무니없고 부조리한 것처럼 보인다. 그러나 인간과 세계를 함께 파멸시킬 위험을 안고 있는 오늘 우리의 세대에, 매우 중요한 경고로 받아들여져야 할 것이다.

두 사람 다 턱없이 높은 영적 존재의 차원으로 뛰어 올라, 많은 사람이 그들의 뒤를 따를 수 없게 되었다. 키르케고르는 부조리한 역설로 표현되는 기독교의 경지에 올라갔다. 코츠커는 철저한 포기를 겸한 끝없는 자기 초월의 경지에 이르렀다.

오늘에 있어 그들은 무엇인가? 그들이 우리에게 주는 충격은 우리의 환상과 확신, 자기만족에 도전하여 우리를 둘러엎고 혼란에 빠뜨리는 것이다. 본받아야 할 본보기가 아니라 귀찮은 등에가 되어 그들은 우리에게서 마음의 평화와 만족감을 앗아가 버린다.

키르케고르는 어떤 사람인가?

덴마크의 철학자이자 신학자인 쇠얀 키르케고르는 1813년 코펜하겐에서 부유하고 경건한 루터교인 집안의 막내로 태어났다. 덴마크 어로 "공동묘지"를 뜻하는 "키르케고르"는 우울한 남자였던 그의 아버지에게 들어맞는 이름이었다. 젊은 시절에 저지른 어떤 비밀스러운 범죄로 인하여 자기 집안에 저주가 임했다고 그 노인은 믿고 있었던 것이다. 그의 아내와 일곱 자녀가 연속적으로 죽자 그는 이제 저주가 그대로 이루어졌다고 확신했다.

쇠얀도 자신이 요절하게 되어 있다고 믿었다. 불행한 소년 시절을 보내고 나서, 18세에 코펜하겐 대학교에서 공부를 시작했다. 그는 분에 넘치도록 값비싼 옷을 입고 호사스럽게 생활하면서 쾌락주의자가 되었다. 넘치는 재간꾼으로 곧 명성을 떨치게 되었다. 그러나가 22세 되던 생일날 아버지의 실상을 보고 충격을 받았다. 결국 그는 공부를 집어치우고 자포자기하여 방종에 빠지고 말았다. 3년 뒤, 깊은 종교적인 체험을 겪고 아버지와 화해하면서 학위를 마쳤다.

27세가 되었을 때 키르케고르는 17세난 처녀 레기나 올센과 약혼했다. 그는 약혼녀를 깊이 사랑했지만, 결혼은 자신의 우울한 성격에 어울리지 않을 뿐만 아니라 종교적인 저술가가 되고자 하는 내면의 요청에도 어울리지 않는다고 생각했다. 마침내 13개월 만에 그는 파혼했다. 이 결단은 그를 심각하게 뒤흔들었고 전생애에 영향을 끼쳤다. 그는 "난폭한 방종에 빠지거나 절대적인 종교 생활에 몰두하거나 둘 중에 하나를 택해야 하는" 양자 택일을 눈앞에 둔 자신을 발견했다.

『이것이냐／저것이냐』를 출판한 1843년 이래 죽을 때까지 20년간, 키르케고르는 그를 현대 철학자들의 앞줄에 세우게 한 일련의 저술을 내놓았다. (비록 그의 영향력이 그가 덴마크 어를 사용한 까닭에 꽤 오랫동안 묻혀 있기는 했지만.) 1844년부터 그는 코펜하겐의 만화 잡지인 『코르세르』(*Corsair*)의 지루하고 비정한 공격을 받기 시작했다. 그리고 1854년에는 기성 교회가 기독교 복음을 인간적 욕구에 뜯어 맞추는 것에 대한 공격을 개시했다.

1855년, 42세의 독신자 키르케고르는 숨을 거두었다. 그의 저작은 30여 권에 이른다. 거기에다가 그는 스무 살 때부터 쓰기 시작한 길고 자세한 일기를 남겨 놓았다. 덴마크 어로 출판된 그의 일기는 3,000 페이지를 넘는 방대한 것이다.

키르케고르의 길

현대인의 가장 큰 잘못은 자기를 신뢰하는 것(self-reliance)이라고 키르케고르는 주장했다. 현대인이 자기 조상들을 훨씬 능가하여 앞서 있노라고 스스로 생각하는 것은 19세기의 환상이다. 이런 기만은 이기주의(egoism)에서 나온다. 그에게 제공될 유일한 치료약이 있는데 그것은 절망이다. 사람이 자신의 진짜 모습을 보는 것은 극도로 비참한 궁지에 빠졌을 때 가능하고, 그때 비로소 그는 자기신뢰라는 것이 환상이었음을 깨닫게 되는 것이다.

그런 위기 속에서 더 이상 바랄 것이 없게 됨으로써 인간은 뉘우치지 않을 수 없게 된다. 키르케고르는 이것을 "실존적인 순간"(existential moment)이라고 했다. 바로 그 순간 사람은 자신의 무력함과 무엇엔가 의지하지 않으면 안 됨을 깨닫는다. 인간은 그가 실존적인 순간에 처해 있을 때 홀로이다. 자아를 반성하여 조사하는 것이 두려운 인간은 사회 속으로 도피한다. 키르케고르는 이런 "해결책"을 "사회적인 종교"라 하여 전적으로 거부하고, 그 대신에 개인적인 탐색과 실천을 강조했다.

키르케고르는 또한 이성적인 종교(rational religion)에도 반대한다. 왜냐하면 이성(理性)이라는 기능으로는 하느님을 직접 아는 일이 불가능하기 때문이다. 하느님은 언제나 인간에게 하나의 역설(a paradox)로 파악되는 분이다. 지성은 모순을 견뎌내지 못한다. 양심, 죄, 회개, 신앙 같은 모든 종교적인 주제들은 이성으로는 파악될 수 없는, 불가해한 것들이다. 신앙은 한결같고 안전한 의식 상태가 아니라, 고통스럽고 쉽게 획득할 수 없고 덧없기까지 한 확신이다. 계속되는 투쟁 속에서 잠깐 숨을 돌리는 시간이다.

하느님은 지성으로 파악되는 영역을 초월해 계신다. 이론적인 입증으로는 종교를 증명해 낼 수가 없는 것이다. 사회적인 이해관계에 스스로 적응시키는 길을 모색하는 윤리는 종교적인 윤리가 아니다. 현대인은 모든 책임을 사회에 건다. 그는 진리가 다수의 의견으로 세워진다고 생각한다. 종교적인 인간은 하느님께 모든 책임을 걸어, 하느님 홀로 진리를 결정하고 따라서 인간적인 기준, 즉 거짓에 근거한 모든 판단은 삼가야 한다고 생각한다. 하느님은 세상과 정면으로 맞서신다.

인간은 거짓이요 하느님은 진실이었다. 건널 수 없는 심연이 둘 사이에 가로놓여 있었다. 키르케고르와 코츠커는 모두 인간의 내면에 숨어 있는 비극적인 공백을 보았다. 그것은 이상과 현실 사이의 긴장, 기대되는 것과 성취된 것 사이의 긴장이었다.

대부분 사람들은 적당하게 타협하는 것으로 만족하거나 아니면, 자신들이 수많은 신들을 섬기고 있다는 사실과 그 행위가 갈등과 모순의 미로를 만들고 있다는 사실을 모른 채 살아가고 있다. 타협을 거절한 키르케고르는, 인간이 어느 한 쪽에 서야 한다고 주장했다. 이 루터 교인에게도 이 유대인에게도 중심되는 문제는 개인이었다. 그의 태도, 소망, 내면 생활이었다. 두 사람 다 인간을 전적으로 재창조하는 일에 몰두했다.

키르케고르는 헤겔 파의 체계를 공격했다. 헤겔에게, 신(the Divine)은 자연 속에 내재했다. 하느님은 인간 역사 속에서 스스로 일하는 하나의 과정이었다. 하느님은 지성 안에 현존하고 자기 자신을 인간의 사상 역사 속에서 드러냈다. 종교와 철학은, 둘 다 절대자의 인식을 고무하므로, 밀접하게 연관되어 있는 것이었다. 종교적인 삶은 지성과 지력의 합리적인 구조 속에 짜여져(織造) 있다고 헤겔은 생각했다.

키르케고르는 하느님이 자연과 역사 속에서 인간의 지성에 의해 발견될 수 있다는 생각을 철저히 반대했다. 그는 하느님과 세계 사이에 끝없는 구렁이 있다고 주장했다. 그는 참된 종교가 다른 무엇보다 사회 정의를 요구해야 한다는 것을 부인했다.

인간의 딜레마를 해결할 수 있는 유일한 길은, 인간이 사회를 포기하는 것이었다. 그는 사회적인 인간이 되기를 중단하고 우월한 존재가 되어, 자신과의 계속되는 긴장 속에서 살며 자기의 경향성에 항거하여 최고의 경지, 즉 하느님을 깨닫는 경지에까지 도달할 수 있어야 했다. 이처럼 키르케고르의 비관주의는 절망에서 끝나지 않고 나아가 투지가 넘치는 개인주의와 급진신학에까지 이르렀다.

통속화에 항거하여

코츠커는 종교적인 관행의 철저한 이행을 지나치게 강조하면 개인의 하느님과의 관계를 무디게 할 우려가 있다고 생각했다. 그는 결코 전통적인 종교 생활 양식의 타당성을 의심하지는 않았다. 그는 율법에 따르는 삶을 본질적인 것으로 보았다. 그러나 습관에 따라 생각없이 율법을 지킨다는 것은 차라리 추악한 짓이라고 생각했다.

코츠커를 당황시킨 것은 종교적인 체험의 정체(停滯), 즉 유대교의 통속화였다. 그는 생각없이 습관적으로 올리는 기도를 비난했다. 소리내어 암송하는 것을 우선적으로 생각하는 전통에 반대하여, 그는 짧은 기도, 때로는 침묵을 옹호했다. 그는 기도에 대한 준비가 기도 그 자체보다 영적인 가치가 더 있다고 담대하게 가르쳤다. 그리고 이 혁신적인 이론의 근거를 한 오래 된 전승에서 찾았다. "마음이 경건한 상태에 이르기 전에 기도하는 자세로 서서는 안 된다. 옛날의 경건한 사람들은 기도하기 전에 그들의 생각을 하늘에 계신 아버지에게 모으기 위해 한 시간씩 기다리곤 했다."[1] 집중된 기도에 목적이 있기 때문에, 우리는 "기도하는 동안에"라는 구절이 이 말의 끝에 나타날 것으로 기대할 수도 있다. 그러나 이 말의 의도는 우리에게 정신의 집중이 기도 행위보다 선행되어야 함을 가르치려는 것이다. 기도에 대한 준비는 그 자체로서도 가치가 있고, 어쩌면 기도 자체보다 더 귀할 것이다.

코츠커의 회당에서는 흔히 어깨에 기도 수건을 걸친 그의 제자들이 방안을 오르내리며 거의 입술을 움직이지 않는 장면을 볼 수 있

---

1) *Mishnah Berachoth* V. 1.

었다. 그들은 아직 기도를 시작하지 않았고 여전히 준비를 하고 있는 것 같은 인상을 주었다. 그들은 조용히 기도했다. 그러다가 갑자기 동작을 멈추고 기도 수건과 가죽함(율법 조문을 적은 양피지를 넣은 작은 함으로서 기도할 때 하나는 왼팔에 다른 하나는 이마에 부착함.—옮긴이)을 벗고는 테이블에 모여 앉아 보드카를 함께 마시는 것이었다….

아무리 경건한 마음도 무한정으로 계속되는 암송의 지루함을 견디어내지는 못할 것이다. 처음 지녔던 열성적인 마음과 그에 따른 행실을 지속시키려면 단순한 복종 이상의 것이 요구된다. 놀람, 영적인 모험, 새로운 가치에 대한 탐구—이 모두가 종교적인 갱신을 위해 없어서는 안 되는 요소이다.

유대교가 사멸되지 않고 존속된 까닭은 그것이 결론적이고 변화될 수 없는 최종적인 종교이면서 동시에 시작하고 출발하는 신앙이기 때문이다. 유대인으로서 행동하는 것은 낡은 길 위에서 새로 출발하는 것이라고 코츠커는 생각했다.

자아 성찰

인간의 영혼과 궁극적인 실재의 본질 같은 형이상학적인 문제들과 씨름한 중세기 유대 철학자들이나 하밧 하시디즘의 스승들과는 다르게, 또 영적인 우주의 신성한 구조를 탐색한 카발리스트들이나 역사의 최종 목적에 대해 사색한 신학자들과도 다르게, 키르케고르와 코츠커는 시선을 자기 자신에게로 돌렸다. 그들은 자기 자신의 실존의 틀과 방향에 대해 곰곰 생각했다. 어떻게 인간은 그를 얽어매고 있는 모든 혼돈으로부터 벗어나 제 스스로의 얼개를 세울 것인가?

다른 하시드 스승들은 제자들에게 과도한 사색을 삼가라고 충고

했다. 신앙에 대한 문제를 이리저리 캐묻지 말라는 것이었다. 그들은 단순성을 칭찬했다. 과도한 사변은 의혹의 어두운 골방으로 인도할 뿐이라고.

코츠커는 질문하는 것과 성찰하는 것을 권장, 격려했다. 그는 의심과 심사숙고가 엉뚱한 길로 사람을 이끌고 갈 수 있다고 해서 그것들을 두려워하지는 않았다. 그에게 단순성이란 위장된 부정직이요 자기 기만의 속임수에 불과했다.

문제는 하느님을 신뢰하느냐 않느냐가 아니라, 인간의 하느님 용납을 신뢰하느냐 않느냐였다. "지혜가 많으면 괴로운 일도 많고 아는 것이 많으면 걱정도 많아지는 법이다"(전도서 1:18). 코츠커는 이렇게 말했다. "그것이 너를 괴롭게는 하지만 그것이 너의 아는 것을 많게 한다."2)

키르케고르나 코츠커에게 자기성찰(self-examination)은 종교적인 성실성에 이르기 위해 없어서는 안 되는 전제였다. 인간은 자신의 동기를 면밀히 조사하고 자신의 의도를 순수하게 다듬고 언제나 자아의 횡포를 견제해야만 했다. 자기 이해에 이르는 첫걸음은 자기를 의심하는 것이었다.

랩 멘들이 자기성찰의 필요성을 강조한 첫 번째 사람은 아니었다. 그러나 그는 자신의 시대에 이르러 자기성찰이 하나의 사장된 기술이 되고 말았다고 생각했다. 그래서 그는 자기성찰을 코츠크에서의 하시드 교육에 가장 중요한 부분으로 삼았다.

키르케고르와 코츠커는 진실의 문제를 그것이 자기이해와 관련이 있는 한에서만 다루었다. 자기를 속이는 것보다 더 쉬운 일은 없었으므로 그만큼 그들이 문제삼은 것은 다루기가 까다로웠다. 마음

---

2) 이디쉬 말로, "*Krenkn zollstu, ober vissn zollstu.*"

이 궤변적이 될수록 자기기만은 심화된다. 내면의 삶은 거칠고 헤어날 수 없는 미궁이 된다. 누가 자신의 동기들을, 자신의 정직성을 믿을 수 있는가? 그 누가 하느님에게 경배를 하면서, 실은 우상을 섬기거나 자기 자신의 자아를 섬기고 있지 않다고 장담할 수 있는가? 인간의 영혼 안에는 신뢰성의 구렁이 있고 그것은 다만 진리의 영에 의해서만 다리 놓여질 수 있다.

어떤 문제들은 타협을 용납하지 못한다. 신앙과 위선은 최대의 상극이다. 종교적인 삶을 산다고 하면서 속인다는 것은 있을 수 없는 일이다. 하느님을 핑계의 구실로 삼거나 겉치레로 경건을 꾸민다는 것은 불경죄이다. 하느님은 최고로 중요한 분이거나 아니면 아무것도 아닌 분이다.

키르케고르와 코츠커는 저마다 자기의 방법대로 무엇이 실존에 관건이 되는지, 하느님께 대한 진지한 태도에서 결정적인 것이 무엇인지를 밝혀내었다. 그들은 하느님이 내게 무엇을 요구하는가 하는 질문에 대한 대답을, 무엇보다도 정직성(integrity)이라고 제시했다.

> 코츠커의 한 제자가 자기 스승에게, 하느님께 예배드릴 때마다 자신의 교만한 모습을 보지 않고 예배드려 본 적이 없다고 호소했다. "이런 방해를 받지 않게 하는 기도 방법이 있을까요?" 하고 그가 물었다.
> "너는 숲 속에서 혼자 돌아다니고 있는 이리를 만난 적이 있느냐?"
> "네, 있습니다."
> "그 순간 네 마음은 어땠느냐?"
> "무서웠습니다. 그저 무서울 뿐이었죠. 그리고 도망쳐야겠다는 생각이 났습니다."

"그렇겠지. 너는 그 순간 아무런 자의식도 없이, 자신이 무서워하고 있다는 사실조차 모르고 다만 무서워했다. 하느님 섬기는 것도 그와 같아야 해."

코츠커는 제자들에게 꾸준히 자기기만을 피하고 그들의 말과 행동에 자신을 일치시킬 것을 요구했다. 사람이 하느님의 뜻을 이루는 순간 그 이루어진 일과 이룬 인격은 하나가 되어야 한다고 했다. 인격을 떠나 말과 행동이 있을 수 없기 때문에, 말과 행동으로부터 인격을 분리하여 생각할 수는 없다는 것이었다. 그 어떤 사람도 그의 삶으로부터, 모든 혼란과 추함을 미리 제거하고 헛된 것에 빠지거나 자기집착에 몰입될 가능성을 완전히 피할 수는 없다. 그러나 그렇다고 하여 정직한 감정이나 순수한 확신에 처하는 순간까지 무시되거나 그 가치를 깎아 내릴 수는 없는 것이다.

코츠커는 사색의 목적이 인격의 내부에 잠재하여 있는 이원론을 극복하는 데 있다고 생각했다. 정직하고 마음을 하나로 모으는 일 없이 자기이해에 도달할 수는 없다. 자기성찰은 진리를 얻기 위해 반드시 필요한 기술이다. 왜냐하면 인간은 자기 자신에 대해, 진실하지 못한 것까지도 진지하게 신뢰하는 경향을 지니고 있기 때문이다.

코츠커는 자칫 행위가 없는 영혼의 내적인 상태를 자랑으로 여겨 교만할 수도 있는 정적주의자들이 되라고 제자들에게 요구하지는 않았다. 그의 이상은 고요함 속에 머무는 것이 아니었다. 그의 목적은 사람들로 하여금 물질지상주의적인 삶에 혐오감을 갖도록 설득하여 자아를 밝히는 일에 참여하게 하는 것이었다. 너 자신을 깨우쳐 주거라!

영혼 속의 함정

　대부분 종교 사상가들은 인간의 곤경이 신의 법을 복종하지 못했거나 정통 신앙을 지키지 못한 데 그 원인이 있다고 주장해 왔다. 키르케고르와 코츠커는 곤경의 근원이 인간의 영혼 내부에 편재해 있는 함정들과 그것들에 대한 인간의 놀랄 만한 무지에 있다고 보았다. 그래서 그들은 이 함정들이 없는 것처럼 위장하려는 거짓에 대해 경계할 것과 그런 종교적 도전의 위험성을 항상 인식할 것을 사람들에게 권면했다. 광신과 교리에 대한 맹목적인 신앙을 경계하고, 의심을 정면으로 맞서는 대신 피하려는 마음을 갖지 말라고 그들은 말했다. 왜냐하면 이런 것들은 하느님께 이르는 길을 가로막는 불건전한 자기확신을 가져오기 때문이라는 것이었다.
　수세기에 걸쳐 사상가들이 인간으로 하여금 자신의 보상과 만족감에 대한 욕망과 거룩함과 뉘우침에 대한 종교적 요구 사이의 불균형을 인식함으로써 무너지지 않게 하기 위해 구축해 놓은 건물의 정면을 코츠커는 날카롭고도 철저하게 무너뜨렸다. 코츠커는 사람이, 자신의 환상에 빠져, 연구 생활이나 선행을 통하여 위안을 구하거나 천박한 뉘우침으로써 용서를 받으려고 희망하도록 그냥 내버려두기를 거절했다.
　코츠커의 사상 세계에서 중심 문제는 "나"였다. 그것은 이 세계에서 하느님과 맞서는 가장 기본적인 개념이었다. 주제넘은 자아의 죄는 이 세상에서 하느님에 대한 도전이요 반항이다.
　유대인의 역사를 통하여 언제나 들려온 마음의 순결을 위한 부르짖음은 때로 조난 신호처럼 들린다. "하느님, 깨끗한 마음을 새로 지어 주시고 꿋꿋한 뜻을 새로 세워 주소서"(시편 51:10) 하고 시인은 호소한다. 이 부르짖음은 성서와 유대 문학 속에서 되풀이되어 울리고 있다. 그러나 현대 유다이즘은 마음의 툴결에 대해 충분한 관심을 쏟지 못했다.

자기-사랑이냐, 내적인 익명(匿名)이냐?

아름다운 젊은이 나르시소스는 수면에 비친 자신의 모습을 보고 그를 사랑하게 되기까지는 아무도 사랑하지 않았다. 마침내 그는 쇠약해져 자기 이름을 본딴 한 송이 꽃이 되었다.

이 매혹적인 이야기는 우리 모두에게 영향을 미치는 하나의 심적인 상황을 그려 주고 있다. 그것은 우리 내부의 깊숙한 곳에 숨어 있는 신경을 건드린다. 이 이야기 속에 깃들어 있는 잘못은 자기에 대한 사랑 자체가 아니라 자기-사랑의 결과로서 자기만 사랑한 것이다. 자기에 대한 사랑은 자칫 남에 대한 관심을 소홀하게 만들고 그래서 자신의 소외를 부채질한다. 극단적인 자기-사랑은 인간의 파멸을 부른다. 그것이야말로 자기의 적(敵)인 것이다.

자아 중심 경향은 극단적으로 심화될 때 하느님을 그 높은 자리에서 몰아내고 세계를 인간의 형상으로 고쳐 만들려는 악마적인 시도에까지 이른다. 즐롯소브의 렙 메헬(Reb Mehel of Zlothshov)은 신명기의 "나는 야훼와 너희 가운데 서서"(5:5)라는 구절을 "나"가 하느님과 인간 사이에 서 있다는 뜻으로 풀이했다.

라삐들의 해설에 따르면 "네 이웃을 네 몸 사랑하듯 사랑하라"는 계명은 결코 자기-사랑을 부인하지 않는 것이다. 인간이 위험에 처했을 때에는 자기-사랑이 남에 대한 사랑보다 앞서게 마련이라고 라삐 아키바(Rabbi Akiba)는 주장했다.

만일 어떤 두 사람이 문명으로부터 먼 곳을 여행하다가, 남은 물을 둘이 나누어 마시면 둘 다 죽고, 하나가 전부 마시면 그 마신 자 혼자 살 수 있다고 한다면, 둘이 나누어 마시고 죽는 것이 동료 하나가 죽어가는 것을 보는 것보다 낫다고 파투라의 아들은 가르쳤다. 그때 라삐 아키바가 와서 말했다. "너희는 하느님 두려운 줄 알아 네 동족을 함께 데리고 살아야 한다(레위기 25:36)—너의 생명이 그의 생명보다 우선적이다."[3]

"함께 데리고 산다"라는 말은 네 생명이 먼저 있고, 그러나 네 생명이 확실하게 된 이후에 그도 또한 살 권리가 있다는 것을 뜻한다.
아우구스티누스도 "네 이웃을 사랑하라"는 계명이 이웃에 대한 사랑이 자아에 대한 사랑을 능가하지 못한다고, 어떤 점에서는 거기에 예속된다고 설명했다.[4]
그러나 "마음을 다 기울이고 정성을 다 바치고 힘을 다 쏟아 너의 하느님 야훼를 사랑하여라"(신명기 6:5)는 계명은 무한하고 무제약적인 사랑을, 하느님에 대한 충성이냐 배반이냐 둘 중의 하나를 택하여야 할 경우에는 순교를 하는 데까지 이르는 사랑을, 요구하는 계명으로 이해되었다.[5]

절대적인 요구로서의 하느님 사랑은 위기의 순간뿐만 아니라 종교적인 동기들 뒤에 흐르고 있는 하나의 힘으로 나타난다. 인간으로 하여금 거룩한 일을 하게 하는 것은 하느님께 대한 궁극적이며 자발적인 사랑인가, 아니면 보상에 대한 희망과 처벌에 대한 공포인가? 2천 년 이상 유다이즘의 관심이 되어 온 이 질문은 코츠커를 특별한

---

3) *Baba Mezia* 62d.
4) H. 틸리케, 『신학적 윤리학』, Vol. Ⅰ(필라델피아, 1966), p. 338.
5) *Berachoth* 62b.

열정으로 몰아넣었다. 그것은 그에게 있어 정직성과 순수성과 마음의 순결에 대한 시험이었다.6)

정직한 사람은 일편 단심으로 진지하다. 그러나 내성적인 사람은 대중들이 보기에는 이해하기 어렵다. 사회의 규범에 적응하기 위해 어느 정도의 위선이 있어야 하지 않는가? 사람은 누구나, 사적인 동기가 언제나 외적인 행위와 부합되는 것은 아니기 때문에 자신이 어느 정도 냉소주의에 물들거나, 만일 도덕적인 감수성을 예민하게 타고난 경우에는, 인격이 분열되는 상태에까지 이르게 될 가능성이 있음을 알고 있다.

라 로쉬푸코(La Rochefoucauld, 1613~80)는 지옥이란 다른 사람이 아니라 바로 우리 자신이라고 주장했다. 인간의 근본적인 착오는 일시적인 이기주의나 도덕적인 가치에 대한 착각이 아니라, 자기 자신에게 영속적이고도 철저하게 정신적인 초점을 모으는 것이라고 그는 생각했다. 인간이 스스로 자신의 하느님이 될 때 종교가 있을 수 없다. 마찬가지로 인간의 자아가, 어떤 초월적인 또는 적어도 객관적인 기준이 서야 할 자리를 빼앗아 차지하는 때에는 윤리도 있을 수 없다. 기준이 없으면 도덕적인 확실성도 없고, 다만 정열만이 남아 이성의 빛을 흐리게 만들 따름이다.7)

사랑이란 위장된 자기-사랑이다. 그러나 라 로쉬푸코는 한 줄기 소망의 빛을 드리워주었다.

> 만일 다른 욕망들과 섞이지 않은 순수한 사랑이 있다면, 그것은 우리 자신에게조차 알려지지 않고 우리의 깊은 가슴속에 숨어 있는 그런 사랑이다.8)

---

6) 이 문제에 관한 더 자세한 분석은 A. J. 헤셀의 『사람을 찾는 하느님』 pp. 387ff. 참조.

7) A. J. Krailsheimer, *Studies in Self-Interest* (Oxford, 1962), p. 89.

이기심이 인간 본성의 지배적인 원리라는 데 동의하는 철학자는 많다. 그들 중의 한 사람인 제레미 벤덤(Jeremy Bentham, 1748~1832)의 말에 따르면, "도덕주의자들 사이에는 이기적인 원리의 영향력을 마음으로부터 근절시키려는 거센 경향이 있어 왔다." 벤덤은 계속하여 말했다. "어째서 인간의 모든 동기들 중에서도 가장 강한, 자기를 돌보려는 이런 동기를 정당하게 받아들이려 하지 않는가? 왜 자기-사랑이 전면에 나서면 안 된다는 것인가?" 인간의 모든 이해관계는 서로 의존되어 있다고 믿은 그는, "책임과 자기-이익, 덕성과 자기-행복, 신중한 계산과 넘치는 사랑의 조화와 일치"를 가르쳤다. 벤덤의 『의무론』(*Deontology*)은 이기주의와 덕성을 동일시했다.

> 자신의 이익 추구에 반하는 일이 그의 의무일 수는 없다. [부도덕한 행위란 즉] 자기-이익에 대해 잘못 인식하는 것이다…. 때로 덕성이라는 것이 희생이나 자기-부정 속에 포함되기는 하지만, 이것들이 그대로 덕성일 수도 없거니와 덕성은 반드시 희생이나 자기-부정을 내포해야 한다고 할 수도 없다.9)

다른 사상가들 역시 이기주의와 이타주의는 서로 뒤섞이려는 경향이 있고, 이기적인 동기와 반-이기적인 동기는 서로 구별되기 힘들다는 사실을 확인했다. 조셉 버틀러(Joseph Bulter, 1692—1752)는 그 어떤 인간의 행위도 합리적인 자기-사랑이나 양심에 어긋나는 것일 경우 그의 인간 본성과 조화를 이룰 수 없다고 주장했다. 우리는 우리의 행복에 상반되는 그 어떤 행위도 정당화시킬 수 없다는 것이다.

---

8) Maxim LXIX, *The Maxim of La Rochefoucauld*, translated by Walter Scott (London, 1901), p. 15
9) 『의무론』(1834), I, 158f.

> 자기-사랑과 박애 정신, 덕성과 이익… 이것들은 서로 상반되는 것들이 아니라 다만 서로 구분될 뿐이다…. 만일 우리가 우리의 참된 행복을 이해한다면, 양심과 자기-사랑이 언제나 우리를 같은 길로 이끌 것이다. 의무와 이익은 완전히 서로 일치된다.10)

라 로쉬푸코의 극단적인 견해에 동의하지 않는 자라도, 얼마나 쉽사리 자기-존중(*amour-propre*)이 자만으로 바뀌고 자기-사랑(*amour de soi*)이 이기심으로 바뀌는지는 잘 안다.

인간 행위의 중요한 동기가, 남들에게서와 마찬가지로 자기 자신에게서도 스스로 높임을 받으려는 데 있다는 것은 널리 보편화된 견해이다. 개인적인 행복을 누리기 위해서는 남들의 존중도 받아야 하고 또 자신의 존중도 받아야 한다. 그러나 그런 존중이 종교적인 또는 도덕적인 행동의 동기가 되어버릴 때에는, 문제가 된다. 도덕의 존재 근거는 우리의 자기-이익을 추구하려는 본능을 억제하라는 명령에 복종하는 데 있다. 특히 자신의 이익을 추구함으로써 다른 사람에게 손해를 끼치게 되는 상황에서는 더욱 그렇다.

자기-중심성을 극복한다는 것은 쉬운 일이 아니다. 반면에 자기-이익을 추구하는 본능을 어떤 상황 아래에서거나 최고로 높은 위치에 둔다면 토마스 홉즈(Thomas Hobbes, 1588~1679)가 "야생의 상태"라고 말한 상황으로 달음박질치게 될 것이다. 그것은 "예술도 문학도 사회도 없는 상태이다. 무엇보다도 고약한 것은 폭력에 의해 죽을 위험이 끊이지 않고, 그래서 항상 불안하며 사람은 외롭고 가련하고 더럽고 난폭하게 잠깐 생존하다가 죽는다."11)

이웃-사랑을 실현하기 위해 자기-사랑 또는 자기-이익 추구가 결

---

10) 『조셉 버틀러 전집』, W. E. 글래드스턴 편집(옥스퍼드, 1896), pp. 25, 76.
11) *Leviathan* (1651), Pt. I, 13장.

들여져야 하는 반면, 하느님 사랑에는 결코 자기-사랑이 공존할 수 없다. 만일 순수한 마음이 한 가지 일을 하고자 하는 것이고 그 한 가지 일이 하느님을 사랑하는 것이라면, 욕망 특히 색욕(色慾)은 근절돼야 한다고 코츠커와 키르케고르는 입을 모았다. "욕망은 한 특별한 것을 절대적인 대상으로 삼는다. 그것은 어떤 특별한 것을 절대적으로 갈망한다."12)

인간이 자신의 욕구를 충족시키는 것은 전적으로 타당한 일이다. 그러나 유다이즘은 인간에게, 하느님을 위해 자신의 이익을 추구할 것을, 나아가서 하느님을 위해 자기-이익을 초극할 것을 기대한다. 그러면서 한편 유다이즘 안에는 자기-이익에 동기를 둔 종교 행위를 업신여기는 전통이 있다. 어떤 보상을 바라고 살아가는 자는 쉽게 기회주의자로 전락될 수가 있기 때문이다.

모든 자기-중심성이 배제된 청렴 결백, 그 어떤 보상도 바라지 않고 행하는 예배와 봉사 그리고 순수한 신앙—이것들이 코츠커의 최대 관심사였다. 그는 종교 행위의 동기로서의 자기-사랑이란 우상 숭배일 따름이라고 주장했다. 우리는 계속하여 하느님 사랑이냐 자기-사랑이냐 둘 중 하나를 택해야 하고, 후자를 제거하는 유일한 길은 자아(ego)에 대해 가차없이 대적하며 사는 것이다.

그러므로 코츠커가 가르친 중요한 원리는 드러내지 않는 삶(life incognito)을 사는 것이었다. 즉 영적인 실존은 감추어져야 했다. 인간은 영적인 모든 노력을 감추어야 했다. 경건이란 본질적으로 (天氣를 누설하지 않고 - 옮긴이) 비밀 속에 남아 있는 것이었다. 코츠커는 제자들에게 그들의 알려지지 않은 상태를 유지하는 일에 최대의 노력을 기울여 창의력과 담대함을 발휘하라고 강요했다.

---

12) 키르케고르, 『이것이냐／저것이냐』, 1843, 데이빗 스웬슨과 릴리안 마빈 스웬슨 옮김(프린스턴, 1944), Vol. I, p. 68.

내적인 익명성을 지키는 노력은 위대한 하시드 현자, 코레츠의 렙 핀하스도 강조했다. 그의 제자에 대한 다음의 이야기는 스승의 가르침이 어떤 것이었는가를 잘 보여 준다.

베르쉬트의 렙 라파엘은 매우 성스럽고 겸손하고 가난했다. 그의 온 가족은 방 하나에서 살았는데 그 방은 식당으로, 거실로, 침실로, 서재로 그리고 응접실로 두루 사용되었다. 그를 존경하는 사람들이 사방에서 그를 찾아와 가르침을 받고, 축복도 받고, 함께 있음으로써 마음을 깨끗하게 만들고자 했다. 그는 한 사람도 피하지 않고 그들이 둘러싼 가운데서 예배와 공부, 기도, 묵상을 해나갔다. 그런데 단 하나의 예외가 있었다. 초막절 예배를 드리면서 네 가지 식물[13]을 위한 기도를 바칠 때 그는 홀로 있어야 했다. 이 의식은 우주에 흩어져 있는 하느님의 힘들을 한 데 모으는 것이었다. 초막절 저녁이 되면 그는 자기 방의 한 구석에 자리를 마련하고 가구 조각으로 그곳을 격리시켰다. 그리고는 이렛 동안 매일같이 그곳에 들어가 하늘 아버지와 한 시간씩 보냈다. 이 일을 그는 몇 해나 계속했다.

어느날, 렙 라파엘의 딸이 결혼을 했다. 젊은 부부가 그 방에 함께 살게 되었다. 그의 사위는 장인을 매우 존경하여 그의 행동을 일일이 관찰하고 그대로 따라 하고자 애썼다. 마침내 초막절에 장인이 몸을 숨기자 그는 호기심이 일었다. 장인은 보통 때 사람들이 보는 가운데서 종교 행위를 했으므로, 그는 이 특별한 의식이야말로 가장 중요한 것임에 틀림없다고 생각했다. 렙 라파엘이 은밀한 처소에 들어가자 젊은이도 그를 따라가 갈라진 틈으로 엿보았다.

레삐가 이것을 눈치채고 다시 나와 그에게 말했다. "여보게, 만일 내가 식물들에게 축복을 베풀면서 몰입하는 것을 바라지 않는다면, 자네가 몰입하기를 바라는가?"

---

13) 네 가지 식물—종려나무 가지, 도금양(桃金孃), 버들개지, 불수감(佛手柑).

중요한 것은 하는 일이지, 누가 그것을 하느냐가 아니라고 코츠커는 강조했다. 만일 나나 네가 미츠바를 할 수 있는 상황만 조성된다면 나는 네게 그것을 하도록 하겠다는 것이다. 개인의 구원이란 관심 밖의 일이었다.

메제리츠의 마기드는 저 너머로부터, 그가 감히 하늘의 결정에 도전했으므로 그 결과로 장차 올 세계에서의 그의 역할이 박탈당했다는 소리를 듣고 너무나도 기뻤다. 그는 이제부터 "하늘을 위해" 무슨 일이고 할 수 있다는 확신을 얻었다. "이 세상에서 회개하고 선한 일을 하는 데 보내는 한 시간이 장차 올 세계에서의 평생보다 낫다."14)

위대한 렙 아론(Reb Aaron the Great)은 말했다. "만일 아브라함이 내게 자리를 바꾸자고 제의해 온다면 나는 거절하겠다. 그 결과가 어찌되겠는가? 나는 위대한 족장이라는 거룩한 명성을 누리고 그는 아론이라는 평범한 인간이 될 것이다. 그래서 득을 보는 것은 누구인가? 나다. 그러나 그 득이라는 게 하느님에게 무슨 의미가 있는가? 아무것도 없다. 결국 하느님 앞에는 한 성자와 한 평범한 인간이 있을 뿐이기 때문이다."

키르케고르도 이 원리를 지지했다. "대부분의 사람들이, 그것으로 자신을 초월하는 우월이라는 개념을 전혀 갖고 있지 않다." 그리고 그들은 사람을 "그 자신보다 훨씬 낮은" 존재처럼 보이게 만드는 그런 익명성(匿名性)을 기꺼이 받아들이는 우월을 눈치조차 채지 못한다. 이것이야말로 하느님을 섬기는 참된 자기-포기이다. 키르케고르는 "사람이 참으로 선을 행할 뜻이 있으면 그것이 밖으로 드러나

---

14) 『조상들의 어록』, Ⅳ, 22.

는 것을 피해야 한다"는 소크라테스의 격언을 인용한다.15)

주관성

철학의 객관성을 중요시하고 개인이 깊은 사색에 빠져들어가는 것을 막은 헤겔 학파에 반대하여, 키르케고르는 스스로 주관적인 사상가임을 자처하고, 자기 자신과 그의 구체적인 상황을 위한 진리를 관심의 대상으로 삼았다. 그는 진리는 주관성이며 다른 누군가의 사색에 의해 생산된 결실이 아니라 자신의 성찰에 의해서만 얻을 수 있는 것이라는 확신을 거듭거듭 밝힌다. 그런데 그렇게 해서 도달한 진리도 그것이 만일 사상가 본인의 실존에 아무 영향을 끼치지 못한다면, 그의 인격을 변화시키지 못한다면 아무 소용이 없는 것이 된다. 한 종교인이 종교를 깊이 생각하면 그의 생각은 생각하는 당사자를 다시 깊이 생각한다. 너 자신은 어떤가? 하고 그들은 묻는 것만 같다. 생각하는 것과 생각하는 대로 산다는 것은 별개의 문제이다. 이 후자는 키르케고르가, "이중 사색"(double reflection)이라는 말을 했을 때, 그 말 속에 의미가 포함되어 있다. 그것은 사람이 체득한 진리는 그의 실존에 "관심을 모은다"는 두 번째 생각을 깨닫게 되는 것이다. "중복"(reduplication)이라는 말로 그는 자기가 이해한 대로 실존함을 뜻한다. 말하는 대로 존재하는 것—특히 진리를 자신의 삶 속에 투영하는 것이다. "진리는 진리를 아는 데 있지 않고 진리가 되는 데

---

15) *Training in Christianity*, 1850, Walter Lowrie 옮김(프린스턴, 1944), pp. 128f. 라우리는 플라톤의 『공화국』제 2권에서 글라우콘의 말을 인용한다. "드러나는 행동이어서는 안 된다. 만일 어느 의로운 자가 의로운 자라고 생각되면 그는 존경과 상을 받을 것이다. 그렇게 되면 우리는 그가 과연 정의를 위해 정의로왔는가를 알 길이 없다."

있다."16)

　키르케고르가 사용한 주관성이란 술어는, 그러므로, 내면의 변화, 내면성의 현실화를 의미한다.17) 키르케고르의 "주관성"은 고대 궤변론자들이 개인과 그의 판단이 만물의 척도라고 한 그런 원리를 말하는 게 아니다. 그가 강조하고자 한 것은, 진정한 사상가란 자기 자신과 자신의 구체적인 상황을 위한 진리에 관심한 사람이지 객관적인 기준으로 사물을 판단하는 사람은 아니라는 점이었다. 오늘날 우리는, 인간의 마음은 컴퓨터가 아니라 그것은 초월의 하느님에게서 나오고 또 그에게 근거한 인간 실존의 핵심이라고 말할 수 있다.

　키르케고르는 결코 객관적인 진리의 기준이 없다고 말할 생각은 아니었다. 진리가 주관성임을 강조함으로써 그가 말하고자 한 것은 개인이 자신을 위한 진리를 스스로 획득해야 한다는 것이었다. 『이것이냐/저것이냐』의 마지막 문장에 사용된 "그대를 위해"—"그대를 교화시키는 진리만이 그대를 위한 진리이다"—라는 범주가 그의 사유의 근거였다. 같은 뜻에서 나를 위해(for me) 또는 나에게(unto me)라는 말이 코츠커에게는 중요했다. 유대인의 결혼식에서 가장 중심이 되는 순간은 신랑이 신부에게 "보라, 그대는 모세와 이스라엘의 법에 따라 이 반지로 나에게 성별되었도다"라고 말하는 순간이다. "만일 신랑이 이 예문을 암송할 때 나에게라는 말을 빠뜨린다면 그의 잔치는 음악이고 춤이고 모두 의미를 잃는다. 결혼 잔치의 핵심은 나에게라는 말 속에 있다"라고 랩 멘들은 말했다. "나를 위해"라는 개념 앞에서, 그것이 삶 속에 차지하는 자리에 견주어 볼 때 교리에 대한 관심은 한 발 뒤로 물러서지 않을 수 없다.

---

16) *Training in Christianity*, p. 201.
17) 키르케고르, *Concluding Unscientific Postscript*, 1846, 데이빗 F. 스웬슨과 월터 라우리 옮김(프린스턴, 1941), pp. 553f. 참조..

키르케고르의 주관성 원리는 서양 철학사의 한 전환기로 평가받아야 할 것이다. 즉 객관에서 주관에로, 객관적인 이념의 세계에서 그것들을 소유한 인간에로 균형을 이동시킨 것이다. 칸트와 데카르트에게 있어 자아란, 주체로서, 단순히 하나의 추상적인 생각하는 자아에 불과했고 모든 중요한 것은 객관적인 체계로부터 나왔다. 키르케고르에게는 주체가 구체적이고 온전한 인격체였다.18)

이와 비슷하게 하시드 운동도, 특히 코츠커의 가르침이, 유다이즘의 역사에 결정적인 전환점을 찍었다. 객관에서 주관에로, 단순한 행위에 대한 강조에서 그 행위를 이루고 스스로 연구하는 인간에게로 초점을 이동시킨 것이다.

대부분의 유대 학자들이 율법의 까다로운 조항과 의식 규범의 절차에 매달려 있고, 대부분의 기독교 신학자들이 교리의 조목과 신앙의 내용에 몰두해 있는 동안, 코츠커와 키르케고르는 개인의 내면적인 삶에 대해 곰곰 생각했다.

코츠커를 만나러 온 어느 학자 얘기다.
그는 나이 서른 살이 다 되었는데 그때까지 레뻬 앞에 서 본 적이 한번도 없었다.
"자네는 그동안 무엇을 했나?" 하고 스승이 그에게 물었다.
"탈무드를 처음부터 끝까지 세 번 통독했습니다." 하고 그가 대답했다.
"좋아. 그러면 얼마나 많이 그 탈두드가 자네를 통독했는가?" 하고 렙 멘들이 다시 물었다.

코츠커는 스스로 공부한답시고 장담하는 자들이 성스런 문헌 위

---

18) 데오도르 핵커, 『쇠얀 키르케고르』, 드루 옮김(런던과 뉴욕, 1937), p. 24.

로 그저 나비처럼 이리저리 날아다니는 것을 보고 크게 상심했다. 그는 공부하는 목적은 공부함으로써 사람이 변화되는 데 있다고 강조했다. 변화되지 않는 삶은 살 가치조차 없다고 했다. "생명을 택한 것은 변화되기를 택한 것"이었다.

학문에 유식한 전문가들을 비판하면서 키르케고르는, 인생을 가장 비참하게 만드는 것은 자기 자신은 이해하지 못하면서 자연은 썩 잘 설명하는 것이라고 주장했다. 코츠커도 같은 식으로 유식한 유대 학자들을 비판했다. 만일 인간이 저 자신을 알지 못한다면 성스러운 경전을 안다는 것이 무슨 가치가 있겠는가?

> 그것은 인간의 내면 생활, 내면적 행실, 만물이 감싸고 돌아가는 신성(神聖)과 관련된 인간의 모습이지, 상당한 분량의 특수 지식이 아니다. 왜냐하면 특수한 지식이란 분명 뒤에 따라오는 것들로서, 모든 복사선(輻射線)을 한 곳에 집중시키는 열의 핵이 없이는 우연히 생겨나지 않겠기 때문이다.19)

키르케고르의 실존철학은 한 개인의 구체적인 실존을 바탕으로 삼아, 실재에 접근한다. 그것은 논리적으로 구성된 세계관이라는 철학 개념과 대치된다. 그와 비슷하게 코츠커도 하느님을 인식론적으로 관찰하고 인간을 규범과 보편화의 틀 속에서 보는 유다이즘의 개념에 만족하지 않고, 개인의 구체적인 실존을 바탕으로 삼아 만물에 접근했다. 두 사람의 생각은 결국 인간의 사고와 삶에 도전하는 실제적인 현장에서 공명되었다.

코츠커와 키르케고르는 인간의 내면적인 상황이 얼마나 비틀려

---

19) 키르케고르, 1835년 6월 P. W. 룬드에게 보낸 편지. *The Concept of Irony*, 리 M. 카펠 옮김 (런던과 뉴욕, 1965), "역사적 서론", p. 19에서 인용.

있는가를 드러내 보여 주고, 거기에서 빠져 나오는 고통스럽고 비좁은 길을 가리켰다. 두 사람 모두 인간이 자신에게 무슨 의미를 지니고 있는가 하는 문제에 정열적으로 몰두했다. 인간은 그의 정신을 통해 무한히 높은 곳으로 날아 오르기를 시작하기 전에, 너무나도 땅에 매여 있어 도무지 날지 못하는 자신을 확인하는 것이다.

이 문제에 급급하여 두 사람 중에 그 누구도 사회적인 문제에는 많은 관심을 기울이지 못했다. 코츠커는 폴란드에 거주하는 유대인들의 경제생활을 향상시키는 일에 열심인 친구, 보르키의 렙 이츠악(Reb Yitzhak of Vorki)을 의아스런 눈으로 바라보았다. 키르케고르는 당시 덴마크를 뒤흔든 정치적인 사건에 참여하지 않았다고 하여 비난을 받았다. 그래서 종교적인 실존의 사회-정치적인 차원에 대한 참여의 결핍으로, 개인의 순수한 결단을 중심 문제로 삼으려는 그들의 경향은 혹심한 비판을 면할 수 없었다.

이것이냐, 저것이냐?

코츠커는, 바알 셈이 "무슨 일을 하든지 야훼께 여쭈어라"(잠언 3:6)라는 말씀에 입각하여 그랬듯이, 종교적인 헌신과 일상 생활의 필요한 것들 사이에서 살아가는 생활 양식(*modus vivendi*)을 발전시키는 것을 자신의 사명으로 여기지 않았다. 그는 하느님께 대한 봉사와 세상일에 대한 참여, 경건과 편의주의, 성스러움과 자기-이익 사이에는 구렁이 있다고 생각했다.

키르케고르에 의하면, 인간의 삶 속에서 만나게 되는 중심 되는 딜레마는 이것이냐 저것이냐(Either/Or)이다. 심미적인 삶과 윤리적인 삶 중의 하나를 택해야 하는 것이다. "심미적"이란 말은 미(美)에 대한 인식에 그치지 않고 넓은 의미로 만족을 뜻한다. 윤리적인 삶의 근엄함에 반하여, 심미적인 삶은 도덕적인 책임을 행복의 추구와 연관된 것으로 본다. 키르케고르는 "모든 것이 인간을 이 딜레마 앞에 정면으로 서게 만든다"고 강조했다.

> 인간에게 부여된 가장 훌륭하고도 가혹한 것은 선택이다, 선택의 자유이다. 만일 그대가 이것을 간직하고 보존하려면, 길은 하나밖에 없다. 바로 같은 순간에 그것을 철저하게 포기하고 무조건으로 하느님에게 되돌려 드리되 그것과 함께 그대 자신까지 바치는 것이다. 만일 그대에게 주어진 무엇이 그대를 유혹하고 그대가 유혹에 넘어가 이기적인 욕망으로 그 선택의 자유를 누리려 한다면 그대는 그대의 자유를 잃는다. 그리고 그대가 받게 될 형벌은 혼돈 속에 휩쓸려 들어가 스스로 선택의 자유를 지녔노라고 자만하는 것이다. 그러나 그것이야말로 그대에게 내려진 저주받은 심판이다.[20]

키르케고르에게 이것이냐 저것이냐 하는 선택의 자유는,

> 무조건적인 존재 속으로 들어가는… 하늘나라에 들어감을 확인하는 약속의 열쇠다! … 왕의 개인 저택에 출입하는 모든 관리들이 신분을 보장받는 표를 지니고 있듯이… 참으로 기독교에 헌신한 사람은 모두 이것이냐 저것이냐? 라는 표로 분간된다… 어중간한 것은 무엇이거나 아직 기독교를 위해 있는 것이 아니다. 아마도 그것

---

20) 키르케고르, 일기장 E. J. 카넬의 『쇠얀 키르케고르의 짐』(Grand Rapids, 미시간, 1965), p. 27에서 인용. 이와 비슷한 말도 있다. "내가 『이것이냐/저것이냐』에서 본질적으로 관심한 것은…모든 것이 딜레마에 정면으로 맞서게 한다는…사실이다"—일기장, 월터 라우리의 『키르케고르』 (뉴욕과 런던, 1938), p. 242에서 인용.

은 저 자신을 위해서… 하느님 섬기는 일은 이것 아니면 저것이다.

생전에 그는 "이것이냐 저것이냐"(Either/Or)라는 별명으로 불리기도 했다. 한번은 이렇게 말한 적도 있다. "'이것이냐 저것이냐'라고 불리는 내가 누군가를 '이것도 저것도'(both-and)로 섬길 수는 없지 않은가?"21)

"참된 하느님 섬김은 하느님의 뜻을 실행하는 것이다"라고 키르케고르는 말했다. "그러나 이런 예배는 인간의 입맛에 결코 맞지 않았다." 그래서 "사제들과 신학 교수들은 다른 종류의 하느님 예배"를 계속했다.

> 그것은 사람이 자기의 뜻을 하느님의 이름으로 실행하는 것이다. 그럼으로써 그는 스스로 불신앙에 정면으로 맞서 있다고 확신한다. 그러나 오호라, 이것이야말로 가장 악화된 불신앙이 아닌가?
> 진리를 담은 종교가, 특히 기독교가 목적하는 것은 인간을 전인적으로 변화시키는 것이다. 당장 자신이 누리고 있는 삶과 그에 관계된 모든 것을 향하여 철저히 포기하고 자기를 부정함으로써 자신과 씨름하게 하는 것이다.

마르텐슈 교수는 고인이 된 마인스터 감독을 "진실한 진리의 증언자"라고 칭송했다. 이것이 키르케고르의 공개적인 반발을 야기시켰다. 그는 오랫동안 마인스터 감독의 설교야말로,

> 우리 인간에게 시효가 지난 듯이 보이는 어떤 기독교적인 요소,

---

21) *Kierkegaard's Attack upon "Christendom,"* 1854-55, 월터 라우리 옮김 (프린스턴, 1944), pp. 81f., 91.

우리의 삶을 어렵게 만들고 쾌락을 누리지 못하게 하며 자발적인 자기-포기와 자신을 미워하고 교의를 위해 고통을 감수함으로써 이룰 수 있는 이 세상에 대한 죽음을 강조하는 기독교적인 요소를 슬쩍 뛰어넘고 마는 약음(弱音) 페달이요 이음줄이며 묵음(默音) 부호

라고 생각했다. 키르케고르가 불만스럽게 생각한 것이 어떤 것인가를 알고자 하면 마인스터의 설교문 곁에 성경을 펼쳐 놓는 것으로 충분하다.

"진리의 증언자란, 그의 삶이 시종 일관 이른바 향락(enjoyment)이라는 것과는 생소한 그런 사람이다"라고 키르케고르는 주장했다. "기독교는 이 세상에 대해 이질적이다. 따라서 '증언자'도 이 세상에 대한 이단자로, 자기를 포기하고 고통을 받는 자로 인식되어야 한다." 그는 이렇게 결론을 지었다. "마인스터 감독의 설교는 쾌락주의자들이 스토아 철학에 관계하듯, 그렇게 신약 성서의 기독교에 관계한 것이다."22)

코츠커의 설교도, 그가 철저히 유대교적이라고 생각한 요소들, 비록 삶을 고단하게 만든다 해도 견뎌야 하는 자발적인 자기-포기를 슬쩍 넘어간다거나 생략해 버리는 자들에 대해 맹렬한 공격을 퍼부었다. 다만 낡은 것을 버리고 그것을 멀리 던져버리는 자만이 하시드라고 코츠커는 가르쳤다.

"자신을 순결하게 지키고 세상의 오점이 묻지 않게 하는 것이 기독교의 사명이고 교리다"23)라고 키르케고르는 썼다. 누구든지 거짓과 더불어 싸우고자 하는 자는 먼저 세계로부터 자신을 별거시켜야

---

22) 위의 책, pp. 219, 221, 7, 11, 19.
23) 키르케고르, 『사랑의 역사』, 1847, 호워드와 에드나 홍 옮김 (뉴욕, 1962), p. 84.

한다고 코츠커는 가르쳤다.

코츠커는 우울증으로, 또는 세계가 본디 악하다는 생각으로 이 사회를 멀리하는 것은 바라지 않았다. 그는 근본적으로, 하느님이 엄격하게 명령하시는 것은 직접적이고 전체적인 참여이고 이 명령에 충성하는 것을 약화시키는 요소라면 멀리해야 한다는 확신에 서서 권고했다. 그가 요구한 것은 금욕적인 자기-부정도, 삶의 모든 위안에 대한 포기도, 영혼을 위해 육체를 억압하는 것도 아니었다. 다만 그는 세속적인 쾌락의 무상함과 어리석음과 속임수를 깨달아 그것들을 멸시하고 세상으로부터 독립할 것을 강요했다. 인간은 이 세상의 시끄러운 소음으로부터, 그 위험과 혼돈으로부터 멀리 떨어져 있어야 한다. 그때에야 비로소 그는 하느님을 섬길 수 있다.

모든 인간은 저마다 마음속으로 인간이 만물의 척도가 될 것인가 하느님이 만물의 척도가 될 것인가를 결단해야 한다.24) 만일 그가 인간을 만물의 척도로 삼는다면, 그는 사회의 한 일원으로서 수많은 기준들을 따라야 할 것이다. 그러나 하느님은 한 분이다. 따라서 진리도 하나이고 선과 악의 기준도 하나일 뿐이다.

절대자와의 만남

무엇보다도 인간은 절대자를 의식할 필요가 있다. 그렇지 못하면 그는 파멸할 것이다. "절대자에게 자신을 관련시키지 않고는 인간은 깊은 뜻에서 '살아 있다'고 말할 수 없다. …그는 계속하여 생존하기는 할 것이다. 그러나 넋을 잃은 존재로 살아갈 뿐이다"25)라고 키르

---

24) 프로타고라스, 『디일스』II, 1952, 263과 플라톤, 『법률』, 716c 4ff 참조.
25) 키르케고르, "'기독교세계'에서의 종교 저술가로서의 내 입장과 전략",

케고르는 말한다.

키르케고르와 코츠커는 인간의 가장 큰 위험이 절대자를 의식하지 못하는 데 있다고 생각했다. 우리는 조건부로 타협과 양보에 따라—이 모든 상대적인 것에 따라 우리의 삶을 누리고 있다. 믿음 안에서 인간은 저마다 모든 것을 하느님의 절대성에 맡긴다. 그러나 절대자는 무자비하다. 그는 모든 것을 요구한다.

인간의 수평적인 책임을 서술하면서, 성서의 윤리는 자기-사랑을 남에 대한 사랑의 규범으로 삼게 한다고 그는 말한 적이 있다. 곧 네 이웃을 네 몸처럼 사랑하라(레위기 19:18). 인간의 수직적인 책임, 즉 하느님을 향한 사랑에는, 그가 하느님이라는 사실만으로도 충분한 이유가 있다.

> 인간이 자기 위로 사랑을 쏟을 수 있는 대상은 오직 한 분—하느님이 있을 뿐이다. 그러므로 "네 하느님을 네 몸처럼 사랑하라"고 말하지 않고 "네 마음과 뜻과 정신을 다 쏟아 주 너의 하느님을 사랑하라" 했다. 인간은 하느님을 무조건적 순종과 공경심으로 사랑해야 한다. 만일 당신 자신이나 또는 당신 이웃들을 이와 같은 사랑으로 사랑한다면 그것은 하느님께 불경스런 것이다… 하느님만을 무조건적인 순종으로 사랑해야 한다. 비록 그가 요청하는 것이 당신에게 해가 되는 것처럼 보인다 하더라도.[26]

키르케고르와 코츠커가 선포한 메시지의 중심은 신앙 생활이, 들어가기도 힘들고 유지하기도 힘들며 이해하거나 설명하기도 어렵다는 사실이었다.

1850, 『관점, 기타』, 1859, 월터 라우리 옮김 (런던과 뉴욕, 1939), p. 164에서.
26) 『사랑의 역사』, p. 36.

제3부

의지의 힘

신앙과 의지

종교적인 신앙과 체험은 마음의 어떤 특수한 기능과 연결되어 있는가? 인간의 이성을 사유의 세계에서 최종의 결재자로 생각하는 합리주의적 신학자들은 종교적인 믿음을 지성적인 지식과 동일시함으로써 학문을 시작했다. 반면에 종교적인 인간들이 가끔 영혼의 비합리적인 능력에 조절된다고 생각한 사상가들은 신앙을 감정의 산물로 보았다.

이상적이지 않은 것은 결코 용납될 수 없다는 식의 합리주의적인 사고 방식에 반대한 파스칼(Pascal, 1623~62)은 "마음의 이성"을 강조하여 이렇게 주장했다. "우리는 이성을 통해 진리를 안다. 그러나 마음을 통해 그보다 더 많이 안다. 우리가 제1 원리를 아는 것도 이 마음을 통해서이다. 이 원리와 상관없는 이성을 가지고 원리에 대해 싸움을 거는 것은 헛된 일이다." 마음과 이성은 둘 다 확실한 결과를 낳는다. 그러나 그 길은 서로 다르다. 마음과 직관을 해명하라고 요구하는 것은 어리석은 일이 아닐 수 없다.[1]

신앙 생활에서 의지의 힘이란 어떤 것일까? 이것은 종교뿐만이 아니라 다른 모든 정신적인 생활에도 연관되는 질문이다.

중세기 철학은 의지와 지성, 이 둘 중에 어떤 것이 더 우월한 능력이냐 하는 문제를 놓고 토론을 벌였다. 의지의 결단이 생각에 따르는 것인가, 아니면 생각이 의지에서 나오는 것인가? 아우구스티누스 학파와 아리스토텔레스 학파는 이 점에서 서로 의견이 달랐다. 아우구스티누스는 아리스토텔레스의 주지주의(主知主義)에 반대하여, 의지를 추진하는 능력으로 보았던 것이다. 신앙의 원천은 지성인가, 의지인가?

데카르트(Descartes, 1596~1650)에게는 의지가 우월했다. 이성을 옳게 사용함으로써 제대로 된 의지를 통하여, 사람은 잘못을 피하고 도덕적인 덕목을 성취하며 자신의 열정을 정복하고 좌우할 수 있게까지 되는 것이다. 데카르트는 특별히 종교적인 믿음이, 마음의 작용이 아니라 의지의 작용이라고 강조했다. 하느님은 그의 유한한 피조물인 인간에게 유한한 이해력을 주셨다. 그러나 그는 동시에 무한한 의지를 주셨다. 인간이 잘못을 범하는 것은, 그의 지성으로부터 나오는 지적인 안내 없이 자신의 의지를 실천할 때이다.[2]

파스칼에 따르면, 의지는 믿음을 구성하는 기본 요소 가운데 하나이다. 의지가 믿음을 형성하기 때문이 아니라, 사물은 그것을 보는 각도에 따라 참되고 거짓됨이 판가름나기 때문이다. 어느 한 국면을 다른 것보다 앞세우는 의지는, 그것이 보려 하지 않은 다른 국면들에게서 마음을 돌아서게 하고, 그래서 의지대로 움직이는 지성은 그 의지가 앞세워 놓은 국면을 살피기 위해 멈추고 거기에서 보이는 대로 판단한다.[3]

---

1) 파스칼, 『팡세』, 110, 292 (Brunschvicg numberings).
2) 데카르트, 『명상』, 1641, Ⅳ.
3) 『팡세』, 99.

윌리엄 제임스(William James, 1842~1910)는 믿음이란 우리의 의지 본능의 산물이라고 했다. 이 의지 본능은 의지의 심사숙고하는 행위뿐만 아니라 "두려움과 희망, 편견과 정열, 직관과 파벌의식, 우리의 계급과 종파에 대한 억압"4)까지 포함한다. 제임스는 "믿고자 하는 의지"를 모든 철학의 요소라고 보았다. 합리주의자들은 우리가 증명할 수 있는 것만 믿어야 한다고 주장했다. 그러나 이런 주장 자체는 어디에서 어떻게 증명하겠느냐고 그는 물었다. 그것은, 다른 것들과 마찬가지로, 개인적인 편견과 순전히 주관적인 감상에 의한 단순한 선입관이라는 것이다.

이러한 생각의 빛에서 우리는 키르케고르의 접근 방법이 지니는 중요한 의미를 파악할 수 있다. 인간이 행동의 양자 택일을 할 자유를 지녔다고 일단 수긍한다면, 이 선택의 자유가 종교적인 영역에까지 미칠 수 있느냐는 물음이 생겨난다. 선택의 의지 또는 선택의 능력이 신앙의 세계에까지 통하는가? 우리는 믿음과 불신 중에 어느 하나를 선택할 자유를 지녔는가?

인간 실존이 개념적인 체계 속에서 그리고 그것을 통하여 논리적으로 발전한다고 본 헤겔 학파의 입장에 반대하여 키르케고르는, 개인이 어느 한 실존 양식을 선택함으로써 단독자(單獨者)로서의 자기를 이루어나간다고 주장했다. 종교적인 신앙은 하느님을 받아들이느냐, 거절하느냐, 둘 중에 하나를 선택하는 문제다.

내면 생활을 엄격하게 구획짓는다는 것은 순전히 환상의 산물이다. 내적인 기능들은 정상적인 상황에서도 계속 서로 얽힌다. 지성이 없는 의지는 맹목적이며 무모한 돌진이 될 것이고, 의지 없는 지성은 무력한 기능이 될 것이다.

---

4) 『종교적인 체험의 다양성』(뉴욕, 1902).

합리주의자들은 합리적인 생각에 의해 이루어지는 행위의 폭을 과장되게 넓혔고, 반면에 종교 철학자들은 종교적인 행위에 도달하게 하는 의지, 뜻, 자유, 결단의 역할을 소극적으로 평가했다.

의지를 이루는 것

코츠커와 키르케고르는 이성보다 의지를 더 높은 자리에 올려놓았다. 종교적인 신앙은 합리적인 예증에 의해서가 아니라 바로 그 신앙의 행위에 의해 정당화된다. 두 사람 다 이성이나 합리적인 증명이 신앙에서 중요한 자리를 차지하고 있다는 주장을 부인했다.

키르케고르의 영향을 받아 많은 현대의 사상가들이 종교적인 실천과 자기-투신의 중요성을 강조하고 있다. 그들은 신앙을 무엇보다도 의지와 결단의 문제라고 생각했다.

터툴리안과 파스칼의 후계자인 키르케고르는 개인의 행위는 그가 무엇을 아느냐가 아니라 무엇을 뜻하느냐에 따라 결정된다고 주장했다.

> 신약 성서의 기독교는 인간의 의지를 떠나 존재할 수 없다. 모든 것이 의지의 변화에 쏠려 있다. 모든 표현(세계를 버려라, 너 자신을 부정하라, 세상에 대해 죽어라, 자신을 미워하라, 하느님을 사랑하라 등등)—모든 것이 이 기독교의 근본 이념에 관련되어 있다—은 의지의 변화를 가리킨다.5)

---

5) 키르케고르, 『만년: 일기, 1853-55』, 로날드 G. 스미드 편역 (뉴욕과 런던, 1965), p. 226.

의지의 자유, 하느님 앞에서의 책임 있는 행동, 이것이 키르케고르의 전제였다. 죄는 인간 본성 속에 유전으로 남아 있는 것이 아니라 의지의 행동에 따른 결과였다.6)

의지의 인간만이 기독교인이 될 수 있다. 왜냐하면 의지의 인간만이 꺾여질 수 있는 의지를 소유하고 있기 때문이다. 그러나 자신의 의지가 절대자 또는 하느님에 의해 꺾여진 사람이 기독교인이다. 본능적인 의지가 강할수록 꺾여진 상처는 클 것이고 그만큼 그는 훌륭한 기독교인이다. 이것이 "새로운 복종"이라는 말로 특색있게 표현된 그것이다. 기독교인은 새로운 의지를 받아들인 의지의 인간이다. 기독교인은 더 이상 자신의 의지대로 살지 않고, 자신의 의지를 철저히 꺾음으로써—급진적으로 변화하여—다른 의지에 따라 사는, 의지의 인간이다.

지성의 인간은 기독교인이 될 수 없다. 고작, 그는 자신의 생각할 수 있는 능력으로 기독교의 문제들을 희롱할 뿐이다. 기독교에 모든 가능한 혼돈을 일으켜내는 것은 바로 이런 식으로 기독교인이 된다는 생각이다. 그들은 유식하고 학문적인 인간이 되어 모든 것을 장황한 토론으로 탈바꿈시켜 버린다. 그 토론 속에서 기독교의 참된 알맹이는 익사하고 마는 것이다. 그러나 물론 그분의 동정심에서 우러난 섭리는 지성의 인간에게도 큰 은혜를 내려 그를 의지의 인간으로 변화시킬 수 있고 그래서 기독교인이 되게 할 수도 있다. 의지의 인간이 될 수 있는 가능성은 누구에게나 있기 때문이다. 가장 부정(不貞)한 인간, 가장 비겁한 인간, 가장 둔한 인간, 시작도 끝도 없이 논쟁하는 인간, 이런 인간을 죽을 정도의 곤경에 빠뜨리고, 그래서 의지의 인간이 되게 하는 것이다. 확실히 필요는 자유를

---

6) 키르케고르, 『불안의 개념』,1844, 월터 라우리 옮김 (프린스턴, 1944) 참조.

생산해내지 못한다. 그러나 그것은 인간에게, 되고자 하는 의지에 가능한 한 가깝게, 자유를 가져다 준다.7)

윌터 라우리(Walter Lowrie)는 이렇게 설명을 덧붙인다.

"한 가지 일을 뜻한다." 이것이 그가 추구한 바 마음의 순결을 표현하는 말이다. 그는 다음과 같은 글을 썼을 때 틀림없이 자신을 생각하고 있었다.

가장 아름다운 광경

만일 주어진 사명을 파악하되 어떤 환경, 어떤 순간에서도 파악할 수 있는 완벽한 기술을 터득한 사람이 있다면(소크라테스야말로 이것을 가장 높은 경지에서 터득한 사람이었다), ―만일 그런 사람이 있어 그가, 그 사명을 매 순간, 매 상황에 어떻게 적용시킬 것인가를 아시는 하느님과 관계맺고 있는 것을 보게 된다면, 그것이야말로 가장 아름다운 광경일 것이다.

키르케고르는 자기 아버지를 강철과 같은 의지를 지닌 인간의 거대한 모형으로 말한 적이 있다. "아무도 쇠약을 그런 말로 묘사하려고는 생각하지 않을 것이다"라고 라우리는 토를 달았다. 그러나 그는 말년에 이르러 종교적인 실존에서 의지력의 핵심적인 중요성을 강조하기 시작했다.

그는 아버지에게서, 인간은 그가 의지하는 대로 무엇이든 할 수 있다는 것을 배웠다. 실제로 그의 아버지는 이 이론을 평생토록 지

---

7) 키르케고르, 『만년: 일기, 1853-55』, pp. 358f. 1855년 9월 23일의 일기.

탱시켰다. 이 경험은 요한네스의 영혼 속에 막연한 자만심을 불어넣어주었다. 그로서는 누가 무엇을 원하는데 그대로 할 수 없다는 것은 도무지 참을 수 없는 일이었다.[8]

비슷하게, 코츠커가 본인의 가르침을 세운 반석도 의지의 자유와 능력에 대한 믿음이었다. 그러므로 그의 근본적인 사명은 의지를 세우는 것이었다. 그것은 스승인 렙 부남에게서 물려받은 원리였다. 렙 멘들은 의지의 강한 힘이 인간 실존을 장악하고, 고집과 게으름과 방종을 떨쳐버릴 수 있다고 확신했다.

의지의 자유를 믿는 믿음은 오래 된 유대교의 교리이다. 그것은 마이모니데스의 영향으로 일반화되기 시작했다. 보편적으로 이해되기는, 그것은 선한 충동과 악한 충동 사이에 하나를 택할 수 있는 능력을 뜻했다. 사람은 어떤 특별한 길을 억지로 택하게끔 결정된 존재가 아니다. 그는 자신의 목적과 그것에 이르는 길을 선택할 수 있다.

인격적인 의지란 몇 가지 주장과 의향이 서로 한 바탕 갈등을 일으킨 뒤에 남는 가장 강한 주장이나 의향이 아니다. 의지란 활동적인 힘, 스스로 선택하고 도약하며 목표를 세우고 몇 가지 선례를 수립하고 행동 양식을 구축하는 힘이다. 선택을 거듭하는 가운데 개성을 이루는 영속적인 기질이 굳어지는 것이다.

헤아릴 수 없는 장애와 금지와 내적 억압을 잘 알고 있는 코츠커는 인간이 자신의 결단을 선택하고 그대로 실천할 수 있는 능력을 믿었다. 그러기에 그는 끊임없는 경계를 가르쳤고 계속하여 주도권을 잃지 말 것을 요구했다. 그에게 의지란 자아를 통치하는 힘이었다.

인간이 자신을 통제할 수도 있으며 자신을 파멸시킬 수도 있는

---

8) 라우리, 『키르케고르』, p. 489.

능력을 지니고 있다는 점을 확신한 코츠커는, "용감하게 네 의지를 사용하라!"(Dare to use your own will)는 말을 자신의 신조로 삼았다. 그는 의지의 힘을 과장하여 강조했고 개인의 역할의 중요성을 지나치게 주장했다. 네 머리로 벽을 두드려라, 그리고 그것을 뚫어라!

명령의 쇠약함에 반대하여

코츠커는 종교적인 이상을 상당히 높은 데 두었다. 그래서 인간은 하느님께 절대적으로 관계하기 위해, 그의 모든 관계와 애착심까지 두루 잘라버릴 준비가 되어 있어야 한다고 주장했다. 키르케고르와 마찬가지로 그의 눈에도 신앙 생활이 너무나도 안이해져서, 단호한 감성은 모두 상실되었고 하나의 상대적인 요소가 되어 있었다. 두 사람 다 모든 인간이 굴복하고 타협하고 머뭇거리고 있다고 생각했다. 반절밖에 이루어지지 않은 것으로도 만족하는 사람들에게는 타협이 규범으로 받아들여졌고 임시적인 것이 최종적인 것으로 보였으며 환상은 곧장 망각 속에 묻혀버렸다.

"너희도 거룩한 사람이 되어라"(레위기 19:2), "거짓을 멀리하라"(출애굽기 23:7), "마음을 다 기울이고 정성을 다 바치고 힘을 다 쏟아 너의 하느님 야훼를 사랑하여라"(신명기 6:5)—이것들은 무한한 명령이다. 한 치의 타협도 조절도 허용하지 않는다. 그런데도 일상 생활 속에서 이 명령의 제한받지 않는 성격이 무시되거나 망각된다. 유다이즘은 쇠약하고 야윈 행동 양식이 되어버린다. 이 모순이 코츠커를 안타깝게 만들었다. 기독교의 틀 속에서는 키르케고르가 같은 경험을 했다.

코츠커와 마찬가지로 키르케고르도 신앙은 위안이나 위로보다 명령을 인간에게 제시한다고 보았다. 그들은 함께, 믿는 사람의 자기-만족을 공격했다.

기성 교회가 제시한 유약하고 희미한 기독교 해설에 반대하여 키르케고르는 기독교적인 요구의 성격을 천명했다. 기독교인은 하느님과 절대적으로 관계맺기 위해 모든 것, 인간 관계는 물론 유한한 사물에 대한 집착도 모두 버릴 준비가 되어 있어야 한다. 이것은 모든 사람을, 아니면 가능한 한 많은 사람을 기독교에 인도하고자 하는 교회에 대한 날카로운 비판이었다.

1859년, 키르케고르가 자신의 저술을 간략하게 요약한 글, "저자로서의 나의 저술의 관점"(The Point of View for my Work as an Author)이 출판되었다. 이 평가서(1848년에 집필됨)에서, 그리고 특별히 그 증보 문서(1850년에 집필됨)에서 그는 자신의 "입장"과 "전략"을 명확하게 밝혔다.

> 그 무한한 요구가 들려지고 확인되면, 그 무한한 성격이 들려지고 확인되면, 그 때에 은총이 주어진다. 또는 아예 은총이 스스로 자신을 제공한다. 그러면 내가 하듯이 모든 개인은 스스로, 그 은총 속에 도피하여 숨을 수 있다. 그리고 그제야 그것이 가능하다. 그러나 그것은… 무한의 요구가, "무한한" 요구가 무한하게 제시될 때… 과장된 표현이 아니다. … 반면에… 무한한 요구가 유한한 술어로 축소되거나 또는 아예 전적으로 무시될 때에… 기독교는 허무한 것이 된다.9)

신앙의 모험에 뛰어들기 위해 요구되는 팽팽한 긴장에 대한 키르케고르의 끈질긴 강조는 많은 신학자들이 그의 사상을 쉽게 용납하

---

9) "'기독교세계에서의 종교 기술가로서의 내 입장과 전략," p. 160.

지 못하는 중요한 이유가 되어 왔다.

이 비판은 코츠커에게도 적용된다. 반대자들은 그가 제시한 길이 보통 사람을 위한 것이 아니라 거인을 위한 것이었다고 주장한다. 즉, 일상 생활의 제한성 안에서는 절제 있고 궤변적이 아닌 경건이, 만일 분명한 탈선이 수정되고 중화(中和)되면, 그것으로 충분히 가치 있다는 것이다. 적응, 타협 그리고 온화한 관능의 삶은 스스로 타당성을 주장할 수도 있다는 것이다.

키르케고르와 코츠커에 반대하는 주장은, 신앙의 목적과 기대에 대한 진리가 무엇이냐 하는 근본적인 질문으로 축소될 수가 있다. 그것의 요구 사항을 인간의 나약한 본성에 적응시킬 것인가, 아니면 인간의 본성이 위대한 차원에로 끌어올려져야 하는가?

자아의 도전

코츠커나 키르케고르에게, 중심 문제는 세계가 아니었다. 그것은 자아였다. 세계를 무시하거나 얕잡아 보는 것은 자아를 무시하거나 얕잡아 보는 것을 통하여 비로소 가능하다고 코츠커는 말했다. "내가 침을 뱉고 싶을 때, 나는 다만 내 얼굴에 침을 뱉을 뿐이다"10)라고 키르케고르는 썼다.

겉으로 완전한 경지에 이를 수가 없음을 알고 코츠커는 내면을, 마음의 순결을 제자들에게 요구했다. 유다이즘의 내면을 향한 정열을 재발견, 재평가함으로써 그는 지루하게 반복되는 종교적인 관행을 경멸했다. 그는 매일 매일 되풀이되는 대로 주어지는 삶의 조건을

---

10) 『이것이냐／저것이냐』, p. 20.

받아들이지 않았다. 대신에 내면을 향한 계속적인 변모와 초월을 강조했다. 진리가 없는 곳에는 다만 모방과 겉치레만 있을 뿐이고 그것들은 어쩔 수 없이 인간을 타락시킨다고 했다. 그의 이와 같은 과격론(radicalism)은 경건파 심령주의나 정숙주의와 거리가 먼 것이었다. 진리에로 가는 길은, 코츠커에게도 키르케고르에게도, 자아-성찰을 통하는 길 밖에 없었다.

다만 철저한 자아-반성—최소한 그것이 초월코자 하는 상황이나 허위만큼은 열심인—만이 인간의 타락을 완화시킬 수 있다. 이런 치유책이 순수하게 계속되는 중에 마침내 진리에 이르게 된다. 그것은 가차없는 내성(內省)과 반성을 요구한다. 사람은 이렇게 갈수록 더욱 격렬해지는 엄격성을 견뎌내지 못한다. 그래서 그런 사람에게는 더 친근하고 안전한 외면적인 삶이 매력을 끌게 되는 것이다. 그의 내적인 자아는 몽롱하고 불투명한 상태로 방치되고, 다만 도전해 오는 극단의 위험이 있을 때 마지못해 그것을 조사할 뿐이다.

균형잡힌 삶이 가능한 시절에는 내면을 들여다보고 계속 자기를 성찰하라는 코츠커의 반복되는 부르짖음이 성가시고 불필요한 것일지도 모른다. 그러나 오늘처럼 붕괴된 세계, 모든 내면성이 외형화되어 버린 세계에서는 우리들의 내적인 자아는 황무지 앞에 놓여 있다. 우리는 코츠커의 부르짖음 속에서 새로운 타당성을 찾아 볼 수 있을 것이다.

유다이즘은 진리요, 진리는 내면성이요, 내면성은 순수요, 순수는 철저하고 정열적인 내적인 행위로 획득된다고 코츠커는 말할 것이다. 다만 순수한 정직성만이 인간과 그의 신앙을 구원할 수 있다.

이토록 과격한 자아-성찰은 인간의 영혼 속에 숨어 있는 한 소용돌이, 진리와 자기-열중의 뒤섞임을 밖으로 드러낼지도 모른다. 자아 속에 숨어 있는, 깊이를 알 수 없는 소용돌이에 직면한다는 것은 위태한 일이 아닌가? 그런 성찰의 결과로 초래될 위험 때문에 인간은 렙 멘들의 권고를 물리치기도 하는 것이다. 진실이 아니라 자비 또는 사랑이 최고의 원리 자리에 올라야 한다면서. 인간 본성의 불순함과 나약함을 생각하면 조심스럽게 검토된 태도보다는 규정을 만들고 거기 복종하는 것이 더 확실한 일이다. 영혼에 수술칼을 대는 것은 위험한 일이다. 그러나 코츠커는 싫거나 좋거나 인간은 위험하게 살아야 한다고 강조했다.

코츠커는 삶의 순수를 궁극적인 목표로 삼고 거기에 몰두하지는 않았다. 인간의 본성을 고려할 때, 해방이나 순수를 위한 수양은 파괴적인 충동을 풀어놓는 것이 될 수도 있다고 그는 생각했다. 그가 추구한 것은 하느님의 요구를 듣고 준수함으로써 인간의 본성을 초월하는 순수성이었다. 그는 영(靈)과 법(法), 내면성과 계율의 준수라는 이분법을 받아들이지 않았다. 내면성이란 책임의 내적인 요소였고 법의 본질적인 요소였다. 그럼에도 불구하고 그는 겉으로 드러나는 계율 준수의 껍질이 너무나 얇아 내면의 불길, "악한 성향"을 가두어둘 수도 없고 내면의 부패를 바로잡을 수도 없다는 사실을 깨달은 것 같다. 아래로 내려가서 어지럽게 돌아가는 내면의 삶을 직시하겠다는 용기는 필수적인 것이었다. 그는 인간이 자기 자신에게 헌신하는 것이 곧 진리를 타락케 하는 근원이라고 생각했다. 그것은 정직을 왜곡시키고 순수한 마음을 파괴한다.

자기-기만의 함정을 논하면서 키르케고르는, "실제로는 자기-사랑인 하늘의 부르심에 응한 사랑"을 예로 들었다.

> 우리가 감히 무조건적으로 말할 수 있는 행위는, 아무리 최상의 것이라 해도, 있을 수 없다. 이런 일을 하는 자는 그로써 무조건적으로 사랑을 입증하는 셈이다. 그것은 어떻게 그 행위가 이루어지

느냐에 따르는 문제다. … 인간은 사랑의 사업을, 사랑하지 않는, 나아가서 자기-사랑이 한 길을 통하여, 이룰 수 있다. … 다소 정직한 사람은 누구나 자신에 대해 고백할 것이다. 본질적인 것을 지나쳐 버릴 정도로 굳어 있거나 불친절하지는 않기 때문에, 무엇을 하고 있는가에 몰두하여 어떻게 하고 있는가를 잊고 자 신을 고백할 것이다. 그렇다! 루터도 평생에 혼잡한 생각의 방해를 받지 않고 온전한 기도를 드린 적이 단 한 번도 없다고 말했다. 마찬가지로 정직한 사람은, 아무리 자기가 원해서 기꺼이 사랑하려고 해도… 아무런 결점도 없이… 어쩌면 체면을 살리기 위해… 어쩌면 마음의 고통을 줄이기 위해 사랑을 베푸는, 그런 식의 오점이 없는 사랑은 결코 할 수 없다는 것을 고백한다.

인간이 두려워해야 할 유일한 대상이 있다—그것은 하느님이다. 그리고 인간이 무서워 해야 할 유일한 대상이 있다—그것은 자기 자신이다…. [기독교의 목적은] 우리들 인간 존재로부터 자기-사랑을 멀리 떼어놓는 것이다.

기독교가 있는 곳에는 어디거나 자기-부정이 있고, 자기-부정이야말로 기독교의 본질적인 양식이다…. 기독교인의 사랑은 자기-부정의 사랑이다…. 결과적으로 기독교는 성애(性愛)나 우정에 대해 불안을 품고 있다. 왜냐하면 [그것이야말로] … 다른 형태의 자기-사랑이기 때문이다. … 자기-사랑은 저주를 초래한다…. 엄격히 볼 때 자기-사랑이 자기-신화(神化)로 규정될 수 있듯이 사랑이니 우정이니… 본질적으로는 우상숭배인 것이다…. 자기-사랑의 덫에 걸리지 않도록 조심하라.

이웃을 사랑하는 사랑은 자기를 포기하는 사랑이고, 자기-부정은 영원하신 분의 "너는…해야 한다"로써 자기-사랑의 모든 뿌리를 뽑아버린다.

자기-부정은 인간 존재가 영원한 감각에 깨어 있는 방편이다. 반면에 기독교가 없는 곳이면 어디거나 자신의 감각에 취하여 비틀거리는 인간의 무리로 혼잡이 극에 달한다…. 한편, 영적인 사랑은 나에게서 모든 자기-사랑과 본성적인 유전소(遺傳素)를 가져가버린다.11)

엄격함과 긴장은 하나의 목적을 이룬다

산다는 것은 끝없이 벼랑의 가장 자리를 걷는 것이다. 막강한 적대자들 틈에서 끊임없이, 풀어낼 수 없는 긴장 속에 처한 것이 인간의 곤경이다. 경건과 깊은 생각, 진리와 자기-이익은 서로 조화를 이룰 수 없다. 긴장과 갈등은 생활에서와 마찬가지로, 인간의 생각에서도 제거시킬 수가 없다.

이와는 대조적으로, 기독교의 공식적인 변명은 키르케고르에 의하면, 다음과 같다. "기독교를 경멸하지 말라. 기독교는 하나의 온순한 교리이다. 기독교는 인간이 살아가는 중에 때로 자기가 원하게 되는 온순한 위안을 모두 포함하고 있다. 선한 주님이지만, 삶은 인간에게 미소를 짓지 않는다."

이러한 식의 생활, 사고, 가르침 속에서 코츠커와 키르케고르는 진지했고 엄격했다. 그래서 그들의, 평범한 자기-만족에 대한 가차없는 조롱은, 동시대의 사람들을 불안하게 했고 낙심케까지 했다. 두 사람 다 구원은 단 하나, 엄정함에 있다고 생각했다.

제자들을 다루는 일에서도 코츠커는 내적인 변화를 위한 지적인 깨달음의 충격을 가져다 주는 질문을 퍼붓는 것에 몰두했다. 인간은

---

11) 『사랑의 역사』, pp. 25, 30, 32, 34, 73.

온순함으로써는 구원을 받지 못했다. 이와 비슷하게 키르케고르도 이렇게 썼다.

> 엄격성이야말로 인간을 도울 수 있는 유일한 것이다. 성인에 비하여 아이는 훨씬 더 가능성이 많고 엄정하다. 어린이의 양육 속에는 아직도 어느 정도 엄격성이 있기 때문이다. 엄격성이 가중될 때 거기에 응할 수 없는 아이란 과연 무엇인가!

로마인은 언제나 싸움터에서 정복자였다. 엄격성이 그들의 신조 가운데 하나였기 때문이다. 그들은 덕분에 패배를 죽음보다 더 두려워했던 것이다.

> 기독교도 마찬가지였다. 한때는 기독교가 신적인 권위를 가지고 사람을 다스리고, "너는 …해야 한다"라는 명령으로 모든 사람 각자에게 짧게, 간결하게 엄정하게 말하고, 예전 사람들이 전혀 알지 못했던 엄격성과 영원한 형벌로써 모든 사람들을 당황하게 만들었던 적이 있었다.[12]

키르케고르의 사상에서도, 코츠커의 사상에서도, 영적인 평온함은 찾을 수 없다. 심미적인 삶은 어느 정도 마음의 평화를 가져다 줄 수가 있다.

그러나 종교적 삶은 계속되는 싸움이요 긴장이며 고통이다. 이런 삶의 마지막 무대는, 실존하는 개인이 되는 이상적인 사명과 그 사명을 구체적으로 완수할 수 없는 불가능성이 서로 싸우는 자기-적멸(寂滅)의 막(幕)으로 장식된다. 이 상반성에 대한 깨달음이 종교적인 고

---

12) 『기독교 훈련』, pp. 225, 223f.

뇌의 뿌리다. 그것은 피할 수 없는 일이라고 키르케고르는 가르쳤다.

엄격한 정의를 높임

미드라쉬에 의하면, 하느님은 처음에 당신이 만든 세계를 엄격한 정의로 다스릴 참이었다. 그러나 세계가 그것을 배겨내지 못할 것을 아시고 먼저 신성한 자비를 베풀고, 거기에 신성한 정의를 곁들이기로 했다.

한 오래된 전승에 따르면 거룩하신 분께서, 그에게 축복있으라, 기도하셨다고 한다. 무슨 기도였을까? 247년에 사망한 저명한 현인(賢人), 아빠 아리카(Abba Arika 라삐)는 다음과 같이 추측했다.

> 내 자비가 내 분노를 억누르는 것이 내 뜻이기를 바라노라. 그래서 내 자비가 내 다른 속성들 위에 군림함으로써 내 자녀들을 자비로써 대하며, 그들을 위해 엄격한 정의의 한계에까지 이르지는 않기를 바라노라.13)

정의보다는 자비가 하느님의 뚜렷한 속성으로 생각된다. 라삐들은 "동정의 13 속성"(출애굽기 34:6-7)에 대해 말하고 있다. 하느님께 대해 가장 많이 사용되는 호칭 가운데 하나가 "동정을 베푸시는 분"(라마나)인데 반면에 하느님을 정의의 시여자(施與者)로 모시는 호칭은 없는 형편이다.

이에 대해, 코츠커는 항변했다. 그는 자비야말로 진리를 쇠약하게 만드는 것이라고 생각했다. 자비를 베푼다는 것은 악과 타협하는

---

13) *Berachoth*, 7a.

것이고 따라서 범죄와 협상하는 것이다. 만일 세상이 진리의 원칙에 따라 운영되기를 바란다면 자비가 아니라 정의가 지배해야 한다고 그는 주장했다.

렙 멘들은 왕중왕이신 하느님의 위대하심은 그분의 정의를 사랑하심 속에서 드러난다는 라삐적인 명제를 거듭 인용했다(시편 99:4). 정의에 근거한 은총으로 인간을 사랑하는 것, 이것이 그의 뜻이었다. 라삐들의 전승에서는 입 밖에 내어 발음할 수 없는 하느님의 이름 "야훼"는 자비의 속성을 나타내고 "하느님"(엘로힘)은 정의를 나타낸다.

이런 관점에서 코츠커는 시인의 말을 자비보다 정의를 바라는 기도로 설명했다. "하느님, 생명을 주시는 나의 하느님, 당신이 그리워 목이 탑니다. 언제나 임 계신 데 이르러 당신의 얼굴을 뵈오리이까?"(시편 42:2). 진리를 선과 악의 최고 기준으로 삼은 코츠커는 자비를 최고 기준으로 받아들이는 것이야말로 그가 쇠약하다는 증거라고 생각했다. 정의가 진리의 길이다.

진리와 자비의 이분법은 하밧 하시디즘의 기초를 놓은 리야디의 렙 스느우르 잘만(Reb Shneur Zalman of Laydy)의 말년을 괴롭혔다. 죽기 직전에 쓴 짤막한 글에서 그는, 이 책의 첫머리에 인용된 설화를 언급하면서, 세상은 "진실이 없는 (또는 진리를 무시한) 자비"의 원리에 의해 창조되었다고 결론을 내렸다. 그러므로 대부분의 인간의 행실이 거짓이기 때문에, 자비의 행동과 진실의 행동을 동시에 이루어 나간다는 것은 불가능하다. 거짓투성이 세계에서 인간의 자비는 거짓으로 오염되어 있다. 오직 토라만이 진실하다.

이 세상이 "거짓말과 자비의 세상"이기 때문에, 고상한 사람들조차 흔히 진실을 망각한다고 렙 스느우르 잘만은 썼다. 그럼으로써 결국 그는 자비와 거짓말을 동일시한 것일까? 코츠커는 하느님의 사랑과 자비에 대해서는 조금도 생각하지 않은 것일까? 그는 다만 인간의 거짓과 오염된 상태만을 강조했을 뿐인가?

이런 엄격성을 직면하게 될 때 거북한 느낌을 갖는 것은 오히려 자연스런 일이다. 그러나 평안한 느낌을 느낀다는 것이 진리를 위한 기준이 될 수는 없다. 수정될 필요가 있는 것은 하느님의 사랑과 자비에 대한 편중된 강조이다. 우리는 성서의 하느님이 심판자이면서 아버지라는 점을 기억해야 한다. 동정심이 많은 분이며 또한 엄격한 분이심을 기억해야 한다.

코츠커는 인간을 기분좋게 설명하려 하지 않는다. 그가 보는 인간의 핵심은 자기-성찰에 대한 절박한 부름(召命)이요 우리들의 주장과 자랑거리에 대한 비판적인 통찰이요 겸손과 순결에의 부름이다. 20세기에 유대인들이 겪은 비참한 재난은 인간의 미덥지 못함에 대한 코츠커의 경고를 그대로 실증하여 자유의 불안성을 보여 주었다. 그의 날카로운 통찰은 우리의 눈을 열어 종교 세계의 타락상과 정치 세계의 노골적인 기만, 그리고 사회적인 제반 관계와 제도적인 체제 속의 속임수를 볼 수 있게 해 줄 것이다.

자존(自尊)을 무시함

가장 터무니없는 거짓은 가장 일반적이며 가장 매력적인, 자기-중심주의다. 사람은 자기의 에고가 세계의 중심이며 실존의 근원이고 목표인 것처럼 행동하려는 경향이 있다. 하느님이 바로 그 근원이요 목표며 기운(氣運)이고 의미라는 사실을 부인하는 것이야말로 얼마나 뻔뻔한 모독인가? 코츠커의 쌍둥이 주제—어떻게 거짓을 배제시킬 것인가와 어떻게 자존을 극복할 것인가—는 본질적으로 하나이다.

렙 멘들의 목적은 종교적인 실존에서 자기-중심주의를 씻어내는 것이요 대가없이, 영적인 보상조차 바라지 않고, 하느님을 섬기는 본심을 강화시키는 것이었다. 그는 성스러운 분파의 관계 속에 기득권을 끼워넣음으로써 종교를 초자연적인 상업주의로 전락시키는 태도에 대해 강하게 반발했다.

코츠커가 요구한 것은 자아의 적멸이 아니었다. 그는 자기-부정 자체를 목적으로 삼지도 않았다. 금욕주의에 반대하여 그는 자연적인 욕구를 충족시키는 것과 합법적인 취미 생활을 정당한 것으로 보았다. 그의 사상의 바닥에 흐르는 것은 거짓에 대한 지극한 혐오였다. 이것은 "너 자신을 속이지 말라!"는 그의 금언에 잘 나타나 있다. 만일 네 삶을 하느님께 바치고자 한다면, 자신의 이익을 추구하는 모든 성향을 단념하고, 하느님을 섬긴다면서 오히려 자신의 이득을 계산하는 행실을 버리라는 것이었다.

코츠커 당시에 유대인들의 마음을 지배하고 있던 심리적인 현실주의의 견해에 따르면, 반드시 절대적으로 순수한 동기가 있어야 한다고 보는 한, 선한 행실은 거의 있을 수 없음이 분명했다. 그러므로 인간의 선한 행실은 그것이 비록 개인적인 이해 관계나 보상을 바라는 마음에서 한 것이라 해도 결코 비난받을 수 없다고들 생각했다. 많은 현자들이, 특히 바알 셈과 그의 제자들이, 그런 자아와의 타협을 불편하게 생각했고, 사심 없는 길, 자기를 떠나는 길을 가르치는 일에 관심을 쏟았다.

그러나 그 어떤 바알 셈의 후계자도 코츠커만큼 시종 일관 철저한 입장을 갖지는 못했다. 그는 자기 제자들에게 세속적인 보상 없이 하느님을 섬길 것을 강요했다. 나아가서, 영혼은 모든 종류의 욕망에, 영적인 보상을 바라는 희망까지도, 둔감해야 한다고 가르쳤다.

그는 자부심을 만족시키는 것 같은, 개인의 쾌락에 무릎꿇은 종교 행위는, 그 어떤 것이거나, 이기주의에 의한 행위라고 주장했다. 신앙 문제라면 자기-포기가 목적이 되어야 했다.

이런 점에서 코츠커는 행실을 동기보다 윗자리에 두는 종교의 전통과 인연을 끊고, 그럼으로써 유대인의 생활 질서를 뒤집어버렸다. 그의 가르침이라는 게 한낱 괴짜의 변덕에 근거한, 엉뚱한 소리에 불과했을까? 아니면 종교적인 원상(原狀)을 회복하는 데 무슨 도움이 되었을까? 그리고 그것들은 많은 사람의 영혼 속에서 조용히 작용하고 있는 원리들의 성숙을 보여 주는 것이었던가?

유대인의 사상사(思想史) 속에서 마음의 순결을 부르짖는 외침은 언제나 들려 왔고 때로는 절망의 신호처럼 들리기도 했다.

> 이 백성은 말로만 나와 가까운 체하고
> 입술로만 나를 높이는 체하며
> 그 마음은 나에게서 멀어져만 간다.
> 그들이 나를 공경한다 하여도
> 사람들에게서 배운 관습일 따름이다. (이사야 29:13)

많은 사상가들에게 중심되는 문제는 어떻게 인간이 법을 지키느냐 하는 것이었지, 얼마나 많이 지키느냐 하는 것은 아니었다. 그들이 우리에게 기대하는 것은 "사랑으로" 그분을 섬기는 것, 모든 미츠바를 "그 자체를 위해" 행하는 것, "하늘을 위해, 그분의 위대하신 이름을 위해 하는 것이지, 칭찬을 듣거나 어떤 이득을 얻고자 하는 또는 사람의 눈을 두려워하거나 아니면 이 세상 또는 장차 올 세상에서 당하지 않으려는 동기에서 비롯되지 않은"[14] 행위를 이루어나가

---

14) 바히야 이븐 파쿠다, *Hovot ha-Levavot*(마음의 책임), 헤임슨 편집, 4부, p.

는 것이다. "내 아들아, 내 말을 명심하고"(잠언 23:26). 그러나 사람이 자신의 마음을 하느님께 바치는 것보다 자신의 부와 건강과 즐거움을 확장시켜나가는 것이 더 쉬워 보인다.

"하늘을 위해" 섬기는 자와 "보상을 바라고" 섬기는 자의 차이점은 이미 오래 전부터 구분되어 왔다. 중세기에는 불순한 동기로 종교적인 행위를 하는 것을 일컫는 특별한 단어가 있었다. 페니아(*penyyah*)15)라는 그 단어는 하시드 문학에서 널리 사용되었다.

하시드 운동의 역사 속에는 내적인 역경과 더불어 씨름한 사람이 많이 있었다. 어떤 사람은 자아를 더 높은 지혜로 통제하려 했고, 영적인 사기를 배양함으로써 원상의 뿌리를 신장시키려 했다. 또, 토라의 까다로운 조목들을 세밀히 연구하는 것으로 자신의 의식(意識)을 계속되는 자기-망각 속에 몰아넣는 사람도 있었다. 내적이 방향 전환을 근절시킨다는 것이 현실에서 불가능함을 안 어떤 유대인들은 철저하게 순수한 뉘우침 속에 무릎을 꿇기도 했다.

위대한 마기드는 "수금 뜯는 사람이 와서 수금을 뜯는 동안, 엘리사는 야훼의 힘에 사로잡혀"(열왕기하 3:15)라는 구절을 이렇게 설명했다.

> 수금뜯는 자가 수금처럼 될 때—자의식으로부터 자유할 때— 하느님의 영이 그에게 임했다. 수금뜯는 자가 수금이 되어 자기를 찾지 않고 자기를 의식하지도 않을 때, 그때 비로소 하느님의 영의 그에게 내릴 수 있다.16)

68.

15) 마이모니데스의 『마코트 주석』 참조.

16) 솔로몬 마이몬, 『자서전』(1888), p. 166.

소수자(少數者)를 찾아서

지식은—하늘처럼—결코 사적인 소유물일 수 없다. 그 어떤 선생에게도 지식을 원하는 사람에게서 그것을 빼돌려 감춰둘 권한은 없다. 가르친다는 것은 서로 나누는 기술이다. 배움의 풍부한 세계에 발을 들여놓을 수 없도록 미리 제한된 사람은 아무도 없다. 토라에 대해, 누구이거나 원하는 사람은 자유롭게 그것을 탐구할 수 있다는 말이 기록되어 있다. 한 오래 된 유대의 격언에는 "많은 제자들을 기르라"는 말이 있다. 실로, 지식은 차별없이 확산되었다.

그럼에도 불구하고 가르침은 모든 사람에게 베풀어져야 한다는 원리에 반대하는 소리가 유대 역사 속에서 들려왔다. 이것은 삼마이(Shammai, 약 50 B.C.E.~30 C.E.)의 의견이었다. 그는 힐렐(Hillel)의 너그러운 태도와는 달리 제자를 받아들이는 데 아주 까다로운 기준을 적용시켰다. 팔레스틴의 야브네에 유명한 아카데미를 설립한 라빤 가므리엘(Rabban Gamliel, 약 80년)도 성격이 외모에 미치지 못하는 제자("안과 밖이 다른 자")는 들어올 수 없다고 주장한 적이 있었다. 라빤 가므리엘이 죽고 라삐 엘르아자르 벤 아자리아(Rabbi Eleazar ben Azariah)가 그의 자리를 물려받았을 때 비로소 문지기는 해고되었고 모든 제자들에게 문을 개방했다.17)

율법 공부에 아무런 조건을 붙이지 않은 학자들도, 조심스럽게 준비된 사람만이 비전(秘傳)의 학문, 즉 신비주의를 깨칠 수 있다고 주장했다. 마이모니데스까지도 그의 철학-신학적인 견해를 피력한 책이 소수자를 위한 것이라고 고백했다. 그의 『난제(難題)풀이』(The

---

17) *Berachoth*, 28a.

Guide of the Perplexed) 서문에서 그는 자기의 제자인 요세프에게 이렇게 말했다. "자네가 내 곁에 없어 나는 마침내 자네와 자네 같은 사람들을 위해, 비록 소수의 무리라 하더라도 이 책을 쓰기로 했다." 그리고 그는 이어서 자신의 교육론을 펼쳐 나갔다.

> 내가 곤란한 문제에 부딪쳤을 때—단 한 사람의 슬기로운 자를 기쁘게 하는 대신에 일만 명의 바보를 불쾌하게 만들지 않고는 진리를 가르칠 다른 방도가 없을 때, 그 좁은 길 앞에서—나는 그 한 사람에게 말하는 것을 택하겠다. 대중들이 뭐라고 비난하거나 거기에는 마음을 쓰지 않겠다. 나는 그 슬기로운 한 사람을 질곡으로부터 해방시켜 난제의 근본을 풀어주고 그래서 그로 하여금 완전에 도달하여 평안을 누리게 하겠다.[18]

다른 지도자들이 하시드 운동의 확장을 모색하고 있는 동안, 코츠커는 그 운동의 확산을 억제하고 하시드 생활의 심층화에 주력했다. 그의 축복과 안내를 받고자 그를 둘러싼 군중들 속에서 그는 이렇게 소리쳤다. "군중은 내게 소용없다. 내게는 나와 함께 지붕 위에 올라가, '야훼께서 하느님이십니다. 야훼께서 하느님이십니다' (열왕기상 18:39) 하고 외칠 젊은이 스무 명만 있어도 족하다."

코츠커는 자기가 다만 소수의 제자들에게 영향을 끼치는 것을 바란다고 거듭거듭 강조했다. 그는 자기 문전에 몰려드는 수천 명의 제자 지망생들이 운이 없는 자들이라고 했다. 전체 백성을 변화시키려는 희망을 포기한 그는, 이 불신의 세계에 소수의 남은 자를 구원하려는 예언자적인 가르침을 자신의 귀감으로 삼았다. 그러한 예언자의 남은 자 사상은 이사야의 아들 스알야숩의 이름에 암시되어 있다

---

[18] 『난제풀이』, M. 프리들랜더 옮김 (뉴욕, 1956), p. 22.

(이사야 7:3, "스얄야숩"은 남은 자가 돌아오리라는 뜻임.—옮긴이). 대중은 그들의 지은 죄 때문에 사라져가고 하느님께 충성을 지킨 소수자만이 살아남을 것이었다.

유대 경건문학의 고전이 된 바히야 이븐 파쿠다(Bahya Ibn Paquda, 11세기)의 『마음의 책임』(*Duties of the Heart*)에 있는 한 구절이 자주 인용되었다.

> 오직 예언자와 뛰어난 철학자만이 그들의 타고난 이성과 터득한 지혜로 "제1 원인"(the First Cause)을 예배할 수 있다. 나머지 사람들은 모두, 혼합되어 있지 않은 것은 도무지 이해할 수가 없으므로 그를 예배하지 못한다.19)

참된 신앙이란 소수자에게 인류를 위해 지도록 부여된 멍에라고, 코츠커는 가르쳤다. 개인을 통하여 많은 사람이 위로 끌어올려진다. 홀로 자기의 영적인 문제에 깊이 관심을 두는 자가, 실제로는, 물질적인 관심에 빠져 대중 속에 섞여 있는 자보다 훨씬 더 공동체에 깊이 참여하고 있는 것이라고 코츠커는 말했다.

키르케고르가 책을 저술한 동기 중 하나가 "'개인'을 잡기 위해 '무리'를 휘젓자"는 것이었다.…"종교적으로" 말하면, "공중(公衆)이라는 것은 없고 다만 개인이 있을 뿐이다. 왜냐하면 종교는 진지한 것이고 진지한 것은 …개인이기 때문이다."20)

키르케고르와 코츠커는 인간과 다른 인간의 관계보다는 인간과 자신의 영혼과의 관계에 더 많이 관심을 기울였다. 그들은 개인을 절대자 앞에 나서게 하는 일과 그에게 부과되는 절대적인 요청을 이행

---

19) *Hovot ha-Levavot*, 제1부, 2장.
20) "저자로서의 내 저술에 관해," 1851, 『관점』, pp. 151, 153에서.

토록 하는 일에 항상 심혈을 기울였다. "엄청나게 불어나고 있는 크리스찬의 수효가 기독교의 쇠퇴를 뚜렷하게 입증하고 있다"고 키르케고르는 주장했다.21)

키르케고르도 코츠커도 자기네 사상이 만인의 이해를 받으리라고는 기대하지 않았다. 둘 다 공중의 흠모를 받지 못했다. 윤리-종교적인 면에서 판단하면 "무리(群)는 진실하지 못하다."22) 신약 성서의 기독교를 더 이상 세계의 어느 곳에서도 찾아볼 수 없게 되었다고 키르케고르는 역설했다. 교회의 역사는 점차적인 퇴화를 보여 주었다. 교회의 퇴화는 오순절에 사도들이 3천 명을 한꺼번에 교회 식구로 받아들인 것으로 비롯되었다. 어떻게 그 많은 사람들이 단번에 진실한 신도가 될 수 있었겠는가!

"신앙의 나라는 지적인 얼간이들의 모임도 아니요 마음이 약한 자들의 수용소도 아니다"23)라고 키르케고르는 비난했다.

> 세상 사람들의 눈에 내가 악당으로 보일 것은 틀림없는 사실이다. 세상 사람들의 눈에 말이다! 세상 사람들의 눈이란 맹목이 아니고 무엇인가? 그리고 세상의 심판이란 도대체 무엇인가? 나는 엄정하게 판단할 능력을 소유한 사람 열을 찾지 못했다.24)

니체처럼, 키르케고르도 제자 두기를 원치 않았다. 그는 제자들이란 "불운한 자 중의 불운한 자"가 될 뿐이라고 생각했다. 그러나

---

21) 하워드 A. 존슨과 닐스 덜스트럽 편집, 『키르케고르 비판』(뉴욕, 1962), p. 277의 M. M. 덜스트럽, "키르케고르의 모방은 변증법" 참조.
22) 키르케고르, "저자로서의 내 저술의 견해," 1848, 『관점』, p. 116.
23) 『결론적 비학문적 후기』, p. 291.
24) 『생활 방식의 무대』, p. 240.

아무의 동정도 받지 못하는 자신을 발견할 때 그는 고민하지 않을 수 없었다. 그의 저술 여기저기에, 그가 배척하여 마지않은 바로 그 공중의 반응과 심판에 신경을 쓴 흔적이 남아 있다.

한편 코츠커는 공부와 지적인 궤변에도 불구하고, 가끔 유식한 학자들로부터, 심지어 그의 충고와 축복을 받기 위해 몰려든 민중들에게서 반발을 샀다.

개인주의

키르케고르와 코츠커는 종교적인 순수성의 성취와 선택된 소수자의 탁월함에 깊이 관심을 기울였다. 그들이 종교적인 순수성과 마음의 순결을 성취하기 위해 요구하는 통찰력과 의지력을 발휘할 수 없는 "여염 사람"에 대해서는 거의 관심도 두지 않았다. 그래서 그들은 대중에게는 제2급의 신앙인이라는 호칭을 붙여 주었다.

그들의 개인주의 사상은, 인간의 결단과 행동이 그의 인격적인 선택에 의한 것이지, 남의 것을 모방하는 것은 아니라는 생각에서 나왔다. 사람마다 관점과 접근 방식이 다르다. 저마다 자기의 길을 간다. 그의 삶은 결코 복제(複製)가 아니다. 그는 가끔 자기 나름의 행동 규범을 세우는데, 그것이 그가 속한 공동체의 다른 사람을 즐겁게 하는가 성가시게 하는가에 대해서는 생각조차 하지 않는다.

그 두 사람에게 중심이 되는 문제는 어떻게 개인이 하느님과 관계를 맺을 것인가 하는 문제였다. 키르케고르에 의하면 "찰나"—시간 속에 있는 영원의 원자—는 인간이 충동적인 본능의 지배를 아무 생각 없이 받는 상태를 벗어나, 단독자로서 자신에 대한 염려로부터 하느님의 위엄과 성스러움에 마음을 기울이는 순간, 현재한다. 각 사람은 다른 신자들과 격리되어 있음으로써 비로소 하느님과의 관계를 맺을 수 있다.

키르케고르는, 개인적인 응답을 억압하고 그것을 필수적이고 비인격적인 무엇에 예속시키는 것을 가르치는 헤겔의 "민중 종교"(folk religion)를 거절했다. 마음과 의지를 하느님을 향해 돌리는 것은 "단독자"(the single one)와 떨어뜨려 생각할 수 없는 일이었다.

> 나는 빈번하게, 헤겔이 근본적으로 인간을 야만인으로, 이성이라는 것을 선물로 받은 짐승으로 만들었음을 지적했다. 동물 세계에서는 언제나 "개인"이 종족보다 덜 중요하기 때문이다. 그러나 개인은 하느님의 모습대로 지음 받았기 때문에 "개인"이 종족보다 위에 있다는 사실이야말로 인간종족의 특성이다. 이 사실은 잘못 이해되어 가공스럽게 오용될 수도 있다. 그러나 그것이 기독교다. 그것이야말로 싸움의 터가 될 만하다.[25]

키르케고르는 계속하여 자신의 단독자 개념을 강조했다. 그가 쓴 많은 책이 "내가 기쁨과 고마운 마음으로 나의 독자라고 부르는 개인에게" 헌정되었다.[26] 그에게, 개인은 대중과 "비진리"를 품고 있는 무리들의 반대쪽에 서 있다.

키르케고르의 개인은 예외적인 인간, 천재가 아니었다. 그것은 "종교적인 단독자" 즉 심미적 차원과 윤리적인 차원을 넘어 제3의 실존 차원에 도달해야 하는 인간이었다. 이런 생각은 모든 사람에게 적용되어야 했다. 사람은 누구나 종교적인 의미에서 단독자가 될 소

---

25) 『키르케고르 일기선(日記選)』, 알렉산더 드루 편역 (런던과 뉴욕, 1938), 1050.
26) 『관점』, p. 20.

명을 받고 있고, 실존적인 노력으로 이 (제3의) 차원에 도달할 수가 있기 때문이다.

키르케고르와 마찬가지로 코츠커도 인간이 군중과 떨어져 스스로 자유한 단독자로 자기 자신을 파악할 것을 바랐다. 군중의 의견을 무시하는 것은 그의 명령이었다. 코츠커는 어중이떠중이들과 합세할 수 없는 점에서도 키르케고르와 같았다. 그는 "무리들"을 비난했고 그들 속에 끼여드는 것을 원하지 않았다.

그리고 키르케고르가 당시 공교회(公敎會)로부터 떨어져 나왔듯이 코츠커도 위대한 라삐들에 의해 전통적으로 내려온 견해들을 벗어났다. 율법에 구체적인 행동 규범이 명시되어 있지 않을 경우, "그것을 이스라엘에게 맡겨라. 그들이 예언자가 아니라면 예언자의 자손이니까"라고 1세기 팔레스틴의 현자였던 힐렐은 말했다.27) 그가 뜻한 것은 백성들이 어떻게 행동하는가를 보고 그것을 따르라는 것이었다. 그와 비슷한 경우에 바빌로니아의 유대인 학자 아빠예(Abbaye 278~338)와 렙 아쉬(Reb Ashi)는 이렇게 대답했다. "가서 백성들이 어떻게들 행동하고 있는가 보라."28) 3세기 팔레스타인의 스승이었던 요수아 벤 레위(Joshua ben Levi)는 "율법의 적용을 법정에서 정할 수가 없거든, 그래서 어떻게 행동해야 할지 모르겠거든 백성들이 어떻게 하는가를 보라"29)고 했다.

기계적인 학습과 율법에 대한 복종을 강조한 유대 정통주의의 흐름은 마침내 위기에 봉착하게 되었다. 코츠커는 개인의 해방에 비상한 열정을 쏟음으로써 이 위기에 대처했다.

---

27) *Pesahim*, 66a.
28) *Berachoth*, 45a; *Erubin* 146; *Menahoth* 35b.
29) *Yerushalmi Peah*, Ⅶ, 5, p. 20c top; *Yerushalmi Maaser Sheni*, V, 2, p. 566 top.

한 유명한 논쟁에서 키르케고르는 우리가 개인을 보지 못하는 것은 율법과 보편성이라는 술어로만 생각하기 때문이라고 했다. 하나의 예를 들자면, 수세기 동안 철학자들은, 자기 자신이 죽을 수밖에 없는 독특한 개인이라는 사실에는 주의를 기울이지 않고 "모든 인간은 유한하다"고 말해 왔다는 것이다.

같은 분석이 율법을 철저히 지키면서 법률 조항에는 밝으나 그 자신이 독특한 개인으로서 만나게 되는 영적인 문제들은 외면하는 보수적인 유대인들에게도 적용될 수 있을 것이다.

코츠커에게 개인이란 사물을 새롭게 재창조할 능력이 있는 인간이었다. "하느님은 새로움(novelty)을 사랑하신다"고 그는 말했다. 단순한 반복은 경멸의 대상이었다. 개인주의는 새로움, 창조성을 그 속에 포함한다.

그는 제자들에게 단독자가 될 것을, 즉 무리로부터 나와 홀로 설 것을 요구했다. 코츠크의 하시드는 생각 없이 한 단체에 속하는 일이 없었다. 그는 자신의 결단으로 떨어져 나온 인격체가 되어 그의 배경, 가족, 환경의 줄을 끊었다. 코츠크가 그의 유일한 세계가 되었다.

한 개인은 부단히 자기 자신에게 짐을 지우고, 스스로 정신으로 마음을 단속할 사명을 지니고 있다. 사람은 그의 성품을 끊임없이 고쳐나가야 한다. 비록 그의 영혼은 순결하게 태어났다 하더라도 사람은 점차적으로 자신의 독물(毒物)에다 그것을 섞는 법을 배워나가게 마련이다.

하시디즘은 대중의 유행이 되어 그 영적인 차원이 약화되거나 심지어 평범화되는 위험을 안고 있었다. 이제 남은 유일한 갱신의 가능성은 개인의 역할을 복구시키는 데 있다고 코츠커는 생각했다. 유다이즘의 인격적인 면을 강조함으로써 태동되었던 그 운동이 다시 태어나는 길은 오로지 개인주의를 강조하는 데 있을 뿐이었다.

각 개인에게는 그만의 사명과 해야 할 일이 있다. 그는 자신의 주인이 되어야 한다. 다른 사람들의 지혜에 의지해서는 안 된다. 메시아와 온 인류가 구원을 받는 때에라도 야훼 하느님은 각 개인이 과연 그가 구원을 받을 만한가의 여부를 확인할 것이다.

코츠커는 각 개인이 단순하게 자기 자신의 구원에만 관심해야 한다고는 말하지 않았다. 만일 그가 그런 주장을 했다면 그것은, 자기 자신에게만 배타적으로 관심하는 것은 우상 숭배라고 한 그의 전제와 앞뒤가 맞지 않는 것이다. 인간은 다른 사람의 관심사가 되고, 또 다른 사람을 자신의 관심사로 삼을 필요가 있다. 사람이 행할 수 있는 최대의 거짓은 자기-중심주의이다. 본래적인 인간이 된다는 것은 자신을 능가하면서 동시에 하느님 면전에서 자신의 특별한 역할을 다 감당해 낼 수 있다는 것이다.

> 만일 내가 나는 나이기 때문에 나이고, 너는 너이기 때문에 너라면, 나는 나고 너는 너다. 그러나 만일 내가, 네가 너이기 때문에 나이고, 너는 내가 나이기 때문에 너라면, 나는 나가 아니고 너는 너가 아니다.

코츠커가 했다는 이 말은 그의 개인주의 개념에 초점을 모으게 한다. 만일 한 개인이 그 자신을 다른 사람들과 그들의 자아로부터 구분시키기 위한 목적만으로 자아, 즉 "나"로서 주장한다면 그의 주장은 공허한 부정(否定)이요 형상과 모순의 결여에 불과하다. 그러나 개인주의는 매우 강한 적극적인 내용, 견줄 데 없이 독특한 성품, 관점, 경험 그리고 다른 사람에게서는 찾아볼 수 없는 사건들을 암시하고 있다.

키르케고르도 코츠커도 개인이 도달할 수 있는 탁월성을 그 자신의 목표로 보지는 않았다. 키르케고르에 의하면, 하느님은 "기존 질서를 자극시켜 자기-만족의 상태에서 벗어나게 하려고 개인을 고용하신다."30) 이 견해에는 렙 멘들도 동의했을 것이다. 삶의 짐은 모두 개인에게 지워진다.

코츠커의 통찰은 세속적인 개인주의와 예리하게 구분되어야 한다. 왜냐하면 그의 모든 가르침은 개인이 하느님과 갖는 인격적이고 직접적이며 생동적인 관계의 중요성을 강조하기 때문이다. 그의 스승이었던 렙 부남은 이렇게 말한 적이 있다. "내가 세상을 둘러 보니 사람마다 전부 광야에 홀로 자라는 나무와 같더라. 그런데 하느님은 당신 곁에 둘 자가 하나도 없었고, 사람은 하느님말고는 기댈 만한 자가 세상에 없었다."

렙 멘들은 토라의 다음 구절을 그의 좌우명으로 삼았다. "보아라. 오늘 내가 너희 앞에 축복과 저주를 내놓는다"(신명기 11:26). 이 구절은 단수로 시작하여 복수로 계속된다. 토라는 모든 이스라엘에게 똑같이 주어졌다. 그러나 각 개인이 그것을 제 방식으로 풀어야만 했다. 코츠커는 렙 부남의 다음 말을 거듭 인용했다. "토라는 일시에 주어졌지만 그것은 매일 받아들여져야 한다." 주어지는 것은 모든 이스라엘에게 같은 양식으로 주어졌지만, 받아들이는 것은 모든 사람이 서로 같지 않다. 각자가 그 자신의 영적인 능력에 따라 그것을 찾기 때문이다.

---

30) 『기독교 훈련』, p. 91.

제4부

급진주의

기성 체제에 대한 공격

말년에 들어서면서 키르케고르는 교회를 맹렬하게 공격하는 일련의 쪽지글을 출판했다. 그것들은 대개 고인이 된 마인스터 감독을 "진리의 증인"이라고 추켜세운 마르텐손 교수를 겨냥한 것들이었다. 키르케고르가 참을 수 없었던 것은, 많은 봉급을 받으며 출세한 그 직업 목사에게 ("순교자"라는 뜻이 포함돼 있는) "증인"이란 명함을 붙여준 것이었다.

월터 라우리는 마인스터 감독을 이렇게 묘사했다.

어느 모로 보나 개신교회가 자랑으로 삼을 만한 고상한 감독들 중 한 사람이었다. 그의 설교는 탄성 가운데 청취되었고 경건한 마음으로 읽혔다. 그는 당대의 상류층 문화를 이끌어나간 정통주의 신학자였고 지혜로운 교회 행정가였으며 나아가 지극히 경건한 인물이었다.[1]

---

1) 라우리, 『키르케고르』, pp. 504f.

로날드 그레고르 스미드에 의하면, 마인스터는 몇 해에 걸쳐 "그의 신중하고 인자하고 빈틈없으며 명쾌한 세속성으로, 키르케고르가 '주일-기독교'(Sunday-Christianity)라고 명령한 그의 정책으로, 또는 좀 더 비꼬아 표현한다면, 거룩한 장소의 정숙한 시간의 종교로"2) 영향력을 최대한 발휘했다.

키르케고르의 신랄한 비난은 단순히 마인스터 감독의 인격에 대한 공격만은 아니었다. 그는 자신의 공격이 신약성서 교회와 그 이후의 발전된 교회 사이의 비교에 근거를 둔, 기독교 세계에 대한 도전의 구실도 하기를 바랐다.

> 인간이 현재 세계의 상황과 모든 생명 현상을 관찰할 때, 기독교인으로서… 모든 것이 병들었다고 말하지 않을 수 없다. 만일 내가 의사이고 누군가 내게 "어떻게 해야 할까요?" 하고 묻는다면 나는 이렇게 대답할 것이다. "첫째로 무슨 일을 하기 전에 갖추어야 할 무조건적인 조건은 침묵이다! 침묵하라! 하느님의 말씀이 들리지 않는다. 만일 시끄러운 인간들 때문에 큰 소리로 발음되어야 한다면 그것은 하느님의 말씀으로 남을 수가 없다."3)

이 덴마크의 신학자는 당시의 기성 교회를, 단지 그 교회와 목사들이 실패를 했다고 하여 공격하지는 않았다. 키르케고르는 자기 자신을 포함하여 그 누구도 기독교의 엄정한 요구를 모두 충족시킬 수 없다는 사실을 아마도 알고 있었을 것이다. 그가 성을 낸 것은 그들이 자신의 실패를 시인하지 않았기 때문이었다.

---

2) 『마지막 해』, 서문, p. 14.
3) 『자아-훈련을 위해』, 1851, 에드나와 하워드 홍 옮김(미네아폴리스, 1940), pp. 56f.

그는 자신에게 지워진 특별한 역할을 충분히 알고 있었다.

   사도의 사명은 기독교를 전파하는 것이다. 새 신자를 얻는 것이다. 나에게 주어진 사명은 스스로 기독교 신자라 하는 자들을 독선으로부터 해방시키는 것이다….
   환상은 모두 배제되어야 하고 그 환상의 토대도 깨끗하게 청소되어야 한다. 그리고 환상 속에 새로운 생명을 끌어들이는 대신으로 그 환상 속에 남아 있는 실낱같은 목숨까지도 질식되어야 한다. 그래서 기독교란 단순히 존재하는 게 아님을 분명히 밝혀야 한다.4)

키르케고르는 주어진 조건을 기계적으로 받아들이는 기성 체제의 준비 완료된 상태를 비난했다. "(신약성서 교회가 되어야 한다고 말은 하면서) 하느님을 공식적으로 예배한다는 것은 기독교의 정신에 비추어 볼 때 가짜요 위조품이다."5)

   참으로 괴상한 일이긴 하나, 끊임없이 하느님께 반항하고 거역하는 세력은 기성 질서를 신성화시키는 음모에서 파생되었다. …이것은 실제로, 모든 것이 되고자 한다. 세계의 진화를 좌우하고 인종의 발전을 안내하려 한다. 그러나 기성 질서의 신성화는 …나태한 세속적인 마음이 발명해 낸 것으로서 편안한 자세로 모든 것이 안전하며 평화롭다고 생각하게 한다. 그래서 우리가 아주 높은 곳에 이르렀다고 착각하게 한다. … 각 사람은 불안과 떨림 속에서 살아야 한다. 따라서 불안하고 떨리지 않는 기성 질서란 있을 수 없다. 불안과 떨림은, 인간이 되어지는 과정 속에 있으며 모든 사람과 인종

---

4) 라우리, 『키르케고르』, p. 557에서 인용.
5) 『"기독교 세계"에 대한 키르케고르의 공격』, p. 59.

까지도 되어지는 과정 속에 있다는 사실을 인식하고 있으며, 또한 인식해야 한다는 사실을 뜻한다. 그리고 불안과 떨림은 하느님이 존재하신다는 사실—그 어떤 인간도 기성 질서도 결코 한 순간도 그 사실을 감히 잊으려해서는 안 된다는 사실을 뜻한다.6)

키르케고르는 이렇게 말했다.

> 친구여, 그대가 누구이고 무엇을 하는 사람이든간에, (이제까지 참석했더라도) 이제부터라도 현재 실행되고 있는 공교회의 (신약성서 교회를 대표한다고 주장하는) 예배에 참여하기를 거부한다면 그로써 그대는 그대의 양심에 지워진 무거운 짐 하나를 더는 것이다. 왜냐하면 그대는 하느님을 조롱하는 자리에서 발을 빼었기 때문이다.7)

키르케고르는 숨을 거둘 때에 목사의 의식(儀式)을 거부했다. "목사는 왕실의 관리다. 왕실의 관리는 기독교와 아무 상관도 없다."
"기성 체제"란 교회 조직이나 기관과 같은 이미 세워진 조직, 영구적인 체계를 의미한다. 그러나 같은 단어가 편만한 사고 방식, 이념 또는 단조로운 일상 생활을 뜻하는 말로 사용되기도 한다.
키르케고르와 마찬가지로 코츠커도 기성 체제를 공격했다. 그러나 그가 공격한 것은 기구(機構)로서의 기성 체제가 아니라—유다이즘에는 교회 같은 것이 없다—율법과 전통에 습관적으로 복종함으로써 만족하는 안이한 삶의 방식과 그럴듯하게 꾸며진 인습적인 궤도로 전락한 경건이었다.
유대인이 된다는 것은 그리 큰 노력이 필요한 것이 아니고 그저

---

6) 『기독교 훈련』, p. 89.
7) 데이빗 F. 스웬슨, 『키르케고르에 관한 몇 가지』(미네아폴리스, 1941), p. 24.

유대인으로 태어나는 것으로 충분하다고 사람들은 생각했다. 그는 유대인으로 태어나 유대인으로 살고 행동하며 주어진 환경에 적응하면 되었다.

키르케고르는 헤아릴 수 없이 많은 사람들이 자신을 기독교인이라고 당연한 듯이 생각하고 있음을 통탄했다.

> 너무나도 많은 사람들이 기독교와는 동떨어진 세계에서 살고 있다. … 평생에 한번도 교회 문턱을 들어서 본 적이 없는 사람들, 한번도 하느님을 생각해 본 적이 없는 자들, 맹세할 때를 제외하고는 결코 그의 성호를 불러 본 적이 없는 자들! 자신이 하느님 앞에서 이루어야 할 책임에 대해 한번도 생각해보지 않은 자들… 그런데 이 모든 사람들이 자기 자신을 기독교인이라 부르는 것이다…. 그리고 기독교인 묘지에 묻히고 내내 기독교인 행세를 한다![8]

그는 또 이렇게 썼다. "루터는 95개조의 문의 사항을 제시했다. 나는 단 하나의 명제를 제시한다. 즉, 기독교는 존재하지 않는다."

코츠커를 둘러싸고 있던 상황은 전적으로 달랐다. 회당에 한번도 들어가 본 적이 없는 유대인, 하느님의 이름을 부르지 않고 하느님께 대한 책임을 생각하지 않는 유대인은 코츠커가 살던 시대에 존재하지도 않았거니와 존재했다 하더라도 그의 관심을 끌 만큼 시선을 모으지 못했다. 그를 성나게 한 것은 경건의 부재가 아니라 깊이와 진실성의 결핍, 즉 종교 생활의 저질화였다.

키르케고르는 말했다.

> 기성 질서는 개인에게 말한다. "왜, 너는 이상(理想)이라는 거대한

---

8) 『관점』, pp. 22f.

척도로 자신을 얽매고 고문하기를 원하는가? 기성 질서에 모든 것을 맡기고 예속되거라. 여기에 유일한 척도가 있다. 만일 네가 학생이라면 교수가 척도요 진리이다. 네가 시골 목사라면 감독이 길이요 생명이다. 네가 공중인이라면 재판장이 기준이다.9)

키르케고르와 코츠커는, 대부분의 사람 눈에, 자신의 견해와 결론을 너무 극단적으로 밀고 나가는 급진주의자로 보였다. 그러나 숱한 반발에도 불구하고 그들은 우리의 둔하고 투박한 마음에 계속적인 자극을 주고 있다.

사제들에 대해 키르케고르가 말한 내용을 코츠커는 유대교의 스승들에게 품고 있었다. 그들은 유대교의 메시지를 통해 사람들을 잠들게 만들었지만, 그 본래 의도는 사람들을 깊이 뒤흔들고 일깨우는 데 있었다.10) 키르케고르의 마지막 저술은 『"기독교 세계"에 대한 공격』(*Attack upon Christendom*)이었다. 코츠커는 그의 동료 유대인들의 정신적인 해이(解弛)에 문제를 제기하는 데 정열적인 일생을 바쳤다.

키르케고르가 교구 목사들을 성가시게 했다면, 코츠커는 교권을 잡은 라삐들, 직업적으로 하느님을 예배하는 일에 능숙하고 봉급말고는 명예를 바라는 자들을 비판했다. 그는 그들을 "레드 칼라," 즉 붉은 목이라고 불렀다. 키르케고르와 코츠커는 명사(名士)를 수상쩍게 보았다. 코츠커의 제자들은 사회적인 예의 범절과 관례를 공개적으로 무시했다.

코츠커는 이른바 사회의 기둥이라고 불리던 멋쟁이 모직 셔츠를 입고 배겨내지를 못했다. 자신의 학문과 위치 때문에 늘 조심해야 했던 라삐들은 스스로 저명 인사 행세를 하며 목에 힘을 주고 살았다.

---

9) 『관점』, pp. 26f.
10) 『"기독교 세계"에 대한 키르케고르의 공격』, p. 262.

약속의 땅을 정찰할 사람을 보낼 때 모세는 "이스라엘 백성의 우두머리"(민수기 13:3)를 뽑았다. 그들은 현지에 가서, 땅을 정복하기 위해 얼마나 많은 희생을 치러야 하며, 또 얼마나 많은 시련을 겪어야 할 것인가를 보고는 "좋지 못한 보고"를 가지고 돌아 왔다.

이 사건은 결국, 비극적으로 끝난, 반란을 일으켰다. 이집트에서 나온 사람은 아무도 약속의 땅을 밟지 못하게 되었다. 한 세대가 모조리 광야에서 숨을 거두었다. 코츠커는, 만일 모세가 보다 덜 사변적인 평범한 유대인을 정찰대로 보냈더라면 그들은 믿음의 능력으로 그 땅을 차지할 수 있으리라는 보고를 했을 것이라고 말했다.

백성의 지도자였던 그들 스파이들은, 하시드 레뻬들처럼, 모피 모자와 비단 외투를 걸치고 있었다고, 렙 멘들은 비꼬아 말했다. 여호수아와 갈렙은 그럴듯하게 차려입은 자들이 희망의 땅에 대해 허위 보고를 하자 옷을 찢으며(민수기 14:6) 소리쳤다. "거룩한 땅을 비방하면서 여전히 모피 모자와 값진 외투를 걸치려는가?"

코츠커에게는 평범하고 세속적인 사회지도자로서의 라삐 전통에 반대하고 나선 정신적 선조들이 있었다. 고대의 이스라엘 예언자들은 제사장과 예루살렘의 지성소에 대해 유감없이 비판을 퍼부었다.

거듭되는 국난 속에서 유대인들은 항상 전쟁의 돌발적인 위협에 떨어야 했고, 그래서 안에서의 의견 차이보다 자기-방어를 먼저 생각해야 했다. 바알 셈도 남과 다투는 것을 싫어했지만, 유대 역사의 매우 중요한 시기에 자신이 비난받는 것을 참고 있을 수만은 없었다.

어느 속죄의 날(욤 키푸르) 전날 저녁, 베쉬트(바알 셈의 다른 이름—옮긴이)는 이제 더 이상 구전 전승이 유대인의 것이 될 수 없다는 심각한 비난의 말을 듣게 되었다. 그는 속죄의 날을 온종일 우울하게 보냈다. 마을 사람 모두가 와서 그의 축복을 받는 저녁이 되자 그는 겨우 한두 사람만 축복해 주고는 "더 이상 할 수 없다"라고 말했다. 슬픔 때문에 사람들을 축복할 수가 없었던 것이다. 그는 회당에 들어 가 딱딱한 말투로 설교를 하고는 법궤 위에 엎드려 울부짖었다. "원통하다! 그들이 우리에게서 토라를 가져가려는구나. 나라들 사이에서 우리가 반나절인들 배겨낼 수 있을까?"

그는 라삐들에 대해 화가 치밀어 올랐다. 그리고는 이 모든 것이 그들이 스스로 거짓말을 만들어내고 잘못된 법률 조항을 꾸며냈기 때문이라고 말했다. 그는 모든 타나임과 아모라임(250—500년경 활약한 라삐들을 일컫는 말—옮긴이)이 하늘의 법정에 섰다고 말했다. 그런 다음 그는 벳-하미드라쉬(성경을 배우는 교실—옮긴이)에 들어 가 다시 강경하게 몇 마디 하고는 콜 니드레(속죄의 날 밤에 드리는 아랍어 기도문—옮긴이)를 암송했다. 콜 니드레를 왼 다음 앞서의 비난이 더욱 가차없는 것이 되었다고 말했다.[11]

바알 셈 토브의 제자인 폴로노예의 렙 야코프 요세흐는 당시의 기성 체제에 대해 맹렬하게 반발했다. 그의 공격은 의심할 나위 없이 하시드 운동에 대한 노골적인 탄압을 불러 일으켰다. 그럼에도 불구하고 렙 야코프 요세흐를 따르는 사람들은 기성 질서에 따라 문제를 다루는 일을 기피했다.

키르케고르는 기독교의 이름으로 "기독교 세계"를 공격하지 않을 수 없었다. 그러나 그의 공격은 교회를 파괴하는 데 그 목적이 있지는 않았다. 코츠커는 유대교를 이해하게 되자 진리를 향한 열정에 사로잡혀 신성시되어 온 유대적인 사고 방식의 몇 가지를 뜯어고쳐야 했다. 그의 목적이 전통을 나약하게 만들려는 데 있지 않았는데도

---

11) 『바알 셈 토브를 찬양하여』, 단 벤-아모스와 제롬 R. 민츠 옮김(블루밍턴, 1970), pp. 54-55.

어떤 자유사상가들은 그가 유대교 신앙의 핵심을 파멸시키려 했다고 생각했다. 그들은 그가 불경스런 말을 입에 올리고 안식일 밤에 율법을 어김으로써 믿음을 잃어버린 사실을 드러내고 말았다는 소문을 퍼뜨렸다.12)

이런 험담들은 지나치게 엄격하고 협심한 종교적인 결벽증 때문에 생기는 것들이었다. 코츠커의 주장들은 때로 비정통적이요 변칙적이며 종교적인 대세의 흐름에 가락이 맞지 않는 것들이었다. 그러나 고대의 이스라엘 예언자들 입에서 얼마든지 들을 수 있었던 것들이기도 했다. 그의 입에서 나온 몇 마디의 절규는 특히 평범한 경건주의자나 저속한 합리주의자들의 귀에는 하느님에게 도전하는 소리처럼 들릴 것이다. 그러나, 거룩한 삶을 살고자 하는 자는 가끔 하느님의 이름을 거슬러 말하는 짐을 져야 한다.

얼마든지 예상할 수 있는 일이었지만, 코츠커에 대한 모독적인 뜬소문은 몇 해에 걸쳐 코츠커를 미심쩍게 보아 온 정통주의 유대인들 사이에서 신나게 퍼졌다. 그들의 코츠커에 대한 혐의는, 코츠커의 생각과 행실에 대해 전적으로 반대해 온 그들의 처지와, 천재의 출현에 대해 중산층과 이류(二流) 지도자들이 흔히 갖는 반감에 기인된 것이었다.

거짓의 막을 내림

코츠커와 키르케고르가 종교를 비판하면서 제기한 곤혹스런 질문들은, 당시 대불경죄(l'ese majesté) 같이 생각되었다. 위대한 이스라

---

12) 이 소문에 관한 더 자세한 분석은 나의 『코츠커』(*The Kotzker*), 16장을 참조.

엘의 예언자들에 의해, 기성 종교체제와 유행하는 종교적인 가치 관념이 비난받은 것은 사실이지만, 그 후에는 유대교에 대한 비판을 너그럽게 받아들이는 일이 거의 없게 되었다. 모든 신앙, 의식(儀式), 관습은 언제나 올바른 것으로 여겨졌다. 그것은 라삐 무오성(無誤性)에 대한 신앙이기도 했다. 따라서 초기 하시드 운동가들에 의해 이루어진 몇 가지의 변혁은 이교도적인 행위라는 비난을 받았다.

무엇이 이루어져야 하는가? 라고 키르케고르는 물었다. 모든 거짓에 마침표를 찍으라고 코츠커는 대답했다. 인간이 자신을 즐겁게 하면서, 쾌락과 자만심을 맛보면서 하느님을 섬기고 있노라는 환상을 끝내야 한다. 키르케고르 말로는,

> 가장 먼저 가차없이 가능한 대로 할 일은, 모든 공식적인… 거짓에, 지금 설교되는 것이 기독교이고 그것도 신약성서의 기독교라는 환상을 가능하게 하는 거짓에, 마침표를 찍는 일이다. 이 일이야말로 타협할 수 없다.

이 두 사상가의 눈에는, 우리 인간에 의해 사태는 더욱 악화되었다. 그러나 그럼에도 불구하고 우리는 "이 신성한 것"을 몸에 지닐 수 없을 만큼, 그 정도로 타락하거나 비참한 지경에 처해 있지는 않다. 키르케고르는 요구한 물음은 이런 것이다.

> 인류라는 것이 개인과 마찬가지여서 늙을수록 쓸모없는 존재인지… 그래서 변경될 수 없고 하느님께서도 우리에게 그것을 변경시키라고 요구하시지 않는지, 그 대신에 겸손하게 자신의 비참한 상태를 인식하고 참아야만 하는 것인지, 아니면 인류가, 이제 더 이상 신약성서적인 기독교인이 발견될 수도 태어날 수도 없음이 글자 그

대로 진실인 그런 때에 이미 도달하지 않았는지. 후자의 경우라면 떠나라고, 모든 낙관적인 환영(幻影)으로부터 떠나라고 말하지 않을 수 없다. 그 거짓 진리를 추방하라!

코츠커가 유대교와 유대교의 장래를 단념하는 이와 비슷한 논리를 폈는지의 여부는 증명할 수가 없다. 그러나 그는 자기 시대의 종교적인 상황을 염두에 두고, 그것을 진리의 당시 상황과 동일시하여, "이 세상에 진리는 존재하지 않는다"라고 말했다. 키르케고르가 자기 나라에서 "기독교는 존재하지 않는다"13)고 주장한 것과 비슷하다.

코츠커는 사람들의 속임수에 소름이 끼쳤다. 그의 관심은 그의 어린 시절로 거슬러 올라간다.

> 한번은 시장에서 사과를 파는 여자를 보았다. 바구니의 윗부분에는 맛있게 생긴 잘 익은 사과를 얹어 놓았고 설익은 것들로 아랫부분을 채워 놓은 것을 보고 아홉 살 된 소년은 바구니를 둘러엎어 그 여자의 장사를 망쳐버렸다. 여자는 화가 치밀어 올라 그를 마구 욕하며 때렸다. 그는 욕질과 매질을 감수했다.

아무리 지독한 말로 욕을 퍼부어도 멘들로 하여금, 그가 거짓을 보았을 때 분개하는 것을 그만두게 할 수는 없었다. 그는 한평생, 못난 것들을 감추기 위해 흠 없는 견본이 사용된다고 생각되면, 언제라도 바구니를 둘러엎고 말았다.

---

13) 『"기독교 세계"에 대한 키르케고르의 공격』, pp. 28f.

자기-기만

이 정신나간 세계에 편만한 악의 거대한 뿌리는 무엇인가? 이 책이 제시하는 답은 속임수, 거짓, 부정(不貞)한 언어, 비뚤어진 마음이다. 거짓이야말로 잔인하고 포악한 자, 악당들의 휴식처요 피난처이다. 거짓으로 시작한 것이 불경(不敬)으로 끝난다.

한 개인의 거짓말이 개인적인 것으로 그치는 일은 거의 없다. 그것은 너무나도 활동적이고 영향력이 있으며 확산적이기 때문에 모든 사적인 울타리를 넘어뜨리고 더 많은 사람들에게 영향을 미친다.

거의 모든 종교가 거짓말하는 것을 돈 때문에 저지르는 죄보다 더 대수롭게 여기지 않는다. 유대인의 법규인 『할라카』에 기록되어 있는 "거짓을 멀리 하라"(출애굽기 23:7)는 항목은 "무고(誣告)를 경계하라"는 뜻의, 재판관에게 내린 명령이다. 다만 "아가다"(*agada*)의 스승들만 이것을 각 개인에게 적용될 "거짓말을 멀리 하라"는 권고라고 풀이했다.

"언제 메시아가 오겠습니까?" 하고 어떤 사람이 코레츠의 렙 핀하스에게 물었다.

"사람들이 거짓말하는 것을 간음하는 것만큼 죄로 여길 때 오신다"라고 그는 대답했다.

진리는 느낌이 아니라 단순한 생각이다. 진리는 우리를, 하나의 명령으로, 취소되지 않고 엄격하며 타협의 길이 없는 소환장으로 마주 대한다. 우리가 그것을 우리 영혼의 깊은 곳에서 떳떳하게 마주 볼 수 있는가?

때로 진실은 잿빛이고 속임수는 총천연색으로 눈부시다. 사람은 진실을 소중히 간직하기 위해 그것을 열렬히 추구하여야 한다.

하느님을 존재의 근거라고 가르치는 사람들이 갈채를 받고 있다. 하느님을 존재의 근거라고 한다고 하여 불편하게 생각할 것은 없다. 그러나 하느님을 존재의 근거 위에 계신 분이라고, 하느님은 불안, 양심, 연민의 근원이라고 가르치는 사람들의 말에 귀기울이는 사람은 거의 없다.

진리는 엄격하고 철저한 명령이다. 진리를 피하기보다는 모래에 얼굴을 파묻는 것이 더 쉬울 것이다. "산다는 것은 은혜를 입는 것이다"—누가 이 말을 듣고 싶어하는가? "나는 명령받았다. 그러므로 나는 존재한다"—누가 이것을 속에 간직할 줄 아는가?

거짓말은 다른 사람의 승낙 없이 속이려는 하나의 시도라고 설명될 수 있을 것이다. 이렇게 생각하면 진실을 말하는 사람들 사이에는 침묵의 계약이 있다는 사실을 확인하게 된다. 이 가정이 옳으냐 그르냐는 그것이 기회 있을 때마다 도전받는다는 사실과 별개의 것이다. 공적으로 우리는 모두 정직에 경의를 표한다. 그러나 사적으로는 아첨하는 말을 불쾌하게 여기는 일이 거의 없다. 우리는 다른 사람에 의해 바보 취급을 당했을 때 참지를 못한다. 그러나 무의식적으로 자기를 기만하면서 마음 편하게 산다. 자신에게 아첨을 할 때는 신나게 한다. 제멋대로의 공상으로 쾌감을 맛본다. *Mundus vult decipi*. 세상은 속기를 원한다.

속이지 않고 산다는 것은 보통 사람들로서 도달할 수 없는 기준을 세우고 산다는 것이다. 대부분의 사람들은 타협, 핑계, 상호 조정의 그늘 속에서 살아간다. 그들이 과연 가면을 쓰지 않고 자신의 나약함, 허무함, 이기심에 절은 모습을 보아낼 수 있겠는가? 그들이 과연, 자기네가 믿지도 않고 소중하게 간직하지도 않았던 것들을 위해 살아 왔다는 사실을 발견하고, 한번도 확신을 가져본 적이 없는 이상을 위해 살아 왔다는 사실을 발견하고 견뎌낼 수 있겠는가?

코츠커는 이 일의 어려움을 바로 보았다. 이것이 그가 다만 소수자에게 관심을 기울인 까닭이다. 그는 스승인 라삐 시몬 벤 요하이의 부르짖음을 거듭 인용했고 그의 오솔길로 자기의 제자들을 이끌 것을 결심했다. "나는 위대한 인간들을 보았다. 그들은 아주 몇 안 되었다."14)

꽃은 빛을 향하여 얼굴을 돌리고 자라난다. 올빼미는 빛을 등지고 잠을 잔다. 우리는, 한 부분은 꽃이고 한 부분은 올빼미다. 빛이 하나의 도전으로, 요구로 우리에게 다가올 때, 우리 속의 올빼미는 질겁을 하여 도망친다. 자라고자 하는 충동이 우리를 주장할 때, 우리는 도전과 요구를 환영한다.

코츠커는 무한한 도전 앞에서 살고자 했고 용감하게 그것을 공개했다. 그러나 이 특전은 그것에 마땅한 값을 지불하고야 누릴 수 있었다. 그것은 자기 시대의 사회로부터 따돌려짐이라는 것이다.

나는 정직을 원한다

키르케고르가 숨을 거두던 해인 1855년에 쓴 글 "나는 무엇을 원하는가?"는 "단순하다. 나는 정직을 원한다"로 시작되어 있다.

> 나는 호의적인 사람들이 생각해주듯… 관대한 기독교인에 반대되는 의미의 엄격한 기독교인이 아니다.
> 결코 그렇지 않다. 나는 관대파도 엄격파도 아니다. 나는…인간

---

14) *Sukkah*, 456. 이 번역은 본문을 일반적으로 이해되는 대로 의역한 것임.

적 정직파다….

공식적인 기독교의 범죄란 그 거짓됨에 있다고 나는 생각한다. 기독교는… 이 세상에서의 자신의 생명을 미워하라는 기독교의 계명을 액면 그대로 솔직하게 실천하지 않는다. 우리들 중에 이런 방향으로 미미하게나마 노력하고자 하는 삶을 사는 자가 단 한 사람이라도 있는가? …있다면 하느님께서는 "은총"을 베푸사 우리를 기독교인으로 생각해 주실 것이다. 최소한 하나의 요구 조건이 있다. 그것은 우리가… 우리에게 보여진 은총이 얼마나 무한하게 큰 것인가를 참으로 깨닫는 것이다. … 기독교에 정직하려면 가난하라는 기독교의 요구를 마음에 간직하여야 한다…. 왜냐하면 가난한 중에 비로소 진실하게 섬길 수 있기 때문이다.

"나는 정직을 원한다"—이것이야말로 코츠커와 키르케고르가 외친 군호(軍號)였다. 키르케고르는 사람들로 하여금, 그가 원한 것을 이해하도록 하기 위해 더욱 극단적으로 말했다.

> 만일… 이 세대가… 명예롭게, 정직하게, 터놓고, 솔직하게, 직접적으로 기독교에 반기(反旗)를 든다면, 그래서 하느님께 "우리는 할 수 있지만 그러나 이 힘에 스스로 굴복하지는 않겠습니다"라고 말한다면—이 일을 반드시 명예롭게, 정직하게, 터놓고, 솔직하게, 직접적으로, 해야 한다—그렇다면 좋다. 이상하게 들릴지는 모르나 나는 그들 편이다. 왜냐하면 정직이야말로 나의 원하는 것이기 때문이다. 정직이 있는 곳이라면 어디든지 나는 가담할 수 있다.15)

이 점에서 코츠커와 키르케고르는 일치한다. 그들은 정직을 중심

---

15) 『"기독교 세계"에 대한 키르케고르의 공격』, pp. 37f, 39.

적이요 최고로 높은 종교적인 덕목이라고 보았다. 그들의 입장은 언제든지 도전받을 수 있는 위치였다. 과연 진실이나 정직이 무조건적으로 복종해야 하는 최고의 덕목일까? 실제로 이런 원칙에 따라 살다보면 사랑과 연민을 상처입혀야 하는 경우를 만나게 된다. 그런 경우에 처했을 때 인간은 도덕적인 엄정주의가 반드시 언제나 요지부동인 위치를 차지하지는 못한다는 사실을 인정하지 않을 수 없게 된다.16)

그래도 키르케고르는 이렇게 주장했다.

> 어떤 자에게 성급하게 모든 것을 포기하라고 성급하게 강요하는 것과는 거리가 먼 일로서, 그것은 아마도 하느님이 그에게 요구하시지도 않을 것이다, 우리는 정직을 칭찬할 수가 있다. 이것은 하느님이 모든 사람에게 요구하신 것이다.17)

데오도르 핵커(Theodor Haecker)는 키르케고르가 이해한 인간적 정직의 예(例)를 이렇게 인용했다.

---

16) "인간적인 정직은 기독교만의 개념이 아니다…그것은 분명히 종교 개념이 아니다…인간적인 정직은 위대한, 그리고 언제나 정직한 무엇이다. 그것은 철학이나 과학에서와 마찬가지로 '세상적'인 모든 인간사에서 찾아볼 수 있는 무엇이다… 인간사에서는 그것이 전부이다. 그러나 인간에만 관계되지 않고 하느님, 믿음…과 관계된 세계에서는 인간적인 정직이 전부가 아니다. …예컨대 인간적인 정직은 인간 양심보다 훨씬 격이 낮다. 왜냐하면 양심은, 그것이 때로 거짓될 수는 있지만, 언제나 하느님과의 만남 속에 존재하기 때문이다. 인간적인 정직은 순전히 인간의 윤리와 그 자율성에 속한다. 인간 양심은 모든 상황에서 그것을 초월한다—." 데오도르 핵커,『절름발이 키르케고르』, C. 브루인 옮김(런던, 1950).

17) 폴 R. 스폰하임,『그리스도와 기독교 결합체에 관한 키르케고르』(뉴욕, 1967), p. 148에서 인용.

내가 말한 것을 하리라는 것, 또는 내가 주일에 스스로 설교하고 깊이 생각하여 마음에 작정한 것들을 주중(週中)에는 염두에도 두지 않으리라고 말하리라는 것, 내가 개인적으로 한 일만 정직하고 신실하게 말하리라는 것—이것이 인간적인 정직이다.

다른 말로 하면, "[백성들이] 기독교인이 되어 가는 과정 속에 있는 몸으로서, 자기 자신이 기독교인이 아니며 앞으로도 아닐 것이라고 솔직하게 시인하는 것이 하늘에 계신 하느님께는 무한히 사랑스럽게 보인다."

1847년 키르케고르는 『저마다 다른 정신에 대한 세 강론』(*Three Discourses in Various Spirits*)을 출판했다. 그 중 첫 번째 것이 "마음의 순결"이었다. "마음의 순결이란 하나의 일을 하려는 의지이다"라는 것이 그 강론의 주제였다. 키르케고르는 자신을 3인칭으로 지칭하면서 이렇게 설명했다. "그의 마음의 순결이란 오직 하나의 일을 하려는 의지이다…. 그는 그 댓가를 깎지도 내지도 않았다." 이 말은 물론 코츠커에게도 그대로 들어맞는다.

어떤 사람들은 다른 사람의 속임수에 대해 끊임없이 설교하고 불평한다. 그러나 그 자신의 삶에는 그만한 성실성을 보이지 않는다. 잠언에는 "진실을 사고 그것을 팔지 말라"(23:23)고 되어있다. 코츠커도 이렇게 말했다. "진실을, 네가 소비하기 위해 갖추어라. 밖으로 내보내기 위해 갖추지 말아라."

진실하게 되기

키르케고르는 이렇게 썼다.

> 진리는 진리를 아는 데 있지 않고 진리가 되는 데 있다…. 진리를 아는 것은 진리가 됨으로써 자연스럽게 따라오는 현상이다. 그 역순(逆順)은 아니다. 따라서 진리를 아는 것이 진리가 되는 것과 분리되어 있을 때 그 진리는 진리가 아니다. 혹은 진리를 아는 것이 곧 진리가 되는 것이라고 착각할 때도 마찬가지다. 이 둘의 바른 관계는 거꾸로여야 한다. 즉 진리가 되는 것이 곧 진리를 아는 것이다.18)

유다이즘의 최상의 관심사로 진리를 강조한 코츠커도 진리를 이론적으로 파악하는 것보다 진리로써 사는 것을 우선적으로 생각했다. 인간 실존은 하느님과 대면하여 사는 삶으로서 모순을 일으키지 않아야 한다. 진리란, 사상이 하느님과 일치하는 것, 또는 개인의 삶이 하느님의 뜻에 부합되는 것이라고 그는 주장했다.

코츠커의 "진리가 됨"은 키르케고르의 "진리 안에 존재함"과 마찬가지로 끝없는 과정을 암시한다. 사람은 언제나 더불어 투쟁해야 하는 상황 속에서 살아왔다. 완전한 일치는 "창조적인 갈망"으로 공중에 떠다닐 수 있을 뿐이었다. 코츠커의 진리를 향한 열정적인 추구는 하느님께 대한 굶주림과 목마름이었다. 많은 사람이 묻는다, 과연 어떤 품성을 하느님의 신성과 동질화시킬 수 있을까? 어떤 사람은 대답한다. 사랑이다, 또는 연민이다, 정의이다. 코츠커는, 그것은 진리라고 주장했다.

진리는 사랑으로 이끈다. 사랑은 때로는 눈이 멀고 비진리에 굴복하기 때문이다.

히브리 성경에서는 하느님의 그 어떤 품성, 이를테면 사랑, 정의 또는 연민 등이 하느님의 동의어(同義語)로 사용되는 것을 찾아볼 수가 없다. 그러나 유대교의 예식문에서는 하느님의 동의어가 발견된

---

18) 『기독교 훈련』, p. 201.

다(예레미야 10:10 참조). 하느님은 진리이시다. 사랑, 정의, 연민은 신성의 한 표현에 불과하다. 그런데 진리는 언제나 하느님과 함께 있다. 그것은 존재의 신비이다. 그러므로 항상 하느님께로 통하는 길은 진리이다.

그럼에도 불구하고 진실은 묻혀 있으며 숨겨져 있다. 거짓이 가득 찬 세계에서 진실은 다만 은닉된 채로 잔존할 수밖에 없다. 왜냐하면 곳곳에 거짓이 복병처럼 도사려 기다리고 있기 때문이다. 진실은 밖으로 드러나는 순간 이미 그것을 파멸시키고자 하는 힘들에게 포위되어 있다.

진리는 인간의 손이 닿는 곳에 있지 않다. 그것은 다만 하느님 안에 있다. 그것은 깨달음의 봉우리이다. 진리에 도달하기 위해 인간은 마지막 노력을 다 기울여야 한다. 궁극적인 진리를 유효하게 할 만한 어떤 증명을 제시할 수는 없다. 인간의 이성이나 인식이 이렇게 말할 때 진리는 그와 정반대를 말할 수도 있기 때문이다. 유일하게 남는 길은 자아를 죽이고 믿음 안에서 성숙하는 것이다. 믿음은 이성보다는 더욱 지각력이 있다.

하느님의 실존을 벗어날 수 없는 진리는, 하느님께 모순되는 인간 행위가 인식되고 배제되는 정도까지만 존재 가능하다. 진리의 시험은 인간의 영혼이 하느님과 대면하는 것을 통하여, 하느님과 만나듯 자기 자신과 만나 자신의 존재를 버리는 순간에 비로소 이루어질 수 있다. 그 결과는 제멋대로 판단할 수 없다. 인간은 하느님의 존재를 표현하는 것이 곧 다른 인간의 존재를 확인하는 것과 같다는 확실한 인식에 의해, 극복될 수 있다.

키르케고르는 이렇게 말한다. "진리란 하나의 함정이다. 그것에 사로잡히기 전에는 그것을 잡을 수 없다. 너는 네가 진리를 잡는 것으로 진리를 소유할 수 없다. 다만 진리가 너를 잡음으로써 가능할 뿐이다."19) "마음의 순수"에서, 그는 선한 일을 하려는 사람은 단 한 가지 일을 하려는 사람이라고 말할 수 있다고 주장했다. 왜냐하면 모든 것이 일시적으로 지나가는데 선한 일만이 홀로 남기 때문이다. 선한 일을 하기 위해 인간은 이중 사고(二重思考)를 끊어버리고 또한 그 선한 일말고 다른 것을 찾아 헤매도록 유혹하는 모든 것을 단절시켜야 한다. 인간은 보상에 대한 소망이나 형벌에 대한 불안으로부터 스스로 해방되어야 할 뿐만 아니라, 자신을 통해 선을 이룰 때 충족되는 자기-과신까지도 버려야 한다. 무엇보다도 인간은 자신의 삶을 일련의 부분적인 이익에 투자하지 않도록, 그 선한 일을 그 끝까지가 아니라 어느 정도까지만 하고자 하는 일이 없도록 철저하게 처신해야 한다.

20세기에 정의를 추구한 위대한 인물들 중 한 사람인 마하트마 간디는 키르케고르와 코츠커의 깨달음을 나누어 가졌다. 그래서, 그는 자서전의 맨 끝에 이렇게 기록했다. "내 한결같은 경험은 결국 '진리'말고 다른 하느님은 없음을 내게 확인시켜 주었다."20)

종교적인 급진주의

일반적으로 관찰되는 종교적인 실존의 뚜렷한 속성을 그려내는 형용사는 무엇일까? 미지근하고 형식적이며 온건하며 평범하다. 그러나 이런 상태는 지지할 수 없는 모순이다. 종교의 의미는 그것이 정점(頂點)이요 클라이맥스라는 데 있다. 그것은 장식품이 아니라 핵심이다. 실존의 중심 의미이다. 파편이 아니라 전부이며 얕음이 아니

---

19) 『최후의 일기』, p. 133.
20) 『자서전』(보스톤, 1957), p. 503.

라 깊음이다. 종교가 요구하는 것은 "마음의 예배"이다. 그런데 드려지는 것은 입술의 예배이다.

『기독교 훈련』에서 키르케고르는, 종교의 이상적인 목적은 성취될 수 없다고 했다. 그럼에도 불구하고 그는 사람들을 더 높은 이상에로 끌어올리고자 노력했다. 코츠커도 같은 것을 시도했던가?

키르케고르도 코츠커도 국외자(outsiders)였다. 그들은 당시 자체의 안정에 만족하고 있는 사회의 도덕-정신적인 곤경에 대해 괴로워했다. 그들의 어두운 경고와 철저한 공격과 요구는 과장되고 괴상하고 노골적으로 환상적인 것으로 취급되었다. 코츠커는 몇 세대 뒤에 자기 동족을 대학살하는 사탄의 위엄찬 등장을 미리 보았는지 이렇게 외쳤다. "나는 굶주림에 대해서는 근심하지 않는다. 내가 염려하는 것은 인간의 잔인성이다."

코츠커의 반대편—따라서 키르케고르의 반대편—은 쉽게 설명될 수 있다. 대부분의 인간은 낙관주의라는 요람에서 자라나 적당하게 살아가는 지혜를 터득했다. 그들은 그렇게 엄격하고 긴장된 개념들을 좀처럼 받아들일 수가 없는 것이다.

코츠커는 남을 자극하고 흥분시키는 편이었다. —위선, 거짓, 속임수를 폭로하는 일에는 타협을 모르는 사람이었다. 그의 요구는 철저했다. 유대교의 법률이나 규정에 순응하면서 상식적이고 편한 삶을 사는 것으로 충분하지 않을까? 그렇지 않다. 코츠커의 눈에는 순응(conformity)이 곧 타락(deformity)으로 보였기 때문이다. 이해와 내적인 확신이 없는 율법준수는 영혼 없는 몸뚱이와 마찬가지였다. 실제로 그에게는 상식적으로 체면을 살리며 적당히 산다는 것은 생각조차 하지 못할 일이었다. 그의 삶은 특별한 위험의 위협을 받고 언제나 비상식적인 벼랑 위에 서 있다. 찌르는 것 같이 날카로운 문제들을 부드러운 해결책으로 무마시킬 수는 없는 일이다.

코츠커는, 율법의 외형적인 준수를 강조하고 마음의 순수성을 등한시하며 내적인 동기와 열정을 무시하는—그리하여 개인의 문제들에 관심해야 할 필요성을 짐짓 회피하는—형식적인 경건을 유대교의 핵심의 절단(切斷)이라고 주장하곤 했다.

키르케고르와 코츠커는 종교의 요구대로 살지 않는 동시대인들을 비난했다. 키르케고르는 교회를 일컬어 모조품이라 했다. 코츠커는 그에게 가르침을 받고자 찾아오는 자들에게까지 공공연한 비난을 서슴지 않았다.

그들의 철저한 요구 사항을 보면, 그 두 사상가가 인간의 조건과 본성적인 제약성에 대해 그리 깊게 유념하지 않은 것 같다. 철저한 자기-부정과 영속적인 자기-훈련에 대한 코츠커의 요구는 고전적인 유대 지도자들의 규정보다 훨씬 높은 것이었다. 어느 의미에서 그는 유다이즘을 자신의 좋아하는 모양으로 반죽하여 만들고자 했다.

일반 상식은 중도(中道)를 강조한다. 세상일이거나 종교의 일이거나 지나침은 금물이다. "너무 많음"은 언제나 불건전하다. 그래서 종교도 일종의 타협의 예술 노릇을 한다. 그 잘못됨은 우리가 자기 자신을 섬기고 자아에 빠짐으로써 오만하게도 스스로 극단을 즐기고 있다는 사실을 깨닫지 못하는 데 있다.

코츠커의 메시지는 사소한 것들에 대한 지나친 관심, 의식을 대충대충 치르는 생활 양식, 경건한 연설 속에 숨어 있는 감상적인 군소리 등에 대한 항거였다.

삶의 한 질서로서의 유다이즘은 밖으로 드러나는 행동을 내면의 동기 못지 않게 강조한다. 전자가 후자보다 더 중요하게 인식되거나 의식이 단순한 습관으로 전락하거나 종교 행위가 지루하게 맥빠진 행사로 바뀔 위험을 안고 있음에도 불구하고 그렇다.

코츠커는 의미 없는 암송을 금지시켰다. 종교적인 관습까지도 비

습관적인 정신으로 이해되어야 한다. 유대적인 생활 질서에 따르면 종교적인 행위를 빈번하게 되풀이해야 하고 매일 기도문을 암송해야 하며 그러기 위해서는 비상한 훈련에 의해 숙달되어야 한다.

이것이 코츠커에게는 중심되는 문제였다. "나는 거룩함과 밖으로 드러남 사이를 분별하기 위해 이 세상에 왔다"고 그는 말했다. 인격과 내면의 삶에 강조점을 둔 그는 하느님께 드리는 예배는 사건들로 넘쳐야 하며, 인격 안에서 자발적으로 생겨나는 것이어야 한다고 주장했다.

코츠커의 급진주의는 *fiat iustitia pereat mundus* (정의는 있게 하고 세상은 흘러가 버리게 하라)라는 오래된 원리에 입각한 것이었다. 우리가 알거니와 토라는 극단적인 요구를 하고 있다. 너는 거룩해야 한다. 너의 마음과 뜻과 힘을 다하여 네 하느님을 사랑하라. 거짓으로부터 멀리 떨어져라. 그럼에도 불구하고 유대의 전통은 이 철저한 요구들을 온건한 규범들로 환원시켰다. 토라는 천사들에게 주어지지 않았다고, 그들은 말했다. 사람은 그가 할 수 있는 것을 하도록 요청받았다는 것이다. 그리고 그의 능력은 역사적인 정황에 의해 제한받는다는 것이었다.

종교의식을 겉치레로 지내는 것에 대한 반발과 자발성에 대한 강조는 예언자들의 시대 이후 유대 역사를 통하여 거듭되었다. 그러나 이 요구는 코츠커에게서 극에 이르렀다. "어제 기도했기 때문에 오늘 기도하는 자—차라리 철저한 불한당이 그보다 더 낫다." 이 주장이 좀 괴팍하고 극단적으로 보일지는 모르나, 그것이 뿌리뽑고자 한 뻔뻔스러움 또한 똑같다는 사실을 우리는 잊어서는 안 된다. 이 말은 하나의 규범으로 들어야 하는가, 아니면 경종으로 들어야 하는가?

이것이 코츠커의 길이었다. 낮과 밤이 서로 다르듯 하루와 다른 하루는 서로 분간되어야 한다. 자기 자신을 반복하는 것은 위조죄를 범하는 것이다. 인간은 지루한 반복 속에서 더럽혀진다. 그러므로 이미 나 있는 길을 피하라! 적어도 한 주일에 하루만이라도—안식일만이라도—똑같은 것으로부터 떨어지도록 하라.

코츠커는 의식을, 전통적인 명령의 준수를, 보물처럼 간수했다. 그는 결코 그것들의 중요성을 과소 평가하지 않았다. 그러면서도 그는, 거룩하신 분과의 사귐을 일상 생활 속에서 유지하려 하지 않고 따로 시간을 내어 특별한 행위를 가지려 하는 자들을 경멸했다. 안식일에 자기 주변에 모여든 사람들에 대해 그는 이렇게 말했다.

> 나는 그들이 나에게서 무엇을 기대하는지 모르겠다. 한 주간 내내 각 사람은 제가 좋아하는 대로 행동한다. 그러다가 거룩한 안식일이 되면 비단 옷을 걸치고 장식용 띠를 띠고 화려한 머리장식을 달고 안식일의 영(靈)과 사귀겠다는 것이다. 내 주장은 한 주간 내내 인간으로 살았듯이 안식일도 역시 그래야 한다는 것이다.

키르케고르도 기독교 세계에서 성례전을 베푸는 일에 따로 할당한 장소와 도구들에 대해 비슷한 비판을 했다.

> 파스칼이 말한 대로, 기독교 세계란 성례전을 집행함으로써 하느님을 사랑해야 하는 의무를 때워 넘기려는 무리의 모임이라는 말은 매우 옳은 말—어쩌면 기독교 세계에 대한 가장 정직한 말—이다.[21]

전통적으로 유대의 스승들은, 비록 하느님께 향한 내면의 열성은 없더라도, 미츠바 즉 선한 행실을 하는 것의 우선적인 가치를 강조했

---

21) 루이스 K. 두프레, 『신학자 키르케고르』(런던, 1963), pp. 106, 7에서 인용.

다. 그러나 코츠커는 행실의 중요성을 강조하면서 내면성의 결정적인 중요성을 주장했다. 만일 한 사람이 하느님과의 내적인 연결이 잘 맺어져 있다면 그의 미츠바와 선한 행실은 참으로 가치있는 것이 된다. 그의 행실들이 하느님에 의해 이루어진 것들이겠기 때문이다. 그러나 만일 그런 연결이 잘 맺어져 있지 못하다면 그의 미츠바와 선한 행실은 아무런 가치도 없는 것이다. 그의 행실들이 "기계에 의해 이루어진" 것들이기 때문이다.

작은 천국

코츠커는 말년에 이르러 그가 초기에 설교한 급진적인 견해를 어느 정도 수정하는 것 같았다. 그는 육체적인 쾌락을 추구하는 자들을 여전히 못마땅하게 여기면서, 세상으로부터 완전한 격리는 불가능하다는 사실도 인정했다. 그렇다면 무엇이 바른 길인가?

『탈무드』에는 솔로몬 왕이 공(公)과 사(私)의 화합에 대한 법과 성결 예식에 대한 법을 제정할 때 하늘에서, "내 아들아, 만일 네 마음이 슬기롭다면 내 마음 역시 즐거우리라"는 음성이 들렸다는 기록이 있다.

그 법률 안의 어떤 지혜가 하늘의 힘에 영향을 끼쳤단 말일까? 코츠커는, 이 지혜는 인간이 세상과 더불어 조화를 이루어야 하면서 동시에 그것으로부터 손을 씻을 수 있어야 한다는—즉 세상의 한 부분이면서 또한 그 바깥에 있어야 한다는 사실을 암시하고 있다고 대답했다. 인간은 동시에 참여하면서 거리를 유지해야 한다.

이 『탈무드』의 이야기가 이 세상의 쾌락을 조금도 누리지 않은 비통하고 초연한 어느 은둔자의 입에서 나온 것이 아님을 우리는 기억해야 한다. 이 이야기에 나오는 왕은 세상의 온갖 영화를 싫도록 누린 자이다.

먹고 마시고 열심히 세상일을 하면서 세상으로부터 거리를 유지하는 것—여기 지혜가 있다. 모든 쾌락으로부터 완전히 철수하는 것은 쉬울지도 모른다. 그러나 삶을 즐기면서 정신적인 고결성을 유지한다는 것—여기에 도전이 있다.

지상에서의 삶에 대한 더 진한 맛은 천상의 맛이 가미될 때 맛볼 수 있다. 위험은 사람이 이 세상에서의 욕구충족을 마치 자기가 성취시킬 수 있다고 생각하는 최고선으로 오해할 수 있다는 점이다.

젊었을 때 코츠커는 멀리 떨어진 마을에 사는 자기 스승을 보러 도보로 순례의 길을 떠난 적이 있었다. 때는 겨울이었다. 여행은 어려웠고 날씨는 혹독했다.

갑자기 같은 마을에 사는 한 부자가 호화스런 마차를 타고 나타났다. 네 마리 말이 끄는 그 마차의 뒤에는 여벌로 말 두 마리가 딸려 있었다. 그 부자는 짐을 어깨에 메고 혼자 터덜터덜 걸어가고 있는 렙 멘들을 보고, 마부에게 마차를 세우게 하고는, "어디로 가시는 길이오?" 하고 물었다.

렙 멘들이 그에게 대답했다.

"좋습니다" 하고 부자가 말했다. "타십시오. 내가 모셔다 드리리다."

"고맙소" 하고 멘들이 대답했다. 마차에 앉고 보니 그 푹신푹신한 쾌락이 여간 아니었다. 따뜻하고 부드러운 모피 담요가 얼마든지 있었다. 부자는 그에게 뭘 좀 마시겠느냐고 물었다.

렙 멘들은 보드카를 좀 마셔 몸을 덥히고는 과자도 조금 먹었다.

그리고는 튀긴 거위 요리를 뜯고 또 보드카를 마셨다. 기분이 최고로 좋아졌다.

그는 갑자기 마차 주인에게 얼굴을 돌리고 "내게 말해 주시오. 당신이 누리는 지상(地上)의 쾌락이란 어떤 것이오?"

부자는 이상하다는 시선으로 그를 바라보았다. "모르시겠소? 이 마차와 말, 길을 가면서도 먹을 수 있는 고급 요리. 당신은 이런 모든 것들로도 만족할 수 없단 말이오?"

"아니" 하고 렙 멘들은 빈정거렸다. "이것들은 당신의 천상(天上)의 쾌락이오, 쾌락의 극치요. 당신의 지상의 쾌락은 어디 있느냔 말입니다."

『조상들의 어록』에서 우리는 "이 세상에서의 한평생보다 장차 올 세상에서의 평온한 한 시간이 더 아름답다"고 배운다. 코츠커는 이렇게 물었다. "장차 올 세계에서 누릴 축복의 약속을 소중히 여긴다는 것이 과연 지각 있는 일일까? 이 세상에서의 쾌락을 지금 여기에서 누리는 것이 현실적이지 않을까? 현자 아빠예도 '손에 든 애호박이 밭에 있는 큰 호박보다 낫다'는 속담을 인용하지 않았는가?"

"그 속담 자체가 이 세상적인 논리이다"라고 코츠커는 대답했다.

코츠커의 제자인 렙 헤노크에 따르면, 유대교와 기독교의 가장 중요한 차이점은 유대교가 이 세상과 하늘 사이의 불일치를 극복할 수 있다는 점이었다. 기독교인에게 이 세계와 천국은 엄연히 다른 영역이다. 유대인에게는 이 세상과 천국이 분리되어 있지 않다. 그것들은 하나이고 같다.

고대 히브리 법에 의하면, 팔레스틴에 땅을 가지고 있지 않는 자는 예루살렘 지성소까지 순례를 떠나지 않아도 되었다. 그는 재물에 얽매여 있지 않기 때문에, 그래서 처음부터 그가 어디에 있거나 하느님께 매여 있는 것이다.

가난이냐, 재물이냐?

물질을 소유하지 못한 상태, 넉넉하지 못한 상태인 가난은 여러 종교에서 영적인 선으로, 성자의 장식품으로 간주되고 있다. 인간은 가능한 한 자급 자족해야 하고 물질을 의지하려는 마음을 억눌러야 한다. 힌두교에서는 가난이 부의 유혹과 짐으로부터 자유롭게 해 준다는 이유로 가난을 찬양한다. 전통적으로 힌두는 자기 집안의 책임을 벗어버리고 방랑하는 금욕주의자로 생애를 마친다.

기독교 전통에서도, 완전한 덕을 이루기 위해 가난을 권고하여 장려한다.[22] 가난을 기독교가 기리는 까닭은, 스스로 물질을 멀리함으로써 세상의 이해관계로부터 해방되기 때문이 아니라, 근본적으로 "하느님의 나라는 이 세상의 것이 아니라"는 가르침 때문이다. 그러므로 기독교인의 보물은 이 세상이 아니라 내세에서 찾을 수 있게 되어 있다. 가난하라는 요청은 또한 종말론적인 의미를 지니고 있다. 현세는 지나가게 되어 있고 이 세상에 얽매여 있는 자는 장차 오는 세상을 온몸으로 받아들일 수 있도록 자유롭지 못하다는 것이다.

물질의 포기는 수도원 생활에서 처음부터 기본적으로 요청되었

---

[22] "네가 완전한 사람이 되려거든 가서 너의 재산을 다 팔아 가난한 사람에게 나누어 주어라. 그러면 하늘에서 보화를 얻게 될 것이다"(마태오 19:21). 이와 비슷하게, 토라를 공부하기 위해 혹은 가난한 자를 돕기 위해 가진 것을 다 포기하라는 요구가 라삐 문학에도 자주 나타난다.

다. 반면에 개신교에서는 일반적으로 재물의 청지기라는 입장에 서서 재물 포기의 필요성보다는 그 위험성을 인식했다.

히브리 성서에서는 가난을 불운으로 본다. 하느님의 축복 안에는 당연히 재물도 포함되었다. 이런 정신으로 우리는 지혜 문학을 읽는다. "가난한 자의 모든 날은 악하다"(잠언 15:15), "가난한 자의 지혜는 업신여김을 당하고 그의 말은 듣는 자가 없다"(전도서 9:16), "가난한 자의 삶은 저주의 대상이다"(벤 시라 38:19).

물질과 부를 하늘의 축복으로 보는 견해는 성서-이후 유대 문학에도 다양하게 표현되어 있다. 생계 유지와 번영을 구하는 기도는 예배 의식의 한 순서가 되었다. 그러나 유다이즘이 스스로 가난하게 사는 삶의 가치를 아예 평가조차 하지 않았다고 주장하는 것은 잘못이다.23)

탈무드 문학의 초기 스승이었던 라삐 이스마엘(Rabbi Ishmael)과 라삐 아키바(Rabbi Akiba)는 가난에 대해 날카롭게 대립되는 견해를 갖고 있었다. 라삐 이스마엘은 가난을 불행으로 보아 가슴 아프게 생각했는데, 라삐 아키바는 오히려 "가난은 이스라엘에게, 마치 백마의 목덜미에 단 붉은 리본처럼 되었다"고 했다. "나는 너희를 고생의 도가니 속에서 단련시켰다"(이사야 48:10)는 예언서의 한 구절을 『탈무드』는 이렇게 주석한다. "이것은 거룩하신 분께서, 그에게 축복을, 이스라엘에게 내리실 모든 덕목을 낱낱이 조사하신 결과 '가난'보다 더 어울리는 게 없음을 발견하셨다는 것을 가르쳐준다."24)

재물을 소유할 수 있는 권리가 합법적으로 인정받고 있는 동안 우리는 거듭거듭, 인간이 아니라 하느님이 모든 존재하는 것의 소유주시라는 사실, 즉 우리가 소유하고 있다고 주장하는 것이 실은 우리

---

23) 막스 요세프, *Sittenlehre des Judentums*(1902), p. 52를 보라.

24) *Hagigah*, 9b.

의 손에 맡겨진 것이라는 사실을 확인하게 된다. "땅은 내 것이다"(레위기 25:23)라고 하느님은 말씀하신다.

헨리 조지(Henry George)는 이렇게 썼다.

> 모세의 규정 어디에든지, 토지는 창조주께서 당신의 피조물들에게 주신 선물로서 그 누구도 독점권을 갖고 있지 않은 것이다. 그 어느 곳의 땅이거나 그것은 그대의 재물도 그대가 사들인 것도 그대가 정복한 것도 아니다. 그것은 "야훼 하느님께서 그대에게 주신 땅이다…." [모세는] 백성에게 땅을 공정하게 나누어주고 매 7년마다 그 땅을 묵혀 공유지(共有地)가 되게 했을 뿐만 아니라 희년 제도를 두어 매 50년마다 땅의 재분배가 가능하게 했다.25)

이런 뜻에서, 세상의 즐거움을 향유하면서 먼저 축복의 말을 하지 않는 자는 신성 모독죄를 범하는 자라고 라삐 문학은 말한다.

소유욕은 은밀히 비축심을 조장한다. 흔히 재물을 소유하는 것은, 그것이 다른 사람에게서 독립할 수 있게 해 준다는 구실로 정당화된다. 그러나 실제로는 우리가 자신이 소유하고 있는 것에 의해 쉽게 무너진다. 소유된 물건은 그것을 소유한 인간을 소유한다. 그는 자신의 자유를 상실하고 탐욕과 인색함의 희생자가 된다.

초창기 하시드 운동의 스승들은 신도들의 혹심한 가난에 관심을 두어 조언, 기도, 축복 등 여러 방법으로 그들을 도우려 했는데, 하시드 운동 제3기의 몇몇 스승들은 재물이 종교생활에 도움을 준다는 의견에 찬동하지 않았다. 코제니츠의 마기드는 부유함은 경건한 생

---

25) 헨리 조지, 『진보와 가난』(1879). 그는 이런 말도 한다. "이 땅 위에는 그 어떤 권력도 토지의 배타적인 전유(專有)를 보장해 줄 수 없다. …우리 인간이란 기껏 한나절 빌려 쓸 뿐이다."

활에 해롭다고 주장했다. 한편 루블린의 선견자 렙 야코프 이츠악은 물질적인 풍요는 성결한 삶을 사는 능력을 증진시킨다고 주장했다. 뒤에 다시 언급하겠지만 코츠커는 처음에는 선견자를 따르다가 마지막에는, 조용한 반대 방향의 흐름을 시작한 "거룩한 유대인"(프쉬스케의 야코프 이츠악—옮긴이)의 후계자들과 보조를 같이 했다.

돈이라? 피이—

사람들이 온통 돈 버는 일에 몰두하는 것을 보고 코츠커는 속이 뒤집혔다. 사람이 먹고 살아가기 위해 일하는 것은 당연하다. 그러나 왜 마음과 심장까지 모조리 재물을 쌓는 일에 쏟아야 한단 말인가? "네 손으로 일하여 그것을 먹으니 그것이 네 복이며 네 행복이다"라고 시인은 읊었다(시편 128:2). 인간의 손은 먹고 사는 일에 사용되어야 한다. 그러나 머리는 하늘에 두어야 한다.

코츠커는 재물에 대한 추구는 인간을 저질로 만들 경향이 있다고 생각했다. 보다 더 많은 소유를 향한 보편적인 정열을 경멸했다. 자발적인 가난이라면 오히려 가난이 추구할 만한 대상이었다. 그는 가난이 결코 비열한 것은 아니라고 생각했다. 가난은 사람을 풀어놓아, 자신의 길을 차근차근 똑바로 침착하게 인도(人道)에 어긋남 없이 갈 수 있게 한다.

아주 일찌감치 우리는 재물에 대한 소유권 주장을 훈련받는다. 이건 내 것이고 저건 네 것이다! 이런 일은 우리가 어릴 적에 이미 시작된다. 이 소유 의식은 날이 갈수록 더 강해진다.

코츠커는 근본적인 관심의 수정을 요청했다. 성(聖)과 속(俗), 예배와 소유 사이를 갈라놓는 장벽은 양심과 하느님 사이를 갈라놓았다. 모세 5경에서는 인간과 사물, 돈, 재산의 관계가 근본적으로 종교적인 문제였다. 때로 탐욕은 음욕보다 더 음탕하다. 왜냐하면 그것은 자기-중심주의를 낳기 때문이다. 그것의 목적은 재물을 취하되 스스로 주인이 되어 혼자서 소유하는 것이다. 그래서 "이 세상과 그 안에 가득한 것이 모두 야훼의 것"(시편 24:1)임을 염두에도 두지 않는다.

코츠커는 돈벌이에 빠진 사람을 지극히 혐오했다. 세상의 중상모략에 시달리면서도 그는 사람들과 더불어 재물을 추구하는 것을 거절했다. "세계를 포기하라!" 돈? —피이!

위대한 현자 라삐 시몬 벤 요하이와 그의 아들이 동굴 속에서 12년간 머물러 있다가 나왔을 때 그들의 눈에 처음 띈 것은 밭을 갈고 씨를 뿌리는 농부들이었는데 그들의 시선에 닿은 것마다 그들의 눈에서 나온 불꽃으로 타버렸다는 얘기가 있다. 그때 하늘에서 소리가 있어, "너희는 내 세계를 파멸시킬 셈이냐? 동굴로 돌아가거라!" 했다.

렙 멘들은 하시드 레뻬들의 지도자의 처지에서, 자신은 라삐 시몬 벤 요하이의 길로 제자들을 이끌겠다고 분명히 선언했다. 그도 또한 하늘의 음성을 듣고 세계로부터 물러나 마지막 20년을 외로움에 갇혀 보냈던가?

코츠커의 일생은 대부분 가난했다. 때로는 편지를 부칠 우표도 살 수 없을 정도였다. 그는 아예 돈에 대한 정당한 평가조차 내리지 않았던 것 같다. 한번은 그의 한 제자가 동전을 한 움큼 주었는데 그것을 세다가 이내 혼란에 빠져 끝내 헤아리지 못하고 만 적도 있다. 그의 친구였던 그리츠의 렙 훼이블(Reb Feivl of Gritze)은 "우리는 모두 프쉬스케의 가난한 제자들이었고 몹시 가난했다. 한 조각의 빵도 살 수 없는 때가 자주 있었다"라고 기록했다.

다행하게도, 앙리 베르그송의 할머니가 된 테멜(1830년 사망)이라는 부인이 하시드를 열렬히 존경했다. 그 여자는 갑부 베레코 츠비트 코베르의 아내였다. 할 수 있을 때마다 그는 렙 멘들과 그의 제자들에게, 연구 일에 방해가 되지 않는 한도 안에서 작은 일을 해주면 보상을 하겠노라는 제의를 했다.

한번은 테멜이 프쉬스케에 왔는데, 훼이블이 멘들에게 말했다. "멘들, 왜 굶고 앉아 있나? 왜 가서 테멜을 만나지 않는 건가? 그 여자가 자네에게 일거리를 주면 자네는 돈을 좀 벌 수 있을 텐데."
"돈이라? 피이—"하고 그는 소리쳤다.
"나는 '돈'이라는 말을 들으면 여섯 달 동안 욕지기가 나네"라고 렙 멘들은 덧붙였다.

사람이 가끔 부자가 되기 위해 자기의 영혼을 판다는 사실을 모르는 사람이 누군가? "내가 무서워하는 것은 배고픔이 아니라 배고픔에서 나오는 잔인함이다"라고 코츠커는 말했다.
오늘날처럼 노골적인 비즈니스 사회에서는 성공에 물질적인 보상이 수반되는 것은 당연하다. 돈은 상업 세계에서만이 아니라 일반 사회에서도 성공의 척도가 되려 한다.
오랜 옛날부터 지혜로운 이들은 우리에게 돈을 무절제하게 사랑하는 것이 얼마나 위험한 일인지를 일러 주었다. 반면에 풍요한 사회에서 가난하다는 것은 참으로 견디기 힘든 짐을 지는 것이다. 많은 현대인이 가난한 상황이 부여하는 수치와 소외를 피하는 길을 모색하다가 함정에 빠진다.
윌리엄 제임스는 이렇게 썼다.

식자들 사이에 편만한, 가난에 대한 두려움은 우리들의 문명이

앓고 있는 가장 고약한 도덕적인 질병이다. 특히 우리들 영어를 말하는 사람들에게는, 가난에 대한 찬가를 다시 한번 용감하게 부를 필요가 있다. 우리는 곧이곧대로 가난을 두려워하는 가운데 성장했다. 우리는 자신의 내적인 삶을 더 순수하게 하고 옹호하기 위해 가난하게 살기로 결심한 사람을 경멸한다. 만일 그가 저자 거리에서 어울려 돈버는 일에 참여하지 않는다면 우리는 그를 정신없는 자요 야망이 없는 자라고 생각해 버린다. 우리는 고대의 가난의 이상이 무엇을 뜻했는지를 생각해 볼 힘조차 상실했다. 물질의 사슬로부터 해방된다는 것, 뇌물에 넘어가지 않는 정신, 더 남성적인 초연함, 우리가 무엇을 가졌느냐가 아니라 무엇을 하느냐에 따라 받는 대우, 어느 순간이거나 얽매이지 않고 떠날 수 있는 권리, 더 활달하게 정돈된 상태, 즉 도덕적인 전투 태세의 구비—등이 무엇을 뜻하는지 물어볼 힘조차 잃었다. 우리들 이른바 상류층 인사들이 물질의 사악함과 곤궁에 당면하여 역사 속에서 한번도 놀라보지 못한 사람처럼 두려워 떠는 때, 집 한 채 마련되기까지 결혼을 연장하는 때, 저금을 하기 전에는 아이를 낳을 생각도 않고 손으로 일하는 것을 치욕으로 여길 때, 이때야말로 생각 있는 사람들이 그러한 남자답지 못하고 비종교적인 선입 주견에 반항할 때이다.26)

탁월한 사회 경제사가요 종교적인 이념과 경제 성장의 관계에 대한 권위자이기도 한 토니(R. H. Tawney)는 사회적인 부정의(不正義)에 깊이 관심했고 결국 돈에 대한 뿌리깊은 의구심을 표현하기에 이르렀다. 그는 이렇게 썼다.

현대 문명이 지고 있는 짐은, 흔히들 생각하듯이, 단순히 생산품

---

26) 『다양한 종교 체험들』(뉴욕, 1902).

의 부당한 분배나 그것의 전제적인 운용, 그것의 실용에 대한 극단적인 의견의 불일치에 있지 않다. 그것은 산업 그 자체가 인간사(人間事)에 있어 폭군적인 독재자의 위치에 앉아 있어 개인의 그 어떤 이익도, 생존에 필요한 최소한의 물질도 제 위치를 차지하지 못한다는 데 있다. 자신의 소화 과정에 너무 깊이 빠져 들어가 살기를 시작하기도 전에 자기 무덤으로 가는 우울증 환자처럼, 산업화된 사회는 부를 축적할 수 있는 수단을 총동원하여 부를 쌓으면서 그 부를 가치 있게 만드는 바로 그 주체인 인간을 부정한다.

경제 문제로 하여 생기는 이런 고정 관념은 그것이 불쾌하고 어지러운 것처럼 지역적이고 일시적인 것이다. 미래의 세대에는 17세기의 종교적인 토론이 오늘날 하찮게 보이듯, 이 모든 고정 관념이 우습게 보일 것이다. 실제로 그것은 그것이 관심을 두는 대상이 덜 중요하기 때문에 그만큼 덜 합리적이다. 그것은 모든 상처를 덧나게 하고 작은 생채기를 악성 궤양으로 만드는 독이다. 사회는 이 독이 제거되기 전에는 사회를 괴롭히는 산업의 특수한 문제들을 풀지 못할 것이다. 또한 사회가 산업 자체를 바른 안목으로 볼 수 있는 방법을 터득할 때까지 그러할 것이다. 만일 사회가 이 일을 하고자 한다면 먼저 가치 척도를 수정하지 않으면 안 된다. 경제적인 이익을 삶의 전체로 보지 않고 삶의 한 요소로 보아야 한다. 사회의 구성원 저마다에게, 불로소득의 기회는 자진하여 포기하도록 설득해야 한다. 너도 나도 불로소득을 노리는 사회는 열병에서 헤어날 수 없기 때문이다.[27]

---

27) 『이욕 사회』(利慾社會) (뉴욕, 1920), pp. 183f.

제5부

신앙을 위한 투쟁

싸우는 신앙

키르케고르와 코츠커는 종교의 본질이 전투라고 강하게 주장했다. 그것은 영적인 타성, 게으름, 무감각에 대한 싸움이라는 것이다. 사람이 종교적인 삶을 산다는 것은 반대자를 마주본다는 것, 위험을 받아들이고 도전한다는 것이었다. 그런 도전을 피한다든가 시류(時流)에 휩쓸리는 것은 철저하게 종교적인 삶을 살지 못하는 것을 뜻했다.

인간의 내면은 계속되는 투쟁이라는 전제를 인정한 코츠커는 자기-방어의 전략을 거부하고 인간의 인내력이 미치는 데까지 투쟁은 진전되어야 한다고 주장했다. 모든 결단은 의지의 결정에 따르는 것이어야 하는데, 그 의지는 주도권(initiative)을 차지하고 계속 잡겠다는 의지였다.

코츠커의 일생은 여러 방면에서의 극적인 전투였다. 그것은 자신과의, 자기 제자들과의, 그리고 하늘과의 싸움이었다. 그는 야곱처럼, 황혼녘으로부터 "동이 트기까지"(창세기 32:25) 하느님과 씨름했고 인간과 씨름했다.

극단의 개인주의에 입각했던 그는, 토라는 최종적으로 마무리된 것으로서 인간이 할 일은 맹목적인 복종일 뿐, 조사 탐구는 있을 수도 없는 일이라고 가르친 유다이즘에 반대했다. 코츠커는, 구전(口傳) 토라는 기록된 일이 없으며 맹목적인 복종보다는 이해와 토라의 말씀을 자기 것으로 삼는 것이 우선적으로 이루어져야 하고 토라에 대한 조사-연구는 반드시 있어야 한다고 노골적으로 말했다.

키르케고르는 모든 신자가 저마다 기독교 신앙의 핵심되는 사건인 성육신(incarnation)의 현재성을 느낄 수 있어야 하고 또 느껴야 한다고 말했다. 이와 비슷하게 코츠커도, 하느님과 이스라엘 사이의 계약 사건은 영원히 계속되는 사건으로 경험되어져야 한다고 말했다.

도약(跳躍)으로서의 신앙

의지를 우선적으로 강조하는 키르케고르의 교리는 터툴리안이나 파스칼의 영향을 받은 것일 가능성이 있다. 개인은 여러 가지의 실존 양식 중에 하나를 선택하는 것으로써 스스로 개인이 된다.

키르케고르 사상의 핵심은 각 개인이 하느님과 세상 사이에서 선택해야 하는 선택의 강조에 있다. 그리고 도덕적인 결단을 하지 않고 인간으로 실존하는 길은 없으므로, 그 결단은 영원히 계속되는 이것이냐, 저것이냐다.

키르케고르에 따르면 인간이 세상보다 하느님을 택해야 하는 데는, 어떤 규준도 논리적으로 납득시킬만한 이유도 없다. 그러나 만일 그가 계발된 인본주의나 쾌락을 택한다면 그는 알게 모르게 곧장 절망에 사로잡힐 것이다.

그 어떤 인본주의도 쾌락주의도 그렇게 탐구하는 마음을, 그렇게 괴로워하는 영혼을, 그렇게 엄정한 순수성을 만족시키지 못한다. "자살이야말로 순수한 사고(思考)의 가장 그럴 듯한 실존적 결론이다."1) 그런 사람에게 중심되는 문제는 하느님을 신뢰하거나 아니면 멸망하거나이다.

키르케고르는 기독교에 하나의 논리적인 정당성을 부여하려는 모든 시도를 본질적으로 비종교적인 시도라고 보았다. 왜냐하면 신앙의 대상은 절대 모순이요 마음에 대한 공격이므로, 신앙은 무엇을 이해하는 행위 또는 지식의 영역에 속한 것일 수가 없기 때문이다. 신앙은 다만 의지의 행위일 뿐이다. 신앙의 확실성은 논리적인 설명으로써가 아니라 "신앙의 도약"을 함으로써 이루어진다. 그리고 이 도약하는 모험은 단번에 모조리 이루어지는 게 아니라 계속 새로워져야 한다. 왜냐하면 그것에 대한 반발이 계속 솟아나기 때문이다.

지금은 유명해진 "신앙의 도약"이라는 은유로써 키르케고르는 묵상을 통하여 새로운 개념으로 부드럽게 옮겨가는 것 또는 점차적인 사유의 진화로 새로운 개념에 도달하는 것에 대한 자신의 반발을 강력하게 표현했다. 신앙은 계속, 점증적인 점근법(漸近法)으로가 아니라 의지의 결단으로 획득되는 것이다.

영혼의 즉흥적인 하느님 인식이 사유에 의한 하느님 인식보다 높은 자리에 있다. 진화론의 포로가 되어 세계의 모든 현상을 그 이론으로 풀이하려는 사람들이 좋아하는 점진주의 바깥에 신앙은 선다.

잘 다져진 오솔길은 수렁으로 통한다고 코츠커는 생각했다. 지루한 반복은 종교 신앙을 파괴시킬 위험을 안고 있다. 종교에 안이한 길, 단순한 요령은 있을 수 없다. 노력 없이 이루어지는 것은 아무 가치가 없다.

---

1) *Concluding Unscientific Postscript*, p. 273.

세계가 평평하고 모든 길은 수평으로 뻗는다고 주장하는 것은 치명적인 잘못이다. 중심되는 길은 수직으로 올라가거나 내려가거나 한다. 오르막길 아니면 내리막길이다.

유대에는, 만일 승리할 수 없거든 굴복하라는 속담이 있다. 코츠크에서는 이 속담이 바뀌었다. 만일 승리할 수 없거든 그래도 반드시 승리해야만 한다.

유대인이 된다는 것은 중대한 투기(投機)이다. 그것은 계속 언덕을 오르는 것이다. 단 한 발짝도 가볍게 디딜 수 없다. 진정으로 유대인의 삶을 살아가는 데는 우리가 아는 것보다 더 많은 어려움이 있다. 그럼에도 불구하고 주어진 사명은 계속 쌓이고, 휴식할 짬도 없이 "신앙의 도약"이라는 진통을 대가로 하여 발전이 이루어진다.

코츠커는 인간의 곤경을 이렇게 설명했다. 모든 영혼들이 하늘에서 사다리를 타고 땅으로 내려왔다. 그들이 일단 땅에 닿자 사다리가 옮겨졌다. 그런데 영혼들은 다시 올라오라는 명령이 하늘에서 떨어졌다. 거듭거듭 그들을 부르는 소리가 들려왔다. 그래서 그들은 사다리를 찾기 시작했다… 어떤 사람들은 포기하고 말았다. 사다리도 없이 어떻게 하늘을 오를 수 있겠는가?

그러나 그중에는 끝내 포기 않기로 결심한 영혼들도 있다. 그들은 하늘을 향하여 몸을 던지지만 떨어지고 만다. 그들은 다시 시도하지만 이윽고 그들도 투쟁을 포기하기에 이른다. 그래도 현명한 사람들은 주장한다. 사다리도 없고 대용품도 없지만, 우리는 명령받은 대로 해야 한다. 결과야 어찌되거나 우리는 계속해 위로 오르려 애써야 한다. 마침내 하느님께서, 그의 이름을 찬미할지라, 자비를 베푸사 우리를 당신께 끌어올리실 때까지. 인간은 하느님의 도움을 받을 자격이 있을 만큼 스스로 강한 모습을 보여 주어야 한다. 그러나 인간은 스스로 뛰어오르는 능력만으로 하늘에 닿을 수 없다. 다만 은총의 행위로 또는 하느님의 도우심으로 목적을 이룰 수 있는 것이다.

우리 자신을 노예로 삼는 이기주의로부터 자아를 극복하여 하늘을 위해 사는 것으로, 자신의 테두리 안에 속한 것만 이해하는 이성(理性)의 한계로부터 하느님 곧 인간 이성을 초월하시는 하느님께로, 이 세계의 현실 속에서나 제 기능을 발휘하는 감각 능력으로부터 하느님말고는 현실성을 발견하지 못하는 통찰에로, 한 계단 한 계단 올라가는 사다리는 없다.

인간의 마음을 초월하여 계심이야말로 하느님의 부인할 수 없는 속성이다. "더럽고 보잘것없는 한 인간이 이해할 수 있는 하느님이라면 나는 그를 믿을 수 없다"고 코츠커는 말했다.

그러므로 하느님께 자신을 온전히 의탁한다는 것은 "도약" 즉 인간의 피할 수 없는 자기-중심성을 일단 정지시키는 일을 요구한다. 키르케고르는 레싱(Lessing)에게서 도약 이론을 빌려 왔는데, 레싱은 우연히 발생되는 역사적인 진실은 영원한 진실의 증거가 될 수 없고 따라서 영원한 진실에 도달하기 위해서는 도약이 반드시 필요하다고 주장했다.[2] 그는 또 모세스 멘델소온(Moses Mendelssohn)을 인용하기도 했다.

> Zweifeln, ob es nicht etwas giebt, das nicht nur alle Begriffe uebersteigt, sondern völlig ausser dem Begriffe liegt, dieses nenne ich einen Sprung ueber sich selbst hinaus.[3] [모든 개념을 초월할 뿐만 아니라 개념 자체의 바깥에 존재하는 무엇이 있지 않겠는가라고 의심하는 것—나는 이것을 자신을 뛰어넘는 도약이라고 부르겠다.]

---

2) 위의 책, pp. 86ff.
3) 위의 책, p. 95.

코츠커의 신앙

코츠커의 목소리는—키르케고르의 그것과 마찬가지로—능력에 대한 깨달음과, 신앙이 인간 곤경에 대한 답이라는 확신의 공명(共鳴)이었다. 그러나 신앙은 그리 쉽게 획득할 수 있는 것이 아니었다. 그것은 오직 극단적인 영적 고뇌를 통하여 얻을 수 있다고 키르케고르는 말했다. 코츠커도 같은 생각이었다.

신앙을 지닌다는 것은 무엇을 의미하는가? 선조들의 좁은 길을 따르는 것인가? 교리를 그대로 실천하는 것인가? 그러한 단순한 신앙은 모든 종교의 등뼈이다. 아무튼지 유대인들은 수백 세대를 통하여 하느님의 존재에 대한 증거를 낳아 놓았다. 그러므로 누구든지 그들의 말과 그들의 신앙을 그대로 수용할 수 있다. 그러나 코츠커는 단순한 추종자가 되어 과거의 왕자님들이 남겨 놓은 영적인 부스러기들로 연명하는 것을 단호하게 거부했다. 손쉽게 받아들이는 것을 그는 좋아하지 않았다. 신앙이란 상속될 수 있는 것이 아니라 각 사람이 획득해야 하는 것이었다.

"야훼는 힘있게 나를 붙드시어 나를 살려 주셨다. 내 하느님이시니 어찌 찬양하지 않으랴. 나의 선조의 하느님이시니 어찌 우러르지 않으랴"(출애굽기 15:2). 첫 번째 사람은 "내 하느님이시니"라고 말할 수 있어야 한다. 그러면 뒷 사람이 "나의 선조의 하느님이시니"라고 덧붙일 수 있는 것이다. "내가 데리고 있는 하시드들 중에는 하늘을 가리키며, '이는 내 하느님이다!'라고 소리지를 수 있는 자가 있다"라고 코츠커는 말했다. 안이한 상태에 머무는 것은 신앙 생활을 거꾸로 뒤집어버리는 것이었다. 그러나 열심으로 사모하는 자들에게는 신앙을 획득하기 위한 부단한 노력이 달콤한 위안을 가져다 주는 노고와 같다.

코츠커는, 하느님을 아는 길(방법)은 얼마든지 있다고 믿었다. 유대인들은 매일 암송하는 예문에서 "땅은 당신들의 것들로 충만하도다"라고 되뇌인다. 여기 "것들"(*kinyan*)이란 단어에는 무엇을 자기의 것으로 만드는 수단, 취득 방법의 뜻도 포함되어 있다. 따라서 코츠커는 이 암송문에 세상은 하느님을 자기 것으로 삼는 길로, 하느님을 자기의 전유물로 삼는 방법으로 가득 차 있다는 뜻이 암시되어 있다고 보았다.

신앙을 획득하는 일은 그보다 먼저 노력과 통찰이 선행되어야 한다. 선구자만이 상속자가 될 자격이 있다. 코츠커는 젊어서부터 영적인 주도권의 중요성을 강조했다. 그의 스승인 렙 부남이 그에게 "멘들, 너는 너의 신앙을 어떤 근원에서 끌어내었느냐?"고 묻자 그는 이렇게 대답했다. "성경에 기록되어 있습니다. '눈을 들어 하늘을 쳐다보아라. 누가 저 별들을 창조했느냐?'"(이사야 40:26). 다른 말로 하면 신앙은 안에서 나오는 것이 아니라 우리의 눈을 들어 올림으로써 얻어지는 것이다. (주목할 만한 일로서 이 이사야서의 한 구절은 『조할』에서 상당한 분량의 명상의 주제가 되어 있다.)

렙 부남은 동의하지 않았다. 유대인들은 그들의 신앙을 세계와 창조로부터가 아니라 그들의 역사 안에서 일어난 사건으로부터, 노예에서의 해방으로부터 얻어냈다는 것이었다.

그래도 렙 멘들은 굽히려들지 않았다. 그는 개인의 탐구하는 통찰이 신앙에 이르기 위해 반드시 선행되어야 함을 거듭 강조했다. "선지자는 지금도 서서 외친다. '귀머거리들아, 들어라. 소경들아, 눈을 똑바로 뜨고 보아라'(이사야 42:18). 이것은 전적으로 네 자신의 능력 안에 들어 있다!" 이렇게 코츠커는 열을 올렸다.

"내 뜻을 깨치라"(예레미야 9:23 참조). 사람아, 게으름뱅이가 되지 말라. 나를 모른다고 핑계댈 구실은 없다.

하느님을 알라는 것이 격려가 아니라 명령이요 쾌락이기보다는 던져진 도전이라고 하더라도, 그것은 매우 중요하며 생명에 관계되는 긴급한 것이다. 코츠커가 공부하는 것을 소중히 여긴 까닭은 공부함으로써 힘을 얻고 우월하게 되기 때문이 아니었다. 깊은 차원에서 볼 때 우리가 많이 알면 알수록 그만큼 우리는 불안해진다. "지혜가 많으면 괴로운 일도 많고 아는 것이 많으면 걱정도 많아지는 법"(전도서 1:18).—"괴롭힘을 당하여라, 그리고 알아라."4)

뒤집혀져라 그리고 믿어라

신앙은 지식보다 깊다. 지식은 우리의 두뇌로 흡수되고 또 두뇌 안에 머문다. 신앙의 깨달음이 일어날 때에는 모든 지체가 떨리고 움직이며 온몸이 소용돌이 속에 휘말린다. 과학적인 지식을 습득했다고 하여 그의 인격이 변화하지는 않는다. 지식은 지식이고 자아는 여전히 자아다. 그러나 지금 여기 압도적으로 임재하시는 하느님을 체험할 때, 그 인간의 자아는 하나의 올가미가 되고 만다. 아무도 이 사실을 부인할 수 없다.

신앙은 자기-중심성이 끝나기 시작하는 것이다. "신앙을 갖는다는 것은 자기-사랑을 끊어버리는 것이다."라고 코츠커는 말했다. 그것은 우리가 자아에 속박됨으로써 타인의 집에 머물러 있다는 사실을 인정하는 것도 포함한다. 우리의 집은, 모든 것이 되며 우리를 감싸고 계신 그분과 더불어 사는 바로 그곳이다.

---

4) 이디쉬 격언, "Krenkn zolste un vissn zolste."

"나는 하느님을 믿는다"라는 말은 내가 하느님이 존재한다는 사실을 받아들인다는 뜻이 아니다. 이 글귀가 암시하듯, 나(I)가 먼저 오고 하느님이 그 뒤에 나오면 안 된다. 그 반대가 맞는다. 하느님이 존재하므로 내가 그를 믿을 수 있는 것이다.

어느날 렙 부남이 그의 제자인 렙 멘들에게 "신앙이란 무엇이냐?"라고 물었다. 자기 질문에 스스로 대답하면서 그는, 신앙이란 진실함과 순수함을 의미한다고 말했다. 하느님에 대해 시인은 "그 하시는 일 모두가 진실하다(*emunah*)"(시편 33:4)라고 말하고 있다. 그는 질서정연하게 행동하신다. 그의 행동은 그의 순수함에 바탕을 두고 있다. "야훼님 어지시다. 그의 사랑 영원하시다. 그 미쁘심 대대에 이르리라"(시편 100:5). 미쁘다는 것은 사적인 돈적으로 행위하지 않고 우리와 약혼하신 그분에게 충실한 심부름꾼으로서 행위하는 것을 의미한다.

"아침에 당신의 사랑을 알리며 밤마다 당신의 미쁘심을 전하는 일, 그보다 더 좋은 일 다시 없사옵니다"(시편 92:2). 밝은 아침에 찬양 노래 부르고, 외로운 밤에는 신앙을 품어야 한다. 이 말은 최악의 비참 속에서도 그분께 충성하는 것을 뜻한다. 우리에게 이 세상에서 슬퍼하고 애통할 이유가 있을 때면, 우리는 신앙에 의지할 수 있다.

다시 말하는데, 인간의 신앙은 하느님의 존재하심을 합리적으로 증명함으로써 생기는 것이 아니다. 코츠커는 그런 증명을 수립해 보려는 모든 시도를 잘라버렸다. 그리고 인간은 교리에 관한 논쟁 속에 휘말려들지 않을 수 없지만, 그럼에도 불구하고 신앙으로 살아야 한다고 주장했다. 그는 시편 37편 3절을 "고뇌 속에서 살아라. 그리고 신앙으로 살아남아라", 또는 "삶이 지옥같다 하더라도 신앙으로 살아남아라"5)라는 말로 풀었다.

모세는 "내게 당신의 영광을 보여주소서" 하고 기도했다. 그는 하느님의 현존을, 세계에서 일어나고 있는 일의 의미를 이해하려고 애를 썼다. 그가 응답받은 것은 다음과 같았다. "너는 내 얼굴은 보지 못하겠지만 내 뒷모습만은 볼 수 있으리라"(출애굽기 33:23). 땅 위의 모든 것은 인간 이성이 기대하는 것에 반하여 뒤죽박죽이고 마구 엉크러져 있는 듯이 보인다. 세계는 이성(理性)을 향하여 등을 돌려대고 서 있다. 하느님의 얼굴은 감추어져 있다.

『탈무드』에는 이런 말이 있다. "바빌론의 느부가느네잘 대왕이 하느님을 찬양코자 했을 때 한 천사가 오더니 그의 얼굴을 때렸다." 코츠커는 물었다. "그의 의도는 하느님을 찬양하려는 것이었는데 어째서 얼굴을 맞아야 했는가?" 그는 스스로 이렇게 대답했다. "너는 한편 왕관을 쓰고 있으면서 찬양하겠다는 것이냐? 어디 얼굴을 맞은 다음에 어떻게 찬양하는가 들어봐야겠다."

홀로 하나이신 그분을 믿기 위해 인간의 지혜를 물리칠 때 더 높은 신앙을 획득할 수 있다.

인간은 그의 노력만으로 신앙을 소유할 수는 없다. 신앙은 하느님의 선물이다. 아브라함에 대해 성경에는 이렇게 기록되어 있다. "그가 야훼를 믿으니 야훼께서 이를 갸륵하게 여기시어"(창세기 15:6). 아브라함은 하느님께서 갸륵하게 여기심으로써 자기가 하느님을 믿을 수 있게 되었다고 생각했다. 그는 자기의 신앙이 자기의 가슴에서가 아니라 하느님에게서 나온 것임을 알았다.

신앙이 이성의 손이 닿는 곳보다 한 수 높은 데 위치하는 만큼, 인간은 초인간적인 이해를 추구해야 한다. 가온(Gaon) 시대의 위대한 학자이자 저술가였던 사아디아(Saadia, 882~942)는 이성에 호소하는

---

5) 이디쉬 어로, *Lig in der erd, un pashe dikh mit emune*. 이 말은 키르케고르의, 인간은 칠천 길의 물 속 깊은 곳에 누워 있어도 자기의 신앙을 지켜야 한다는 말을 연상시킨다.

합리적인 계율과, 이론적인 의미는 인간에게 감추어져 있는 "복종의 계율"의 차이점을 분별했다. 이 복종의 계율에는 성경의 의식적(儀式的)인 율법이 포함되어 있다. 신학자들은 그것들의 존재 이유를 합리적으로 찾아내어 그것들을 합리적인 계율로 보이게끔 함으로써, 더 쉽게 받아들이고 복종하게 하고자 애썼다. 그러나 코츠커는, 종교적인 행위는 그것이 지적이기 때문에 수행되어야 한다는 주장에 이의를 제기했다. 신앙의 영역에서는 영적인 순종이 합리적인 이해보다 높은 데 위치하고, 따라서 영적인 순종이 합리적인 계율의 실천을 결정해야 한다고 그는 생각했다.

신앙을 인식론의 관점에서 설명코자 한 고전적인 유대 철학자들에 맞서서, 코츠커는 신앙을 전 인간의 상황이라는 관점에서 보고자 했다. 그는 신앙의 비신학화에 착수하여, 신앙을 갖는다는 것은 단순히 자기-사랑을 끊어버리는 것이라고 설명했다.

하시디즘의 역사에서 우리는 두 가지 형태의 신앙을 본다. 하나는 하느님께 대한 직접적이고 인격적인 접근이요, 다른 하나는 자기-중심성의 극복이다. 이 둘을 상호 연결시킬 방법이 있을까? 전자는 약속이고 후자는 도전이다. 전자는 놀람, 노래, 시(詩)에 의해 형성되고, 후자는 정밀한 자아-성찰과 끝없는 경계심을 유발시킨다. 여기서는 침묵만이 유일한 피난처이다.

만일 신앙이 자기 사랑을 무시할 수 있는 능력이라고 한다면 인간이 당면하게 되는 문제는 과연 그가 심리학적으로 그런 능력을 소유할 수 있느냐 하는 것이다. 그 반대로, 만일 신앙이 하느님께 대한 궁극적이요 인격적인 접근이라고 한다면 형이상학적으로 가능할까?

신앙은 수동태가 아니다. 말없이 받아만 들이는 것이 아니다. 다른 사람들과 더불어 어떤 원리들을 승낙하는 것만으로는 충분치 못하다. 신앙은 행동을, 도약을 요구한다. 그것은 관성(慣性)이 아니라 모험이다. 계속성보다는 용감한 독창성을 요구한다. 신앙은 언제까지나 신자의 용기에 달려 있다.

자아에 예속되어 있는 자가 자기-사랑을 끊어버릴 수 있을까? 코츠커는 그런 조건이 요구하는 인간 본성의 날카로운 붕괴를 인식했다. 그래서 신앙은 도약을 내포하고 있다고, 늘 자신을 버텨주고 있던 동기들을 뛰어넘는 도약을 내포하고 있다고 말했다.

다음과 같은 증언이 기록되어 있다.

> 토마소프에서 레뻬로서의 생애를 시작하던 무렵 렙 멘들은 자주 우리를 데리고 숲 속에 들어가 열 시간쯤 조금도 어조를 늦추지 않고 이야기를 하여 우리를 자기의 사상으로 푹 적셔 놓았다. 그래서 우리들은 너 나 할 것 없이 모두 넋을 잃고 무아경에 빠지곤 했다… 그 일을 견뎌내기 위해서는 상당히 굳세어야 했다. 그의 말은 한 마디 한 마디가 엉뚱했고 팽팽했고 뜨거웠다. 그리고 돌같은 심장을 가진 자라도 완전히 빨려들어 포로가 될 정도로 정열적이었다.

보통 사람들은 자신에게 영향을 끼칠 더 특별하거나 놀라운 일들을 찾아 헤맨다. 코츠커는 모든 곳에 있는 모든 것이 자신에게는 놀라움이라고 강조했다.

> 렙 멘들의 친구였던 보르키의 렙 이츠악이 한번은 렙 모텔레가 가르침을 베풀고 있는 체르노빌을 다녀왔다.
> "거기서 무엇을 보았는가?" 하고 코츠커가 물었다.
> "체르노빌에서 나는 바알 셈이 사용하던 책상을 보았네."
> "자네는 백 년 된 책상을 보았군. 우리의 레뻬께서는 약 6천 년 된 것을 가르치시고 누가 그것을 만드셨는지 보여주시는데."
> 코츠커는 말을 계속했다. "카발리스트의 전승에 따르면 우스피진

(*ushpizin*)—일곱 신비스런 손님들, 아브라함, 이사악, 야곱, 모세, 아론, 요셉 그리고 다윗—이 장막절의 이렛 동안 임시로 가설된 오두막을 방문한다네. 어떤 레뻬들은 직접 눈으로 오두막 안에서 우스피진을 본다고 말하지. 나는 그들을 보지 못하네만 믿어. 그리고 믿는 것이 보는 것보다 더 지각력이 예민하다네."

"이스라엘 사람들은 야훼께서 그 큰 팔을 펴시어 이집트인들을 치시는 것을 보고 야훼를 두려워하며 그의 종 모세를 믿게 되었다"(출애굽기 14:31). 이집트에서 일어난 기적과 홍해에서 일어난 놀라운 일을 보긴 했지만 여전히 그들에게는 신앙이 부족했다. 왜냐하면 믿는 것은 보는 것보다 더 깊은 곳으로 내려가야 있기 때문이다.

한 찰나의 놀람이 역사의 모든 기적을 목격하는 것보다 더 값진 일이다. 이스라엘 백성에게 믿음의 힘을 부여한 것은 이 놀람의 체험이었다.

우리의 심장은 믿음 속에 파묻혀 있어야 한다. 우리가 바라야 할 것은 다만 깊은 통찰을 통하여 진리 그 자체와 상면하는 것이다. 반쯤 각성된 견해와 반쯤 익힌 진리 정도로 만족해서는 안 된다.

신앙과 이성

『잠언서』와 『벤 시라』(집회서)에서는 이해(理解)가 중요하고 필수적인 덕목으로 칭송받는다. 지혜는 도덕적인 선과 동등시되고 하느님께서 맨처음 창조하신 것(잠언 8:22ff.)으로 되어 있다. 그러나 지혜의 역할과 지혜를 얻을 가능성에 대한 보류가 『잠언서』를 비롯해서 성경의 곳곳에서 발견된다. 특히 "아굴의 잠언"(30:1—4), 『욥기』 28

장, 『전도서』에서 발견된다. 현대의 자유주의적인 사상에서 흔히 시도되는 유다이즘과 합리주의를 같은 것으로 보는 것은 잘못이다. 많은 저술가들에 의해 고전적인 합리주의자로 칭송받는 마이모니데스조차 이성만의 탐구가 지니고 있는 한계성을 거듭거듭 강조했다. 그가 사용하는 "이성"이란 용어가 지니고 있는 의미 자체가 그를 현대 합리주의에서 구분시킨다.6)

반면에, 우리는 때로 비합리성을 모든 사물의 궁극적인 원리로 보는 철학과 신학의 흐름과 만난다. 이것은 명백히 유다이즘에는 낯설다.

코츠커는 논리적인 또는 합리적인 사고(思考)의 가치를 부인하지 않았다. 그는 열심히 『탈무드』를 공부할 것을 강조했고 스스로 그 방면에서 존경받는 스승이기도 했다. 그는 탈무드 연구에서 배양되는 이론 작업을 영적인 정화(淨化)와 떼어놓을 수 없는 것이라고 추켰다.

그와 전적으로 다른 상황 속에서, 키르케고르도 합리주의의 횡포에 항거했다. 20세기의 그의 제자인 미구엘 데 우나무노(Miguel de Unamuno)는 이렇게 말했다.

> 엄밀하게 말하여, 진리란 이성이 삶의 원수라는 것이다. 무서운 것은 지성이다. 지성이 죽음을 지향하는 것은 추억이 고정(固定)을 지향하는 것과 같다. 철저하게 유동적이고 철저하게 개별적인 삶은 엄밀히 보아 비지성적이다. 논리는 모든 것을 정체(正體)와 유(類)로 환원시키려는 경향이 있다. 어느 때 어느 곳에서 어떤 식으로 우리에게 일어나든지 하나의 단순하고 똑같은 내용을 지닌 것으로 만들려 하는 것이다… 인간의 마음은 죽어 있는 것을 찾는다. 왜냐하면 살아있는 것은 그것을 피하기 때문이다. 그것은 얼음산 밑에 흐르

---

6) A. J. 헤셸, 『마이모니데스』(베를린, 1935; 파리, 1936)

는 개울을 얼리고자 한다. 그는 그것을 사로잡으려 한다. 육체를 분석하기 위해 육체를 파멸시키거나 멸시하지 않으면 안 된다. 무엇인가를 이해하려면, 그것을 죽이고 가혹하게 그것을 마음 바깥으로 몰아내어야만 한다. 과학은 비록 그것으로부터 삶의 필요를 충족시킨다 해도 죽은 생각들의 묘지일 뿐이다. 구더기는 송장으로 연명한다. 내 영혼 깊은 곳에서 설레며 소용돌이치며 솟구쳐 나온 내 사상도 일단 마음의 뿌리에서 떨어져 나오면, 그래서 이 종이 위에 쏟아 부어져 다시 바꿀 수 없는 모양이 이루어지면, 이미 그것은 사상의 송장이 된 것일 뿐이다. 하물며 어떻게 이성이 생명의 계시에다 그 문을 열 것인가? 그것은 비극적인 전투이다. 이 삶과 이성의 전투야말로 비극의 핵심이다. 그리고 진리란? 진리란 살아내는 무엇인가 아니면 알아내는 무엇인가?[7]

코츠커와 키르케고르가 반대한 것은 이성의 활용이 아니라 이성의 남용과 과신이었다. 그들은 결코 신앙의 행위에서 지성을 전적으로 배제시키지는 않았다. 키르케고르는 철학적인 이상주의와 범신론을 반대했는데, 그것들이 신앙을 이론 작업으로부터 유출해 낼 수 있다고 주장했으므로 반대했다. 이성의 기능은 신앙의 대상을 설명하는 데 있지 않고 인간을 이끌어 신앙을 위한 준비를 하게 하는 데 있다.

"반대해야 할 것은 다만 지성이다. 아마도 이 때문에 나는 지금 방대한 지식으로 무장하고 있는 것이다." 이렇게 키르케고르는 자기 자신에 대해 말했다.[8] 그는 이성의 한계성을 지적하기 위해 이성을 활용했다. 이성은 실존의 애매성을 포함한 영원한 진리들을 드러내

---

7) 『삶의 비극적 감각』(런던, 1921), p. 90.
8) 『일기』, 1854, (드루 판), q 1335.

어 밝힐 수 있다. 또, 존재의 객관적인 물음들을 차분하게 상대할 수도 있다. 그러나 실존의 문제들과 더불어 씨름할 수는 없다.

인간 본성 안에는 자기 분수를 모르는 주제넘음이 숨어 있다. 이성의 힘을 포함하여, 인간의 모든 힘이 오염되어 있다. 그런 오염과 무례함이 자리를 잡으면 반드시 그것을 견제해야 한다. 키르케고르는 말했다.

> 만일 사상이 상상을 비난하여 말한다면 상상도 사상을 비난하여 말한다. 감정과도 마찬가지다. 문제는 어느 한쪽을 높이기 위해 다른 쪽을 낮추는 데 있지 않고 이 둘에게 같은 위치를 부여하여 동시 존재로서 조화와 일치를 이루게 하는 데 있다. 이것이 우리가 해야 할 일이다. 이 둘이 하나될 수 있는 매개점은 실존이다.9)

코츠커 역시, 유다이즘이 인간의 이해력을 최대로 활용할 것을 요구하고 있다고 주장하면서 우리에게 자신의 내적인 삶을 조사-검토하지 않으면 안 된다고 했다. 만일 이해하는 일에 실패를 한다면 모든 순종이 단순한 습관으로 변한다는 것이었다. 한편으로 그는 유대교 신앙의 중요 교리에 대한 사변을 일축시켜 버리면서 토라와 자기 자신을 이해하기 위해 이성을 활용하라고 권고했다. 나아가서 그는 『탈무드』 안에서 발견되는 모순점이 변증법적인 주석으로 풀이되듯이, 인간을 향한 하느님의 신비스럽기만 한 정의(正義)에 관해 우리를 당혹케 하는 문제들도 끝에 가서는 풀이될 것이라고 확신했다. 하느님의 심판을 그 누구라도 완전히 이해할 수는 없다. 하느님의 길은 그 끝을 알 수 없다. 왜냐하면 그 길의 시작이 그의 지혜에서 비롯되기 때문이다.

---

9) *Concluding Unscientific Postscript*, p. 311.

키르케고르의 신앙

키르케고르는 그의 『철학적 단편』(*Philosophical Fragments*)과 『후기』(*Concluding Unscientific Postscript*)에서 인간 역사를 하느님의 뜻이 드러나는 하나의 지적인 계획으로 보는 헤겔의 주장을 공박했다. 어떤 인간이 그런 지식을 구비한 것처럼 꾸민다는 것은 가소로운 일이라고 그는 말했다. 왜냐하면 그런 것을 알기 위해서는 먼저 하느님이 되어야 하기 때문이다.

> 이성(理性)이 과연 어떻게 이성과 절대적으로 다른 무엇을 이해할 수 있겠는가? 당장 이 사실이 판명되지 않는다 해도 그 결과를 보면 더 분명해질 것이다. 만일 하느님이 전적으로 인간과 같지 않다면 인간 또한 전적으로 하느님과 같지 않은 것이다. 그런데 어떻게 이성이 이것을 이해하리라고 기대할 수 있는가?⋯ 하느님이 그와 같지 않다는 것을 아는 데도 인간은 하느님의 도움을 받아야 한다. 그래서 이제 그는 하느님이 그 자신과 전적으로 다른 분이심을 깨닫는 것이다. 그러나 하느님과 인간이 전적으로 서로 다르다고 해서 그것이, 하느님에게서 인간이 떨어져 나왔다는 주장의 근거가 되어서는 안 된다. 왜냐하면 하느님과 인간은 어쨌든 동류(同類)의 존재이기 때문이다.10)

하느님의 존재를 이론적으로 증명해 보려는 모든 시도에 대해 키르케고르가 반대한 것은 "이성과 전적으로 다른 무엇을 이해하려는" 이성의 시도가 불가능한 것이기 때문이었다. 그뿐만 아니라, 무엇보

---

10) 『철학적 단편』, 1845, 데이빗 스웬슨과 하워드 V. 홍 역편(프린스턴, 1962), pp. 57f.

다도, 그런 시도가 내포하고 있는 교만이라는 속성 때문이었다.

> 왜냐하면 현존하는 한 인간의 존재를 증명한다는 것은 가장 철면피한 모독이기 때문이다…왕의 존재는 그에 대한 복종과 굴복으로 드러나 알려지게 마련이다. 그의 장엄한 현존 앞에 선 인간이 도대체 그의 존재를 증명하기 위해 무슨 일을 할 것인가?11)

키르케고르는 하느님의 존재에 대한 전통적인 증명을 모두 거부했고 신앙을 위해 지적인 확인이 필요하다는 주장을 일축해 버렸다. 이성에서 신앙에로 직접 옮겨가는 통로는 없다. "신앙은 이성에 반(反)하여 그 위에 있다." 이론적인 이해와 신앙을 통한 지식 사이에는 깊은 구렁이 있다. "이성은 신앙이 믿는 것을 움켜잡을 수 없다." "하느님과의 관계에서 내가 해야 할 일은 다만 나의 한정된 이해를 포기하는 것을 배우는 일이 있을 뿐이다." 인간은 신앙 속으로 역설적인 도약을 하여 하느님의 실존적인 현존 앞에 무릎꿇을 따름이다.

따라서 키르케고르에 의하면 신앙은 모험과 위험, 선택과 결단의 속성을 지녀야 한다. 코츠커도 하느님을 믿는 삶을 살려면, 그 삶 속으로 뛰어 들기 위해 위험과 포기를 각오하라고 명령했다. 하느님의 길은 인간의 지각 능력을 훨씬 웃돌기 때문이다. 렙 멘들은 시편 14편 2절을 다음과 같이 풀어 읽었다. 합리주의자(*maskil*)가 과연 하느님을 찾을 수 있는가? 신앙은 사유로써 얻을 수 없는 것. 유대인의 신앙은 행위에서, 계명을 지켜 그대로 사는 삶(*mitzvah*)에서 나온다.

믿음이란 어떤 생각을 믿는 게 아니다. 그것은 논쟁의 대상이 될 수 없기 때문이다. 믿는다는 것은 장애물에 맞서 싸우는 것이며, 논박에 맞서 논박을 거부하는 것이고 곤경을 받아들이는 것이다.

---

11) 『후기』, p. 485.

제6부

인격

소외

여기에서 언급되고 있는 "소외"(疎外)라는 용어는 그의 목표 지점과 가치관이 당시의 사회에 통용되던 것들에서 벗어나는 개인의 상황을 일컫는다. 허만 멜빌(Herman Melville)이 자기는 자기 시대의 이방인이었다고 말했을 때 그가 뜻한 것은 그의 이웃 사람들에게 중요하고 흥미 있던 것들이 자기에게는 하찮았다는 것이었다. 그와 반대로 그에게는 대단히 중대하고 값진 것들이 그를 둘러 싼 사람들에게는 별 관심거리가 되지 못했다.

만족스런 인간 관계는 동등한 가치관을 갖고 비슷한 안목을 소유하는 데 달려 있다. 그러나 코펜하겐에 그 누가 있어 키르케고르와 함께 당시 편만하던 종교적인 분위기의 천박성에 대해 분노했던가? 키르케고르와는 달리, 제자들과 숭배자들에 둘러 싸여 있으면서도 코츠커 역시 더불어 이야기할 사람이 없다고 불평했다. 그래서 두 사람은 말년에 이르러 그들의 길이 홀로 가는 길이었음을 체득하기에 이르렀다. 그들은 둘 다 외로웠다.

소외는 고대 이스라엘 예언자들의 생애에 영향을 준 상황이었다.

시인의 다음과 같은 절규에서도 우리는 소외의 표현을 찾아볼 수 있다. "땅 위에서 나그네인 이 몸에게 당신의 계명을 숨기지 마소서"(시편 119:19).[1]

우리는 코츠커의 생애가 키르케고르의 생애와 마찬가지로 길고 고통스런 자기-심문(自己審問)이었다는 인상을 받는다. 두 사람은 마치 자기 몸 밖에서, 자기 내부에 일어나고 있는 것들을 감시하고 조사하며 살아간 것 같다. 그들은 쉽게 긴장했고 예민한 지각 능력을 소유했으며 불굴의 투지로 싸웠다. 그들에게는 가볍게 또는 장난기로 다룰 문제들이 없었으며 언어를 마치 대장간의 큰 망치처럼 사용했다.

키르케고르가 자기 자신에 관해 기록해 놓은 다음과 같은 말은 코츠커에게도 그대로 적용될 수 있을 것이다.

> 나는 한번도 직접성(immediacy)[2]을 가져 본 적이 없다. 그러므로 흔히들 하는 말을 빌려 말한다면, 나는 한번도 살아본 적이 없다. 나는 곧장 반성부터 시작한다.… 나는 처음부터 끝까지 반성이다.[3]

"조사하여 알아봐야 한다"(레위기 19:20)는 성경의 말은, 코츠커에게 중심되는 명령이었다. 그리고 자아는 그 조사의 가장 중요한 대상이었다. 그가 한 말의 대부분은 자기-훈련을 권하는 것이거나 자기-

---

1) 멜빈 시멘의 "소외의 의미에 관해"를 읽으라. *Journal of the American Sociological Association*, 1959년, 12월호, pp. 783-91. 고대 이스라엘 예언자들의 소외에 관해서는 A. J 헤셀의 『예언자들』(뉴욕, 1962), pp. 17-18, 408을 보라.
2) 키르케고르는 이 용어를 상대적으로 반성을 모르는 감각적인 삶을 뜻할 때 사용한다.
3) "관점," p. 81.

심문의 결과였다.

키르케고르는 이 요청을 강력하게 주문했다.

> 그대 자신을 심문하라—그대에겐 이 일을 할 권리가 있다. 반면에 자아-심문 없이는 그대에게, 자신을 "다른 사람들"의 눈에 어리둥절한 존재가 되게 하거나 스스로 나는 기독교인이라고 잘못 알 권리가 없다. 그런즉 그대 자신을 심문하라.4)

키르케고르는 자기 강좌의 한 제목을 "자기-심문을 위해"라고 했다.

존재하는 모든 것이 코츠커를 불안하게 만든 것 같다. 그에게는 충분히 선하거나 충분히 진실한 것이라곤 없었다. 세계로부터 격리되어 있는 자신을 깨달으면서 그의 사고뿐만 아니라 다른 사람들과의 관계도 크게 영향을 받았다. 그는 순응이나 용납을 몰랐다. 그는 다만 그의 주변에서 살고 있는 인간들의 행동 양식에 도전하여 싸우는 일밖에 몰랐다. 모든 것이 종교적으로 경건한 기대에 어긋나 보였고 심지어는 반발도 했다. 그것은 그의 내부에 혐오감, 당혹감, 불안감을 일으켜 마침내는 이 세계가 그에게 접근하지 못하도록 어떤 전략을 수립해야 할 지경에 이르게 했다.

키르케고르는 이 고통스런 조건을 다음과 같이 인상적으로 설명했다.

> 나의 생은 바야흐로 "막다른 골목"에 이르렀다. 나는 살아 있다는 것이 싫다…사람은 자기가 있는 땅이 어떤 땅인지 냄새를 맡아 알고자 손가락으로 땅을 찌른다. 나는 실존 안에 손가락을 찔러 봤

---

4) 『기독교 훈련』, p. 42.

지만 아무 냄새도 나지 않는다. 나는 어디에 있는가? 세상이라 불리는 이것은 무엇인가? 이 말의 뜻은 무엇인가? 나를 유혹하여 하나의 사물이 되게 하고 그냥 거기에 버려둔 채 달아난 그는 누구인가? 나는 누구인가? 어떻게 나는 이 세상에 오게 됐는가? 왜 나는 스스로 검토되지 않았는가? 왜 나는 이 세상의 습관과 방법에 익숙하지 못한가? 어떻게 나는 사람들이 현실이라고 말하는 이 거대한 광고에 흥미를 끌지 못하는가? 왜 그것에 흥미를 느껴야 하는가? 그것은 자발적인 느낌, 관심이 아닌가? 그리고 만일 내가 억지로 거기에 가담해야 한다면 방향을 가리키는 자는 어디 있는가? ―나의 이 불만을 지니고 어느 쪽을 바라보아야 하는가?5)

"세계가 악취를 풍긴다!"고 코츠커는 소리질렀다. 아마도 그는 키르케고르가 "온 유럽이 지향해 가고 있는 전적인 붕괴"6)라는 말로 표현한 것을 미리 내다본 듯하다.

우리 시대의 인간들에게도 렙 멘들의 부르짖음은 과장으로 들리지 않는다. 인간의 거짓에 대한 그의 고뇌는 한평생 회복되지 못한 그의 우울증이었다. 키르케고르와 마찬가지로 그도 자기 주변의 세계를 질병과 사물의 진부함으로 인해 고통받는 실체로 보았다. "자아와 세계 사이에는 이 둘을 뿌리부터 갈라놓는 틈과 근본적인 소외"가 있다.7) 이 말은 코츠커의 불안 상태와 끝없는 긴장 상태를 설명해 준다. 그의 생애는 종교적인 두려움으로 가득 차 있었다. 그에 견주어 볼 때 다른 사람들의 생애는 평온 그 자체와도 같다.

---

5) 『반복: 실험 심리학의 한 에세이』, 월터 라우리 옮김(프린스턴, 1941), p. 114.
6) 라우리, 『키르케고르』, p. 157에서 인용.
7) 톰프슨, 『고독한 미로(迷路): 키르케고르의 익명 저작들』(카본데일, 1967), p. 31.

키르케고르는 이렇게 썼다.

> 천재들은 뇌우(雷雨)와 같다. 그들은 바람을 거스르고 사람들을 전율케 하며 공기를 맑게 한다.
> 기성 교회는 가지각색의 피뢰침을 만들어냈다.8)

코츠커와 키르케고르는 뇌우였다. 오늘날까지도 그들의 말은 위험 경고를 발하고 있다.

> 젊었을 때부터 줄곧 나는 매 세대마다 한 사람 혹은 두 사람 정도가 남은 사람들을 위해 희생된다는 생각으로 마음이 설레었다. 그들은 나머지 사람들에게 유익한 무엇을 두렵고 떨리는 마음으로 발견하는 것이었다. 그리고 참으로 유감스런 일이지만 나는 자신이 바로 그들 중의 하나라는 생각으로 존재하고 있음을 발견했다.9)

이러한 마음의 폭발적인 힘과 불꽃으로 타는 기질의 분출은 견뎌 내기가 쉽지 않았다. 그들은 사물을 꿰뚫는 통찰력 때문에 치러야 하는 대가로서 영문모를 불안 상태에서 헤맸다. 코츠커는 동시대의 이방 나그네같은 느낌을 벗어날 수 없었다. "내 영혼은 성전이 허물어지기 전부터 있었다", "나는 오늘의 인간이 아니다"라고 그는 말했다. 그래서 말년에 운둔 생활로 들어가 묵상으로 날을 보내면서 아주 가끔 그의 축복을 받고자 몰려오는 수많은 군중을 받아들이곤 했다. 키르케고르 역시 "낯선 사람들이 낯선 말을 하며 낯선 관습으로 살아가는 땅에 찾아 온…나그네"10)처럼 보였다.

---

8) 『"기독교 세계"에 대한 키르케고르의 공격』, p. 182.
9) 라우리, 『키르케고르』, p. 181에서 인용.

두 사람은 모두 자신이 특별한 존재로서 특수한 기능을 충분히 발휘해야 한다고 생각했다. 키르케고르는 자기에게 부과된 일이 "절대자를 소개하고… 경종을 울리는 것"이라고 믿었다. 같은 말을 코츠커에게 할 수도 있을 것이다.

두 사람 다 자신의 내적인 삶과 그들을 둘러 싼 세계 사이의 깊은 구렁을 깨닫고 가만 있을 수가 없었다. 코츠커의 평생은 끝없는 반항, 이의(異議), 거부에 기초한 것이었다. 그는 점잖은 태도와 사고방식, 사람들의 허풍과 뜻깊은 관심으로부터의 회피를 문제삼았다. 이 능력있는 인간들의 내면은, 우리의 피흘리는 세계에 따라붙어 괴롭히는 모든 거짓과 진실의 거창한 싸움 바로 그것이었다.

코츠커는 인간의 내면, 순응과 복종에 초점을 모음으로써 전 인간적으로 변모되어야 하는 절박함을 베일로 가린 다른 사상가들보다 더욱 종교적인 의미에 접근했다. 그러나 그의 사상이 환기시킨 경이(驚異)에도 불구하고 그는 삶의 모범이 될 수는 없다. 사람이 스스로 고문하면서 사는 것이 하느님의 뜻은 아니기에.

노이로제

까다롭고 위압적인 인물이었던 코츠커는 유대 신학사(神學史)의 한 페이지에 그 이름이 오르거나 종교적인 과격론자들 중 하나로 기억되는 것 정도로 만족할 수 없다. 그는 순수한 존재로 돌아와, 정신적인 거짓 안락에 빠져 있는 우리를 고통스럽게 둘러엎는다.

물론 우리는 그가 "비정상적인" 괴짜였다는 심리적 분석을 내세

---

10) 『삶의 길의 단계』, p. 290.

움으로써 어느 정도 그의 영향력을 중성화(中性化)시킬 수 있을 것이다. 그는 젊어서부터 우울증의 발작으로 고통을 받았다. 루블린의 선견자 렙 야코프 이츠악도 이 사실을 간파했다. 그리고 코츠커 자신도 이 증세를 감추어보려고 애를 썼고 우울증은 종교인에게 있을 수 없는 것이라고 거듭 강조했지만 끝내 그는 우울증을 억제할 수 없었다.

키르케고르도 자신의 유년기를 포함하여 청년 시절에 두꺼운 우울증의 구름을 어찌 할 수 없었다고 했다. 아버지와의 관계가 그의 성격 형성에 강한 영향을 끼쳤다. 코츠커도 영적인 문제에서는 자기 아버지의 충고를 공개적으로 무시해 버렸다.

아아! 일반적인 편견이야말로 얼마나 상처를 잘 입히는지. 천재들은 심리적인 분석의 대상이 됨으로써 그 명성에 먹칠을 입는 것이다. 천재는 광기(狂氣) 때문에 괴롭힘을 받는 적이 자주 있다. 그러나 우리는 무엇을 기준으로 삼아, 코츠커나 키르케고르의 사상 가운데 어떤 것이 그들의 천재성에서 나온 것이고 어떤 것이 광기의 산물인가를 결정한 것인가? 창조적인 통찰이 과연 "정상적"인 삶에서 싹틀 수 있는가? 그들의 삶의 현실이었던 심리학적인 틀이 그들의 가치를 평가하는 기준일 수 있는가?

만일 그토록 견딜 수 없는 긴장에 사로잡힌 삶이 지극히 정상적인 상태에 안주했다면 그것이야말로 이상한 일이었으리라. 그리고 정신 착란 상태에 휩쓸려 들어가지 않기 위해서는 보통 이상의 힘이 요구되었다.

우울증이란 광증(狂症)의 한 증세인가, 아니면 이른바 정상적인 사회라고 불리는 것을 사로잡고 있는 광증을 보고 깊은 불안에 빠져 있는 상태를 말하는 것인가? "오, 나의 영혼아. 어찌하여 낙심하고 어찌하여 내 속에서 불안하냐?"(시편 42:11)

우울증은 그 등급과 질에 따라 종류를 나눌 수 있다. 마음의 기능을 제대로 발휘 못할 정도의 압박받는 상태에서 생기는 우울증은 침울하게 명상에 잠긴다든가 슬픔을 삭이는 것과, 그것들이 아무리 심각한 정도에 이르러 있다 하더라도, 같을 수 없다. 사람은 개인적인 욕구 불만이나 자기-멸시 감정으로 풀이 꺾일 수도 있고 또는 세상 돌아가는 일에 절망감을 느껴 헤어나지 못하는 수도 있다.

키르케고르와 코츠커는 둘 다 정신 질환에 시달림을 받았고 그들의 사상에는 그 정신 질환의 영향을 받은 부분도 상당히 있었다고 하겠다. 그러나 바로 그 때문에 그들은 사회의 거짓을 꿰뚫어 보고 진리가 묻혀 있는 곳을 지적해낼 수 있었다. 어쩌면 그들은 남이 겪어야 할 고통을 대신 겪었고, 그것이 그들로 하여금 오늘 우리를 괴롭히는 질병의 고뇌를 표출하지 않을 수 없게 만들었다. 그들의 증세는 개인의 특수 체질에 따른 것이 아니었다. 그것은 여태껏 숨겨 있던 우주적인 증세가 밖으로 나타난 것이요 질식되어 묻혀 있던 진실이 부활한 순간이기도 했다.[11]

코츠커와 키르케고르는 심리학자들에게 도전을 준다. 다른 사람 같으면 이상한 행동을 하는 미치광이가 되었을 텐데 이 두 사람에게서는 오히려 그것이 섬광처럼 빛나는 깨달음을 가져다 주었다.

한 권위 있는 학자에 따르면, 키르케고르를 괴롭힌 것은,

> 조울증이라는 병으로서, 평상시에는 그 증세가 나타나지 않다가 때로 극단적인 위기를 겪게 되는 병이지만, 그를 완전히 굴복시킨 적은 한번도 없었다. 이 병의 특성은 갑자기 지나치게 기분이 들뜨거나(躁狂) 의기 소침하거나(憂鬱) 또는 이 두 증세가 번갈아 거듭되

---

11) 키르케고르는 이렇게 썼다. "삶의 수수께끼를 풀어내는 것이 늘 나의 소망이었다… 나는 정신 병원에 가서 광중의 심연(深淵)이 내게 삶의 수수께끼를 풀어주지 않는지 알아보고 싶다." 톰프슨의 『고독한 미로』, p. 53을 보라.

는 것이다. 키르케고르는 특히 의기 소침형이었던 듯하다. 그래서 깊은 불안감과 슬픔, 분노의 감정…에 젖어 군중을 두려워하고 홀로 있는 것을 갈망했다.12)

각자의 차이점을 감안하여(*Mutatis mutandis*)—이 진단은 코츠커에게도 적용될 수 있을 것이다.

두 사람은 자주 모든 인간으로부터, 모든 사물로부터 떨어져 있고 싶은 절망적인 바람(望)에 사로잡히곤 했다. 키르케고르는 1837년의 어느 일기에 이렇게 기록하고 있다.

나는 더 이상 이 세상과 더불어 말하지 않겠다. 이미 말한 것까지도 할 수 있으면 잊어버리겠다. 나는 단 한 사람과도 말하는 일 없이 오십 평생을 살고 죽은 사람에 관한 글을 읽은 적이 있다. 나도 그와 같이 하리라. 그리고… 세상과 한바탕 싸우고 나서 죽으리라. 아니면 아무도 내 말을 알아듣지 못하고 나 또한 그들의 말을 알아듣지 못하는 곳을 찾아가리라. 거기서 뉘른부르크 거리의 카스파르 하우저처럼 —도대체 어찌 된 영문인지를 모른 채—서 있겠다….

아니다, 나는 이 세상을 떠나지 않겠다. —나는 정신 병원에 들어가리라. 들어가서 정신병의 심연이 나에게 삶의 비밀을 드러내 보여주는지 않는지 살펴보리라. 오, 왜 진작 오래 전에 이 일을 하지 않았던가? 어리석구나. 오래 전에, 인디언들이 정신병을 명예롭게 생각하고 그들을 위해 만들어진 길을 벗어날 때 그것이 무엇을 의미하는지 이해했어야 한다. 그렇다, 정신 병원으로 가는 거다—내가 그리로 가지 못할 것이라고 생각하지 말아라.13)

---

12) 레기스 졸리베, 『키르케고르 입문』, W. H. 바버 옮김(런던, 1950), p. 69, 얄마 헬베그에게서 인용.
13) 『역설의 개념』, "역사적 서문," pp. 22ff에서 인용.

코츠커는 실제로 세계로부터 은퇴하여 그의 생애 마지막 20년을 혼자서 살아냈다.

가시돋친 말

코츠커가 제자들에게 사용한 독특한 교수법은 가르치거나 교화하는 것이 아니라 충격을 주고 놀라게 하고 공포심을 갖게 하는 것이었다. 공공연히 『탈무드』를 깎아내리고 친구들을 당황케 한 이 방법을 계속 사용함으로써 그는 키르케고르의 표현을 빌려, "공포에서…신앙에 이르는 엄격한 교육"14)의 중요성에 대한 자기의 확신을 표현했다.

> 공포를 아는 것을 배우는 일은, 파멸에 떨어지지 않으려는 자가 당면해야 하는 모험이다. …그러므로 공포를 바르게 아는 것을 배운 사람은 가장 중요한 것을 배운 셈이다. …공포가 클수록 사람은 위대하다. …공포는 자유의 가능성이다. 오직 이 공포만이 신앙의 도움을 받아 사람에게 교육적이다. 모든 한정된 목적을 불태워버리고 그 속임수를 밝혀내는 것이다.15)

코츠커는 제자들의 자기-주장을 꺾어버리고 세계로부터의 격리를 강화시키기 위한 효과적인 수단으로 공포를 이용했다. 키르케고르의 『불안의 개념』(*The Concept of Dread*) 끝 장(章)에 인용되어 있는 요한 게오르게 하만(Johann George Hamann)의 한 구절이 이 전략의 의미

---

14) 라우리, 『키르케고르』, p. 129에서 인용.
15) 『불안의 개념』, p. 139.

에 관한 빛 한 줄기를 비춘다.

　　우리가 세계에서 경험하는 이 공포는 우리의 이질성(異質性)에 대한 유일한 증명이다. 왜냐하면 만일 우리가 아무것도 부족하지 않다면, 우리는 이교도들이나 하느님에 관해 아무것도 아는 바 없는 탁월한 철학자들이나 이 기가 막힌 세상을 사랑하는 바보들보다 조금도 낫지 못하겠기 때문이다. 그리고 그 어떤 향수(鄕愁)도 우리를 괴롭히지 못하겠기 때문이다. 이 주체할 수 없는 근심, 걱정, 이 거룩한 우울증은 어쩌면 우리들 번제물(燔祭物)이 소금에 절여지고 세월이 흐름에 따라 부패되는 것을 막기 위해 간수될 때 곁에서 타고 있는 불이다.16)

　　우리는 모두, 참되고 순수하게 살기를 원한다고 주장한다. 우리가 자신에게, 그리고 남에게 얼마나 정직한가가 기본적인 덕목들을 성취하느냐 못하느냐를 결정한다. 그러나 과연 우리는 정직하게 정직을 갈망하는가? 그리고 그것을 쉽게 이룰 수 있는 것인가? 마음은 비참함을 즐기고 비통함은 우리를 놀린다. 알지 못하는 가운데, 거의 마지 못해, 우리는 우리 자신과 마찬가지로 남을 속이는 죄인이 된다.

　　사람은 칭찬받을 필요가 있다. 그러나 어떤 때에는 조롱받고 욕을 먹고 심지어 꾸지람을 받을 필요성을 스스로 느끼기도 한다. 풍자나 야유는 단점을 꼬집고 허식을 비웃으며 망상을 폭로시킴으로써 거짓을 무너뜨리는 데 한 몫 한다. 이런 뜻에서 만화야말로 진실을 사랑하는 가장 효과적인 방법일지도 모른다.

　　키르케고르와 마찬가지로 코츠커도 가시돋친 말이나 역설, 풍자, 반론(反論)을 좋아했다. 유대의 경건사(敬虔史)에서 인간의 속임수를

---

16) 위의 책, p. 145n.

파헤치는 일에 그보다 더 극성스러운 사람은 없었다. 그의 언어는 살갗을 벗기는 것이었다. 키르케고르와 그는 종교의 거짓된 탈을 벗기는 데 도(道)가 통한 사람들이었다. 그들은 오만과 무례함에 대해, 진실의 왜곡과 위조에 대해, 잘난 척하는 사람과 위선자들에 대해 독설을 퍼부었다. 따라서 그들의 비판은 어느 한 나라나 지역에 국한되지 않았다. 그들은 현대 세계의 정치와 사회 밑바닥에 깔린 부정직이라는 질병을 파헤치는 일에 오늘도 큰 몫을 담당하고 있다. 우리들 유대인이 나찌의 대학살을 경험하고 휴머니티가 공포의 핵세대에 파묻히는 동안 인간의 곤경에 관한 그들의 진단은 보다 더 정확하게 맞아 들어갔다.

코츠커는 인간의 조건에 대한 우리의 견해가 엄청난 환영(幻影)이었다고 주장했다. 유대 민족은 자기네가 선하다는 행복한 공상에 잠겨 살았다. 만일 순수한 유다이즘을 다시 정립하려면 이 환상을 먼저 깨뜨려야 할 것이었다. 키르케고르도 사람들을 "이상이라는 수단을 통하여, 그들을 고통의 현장에 데려다 놓고… 역설, 가시돋친 말, 비웃음의 등에침(gadflysting)으로 찔러"17) 움직이게 함으로써 이 목적을 이루었다.

코츠커는 상투어귀를 사용하지 못했다. 그의 말투는 간단하고 무뚝뚝했다. 결코 잔말이 많거나 조잘거리는 법이 없었다. 그의 열정과 조급함은 그로 하여금 생각을 최대로 압축시켜 말하게 했다. 그의 표현 양식은 경귀투였다. 그는 결코 둘러 말하지 않았다. 말을 달콤하거나 부드럽게 돌려, 전하고자 하는 내용을 여리게 만드는 법이 없었다. 제자들에게 충격을 주기 위해 그는 거친 말을 망설이지 않고 사용했다.

---

17) 『"기독교 세계"에 대한 키르케고르의 공격』, p. 97.

뚱하고, 비통하고, 지독하게 내성적이고, 냉혹하고, 엉뚱하고, 깊고, 집요하고, 의심을 품고, 모순을 안고, 절망하고, 희망에 차 있고, 성난 코츠커의 가시돋친 말은 폭발적인 영혼의 격렬한 정직(正直)을 반영했다. 나는 이 눈부신 정신이 스스로 표현의 즐거움을 거부했다고 믿는다. 그는 후대를 위해 단 한 책도 쓰지 않았다.

키르케고르도 코츠커도 남의 비위를 맞추는 그런 인물이 아니었다. 우리를 매혹시키는 것은 그들의 사람됨의 매력이 아니다. 우리는 우리 자신의 아픔을 아파하고 그래서 그들에게로 끌려가는 것이다.

독거(獨居)

키르케고르와 코츠커는 스스로 격리된 삶을 택했다. 그들이 그런 결단을 하게 된 데는 몇 가지 이유가 있는데, 그 중 어떤 것은 비슷하다. 우리는 다른 대다수의 현인들이나 성자들과 마찬가지로 키르케고르와 렙 멘들도 홀로 있는 것을 영성 생활과 분리될 수 없는 것으로 생각했음을 염두에 두어야 한다.

코츠커는 혼자 사는 삶이 반사회적이라는 논리를 반박하기까지 했다. 그로서는 혼자 산다고 하여 그것이 곧 다른 사람들을 멀리 하는 것은 아니었다. 왜냐하면 혼자 삶으로써 같은 생각을 하는 사람들을 포용할 수 있기 때문이었다. 그는 홀로 영성 생활에 전념하는 사람은 사람들과의 우의(友誼)를 지속하고 있다고 주장했다. 반면에, 많은 사람들과 세속적인 이해관계로 맺어져 있는 사람은 모두 이기적으로 행동하여 실제로는 외톨이로 남아 있는 것이라고 했다.

키르케고르는 그의 주변에 살아가고 있는 사이비 기독교인의 천박한 삶과 교회인(教會人)이 스스로 살아남기 위해 만들어내는 노골적인 기만정책을 보고 충격을 받았다. 그는 양심과 성실을 지키기 위해 스스로 자신을 "파문시켰다." 이와 비슷하게 코츠커도 수많은 그의 사이비 하시드 "추종자들"의 우둔함과 교묘한 자기-기만을 역겨워했다. 그래서 그도 또한 자신의 권위 있는 지도자로서의 위치를 버리고 숨어버렸다.

키르케고르는 자기의 외로운 삶이 자기 아버지가 어렸을 때 하느님을 저주한 데 대한 벌로서 자기에게 주어진 것이라고 말하곤 했다. 코펜하겐 거리의 아이들은 그의 뒤를 따라다니며 "이것이냐, 저것이냐" 하고 외쳐댔다. 풍자 신문은 그를 오만한 꼽추로, 갸날픈 다리를 지닌 천문학자로, 비단 모자를 쓰고 암탉들에 둘러 싸여 있는 수탉으로 그린 만화를 연재로 실었다.

초기에는 코츠커가 지성인 엘리트와 일반 하시드들에게서 함께 칭송을 들었다. 그는 저명한 하시드 파 레뻬로서 많은 사람들에게 영향을 미치는 유쾌한 삶을 계속할 수 있었다. 그러나 이미 언급한 대로, 자신의 엄정한 순수성을 지키기 위해 자신을 격리시켰다. 그가 스스로 소외되어 있는 동안, 다른 하시드 지도자들은 사람에게 희망을 심어 주고 다른 무리들에 섞여 유대인이 된다는 것의 기쁨을 가르쳐 주며 그들을 이끌어주었다.

비록 그가 절망과 낙담으로 고통을 겪기는 했지만 이런 감정만으로 스스로를 유폐시켰는지는 의문스럽다. 그의 스스로 강요한 독거(獨居)는 자기 자신과 주변에 있는 인간들과의 차이에 대한 격앙된 감정 때문이었을까? 메시아적인 구원이 아직 시작되지도 않아서 그 때문에 분노와 낙망으로 가득 차 있었던가? 아니면 마침내, 가장 중요한 것은 아직 말해지지 않았고 밖으로 드러나지도 않았다는 확신에 도달했던가?

그가 자신의 생각을 말로 발표하면 그것은 본인을 유명하게 만들

것이었다. 밖으로 명성이 자자해지면 안으로 몰락의 길을 걸을 수밖에 없음을 그는 두려워했던가? 그는 자기 내부의 모순에 스스로 갈등을 일으키고 그것을 괴로워했던가? 아니면 자기를 보러 온 사람들이 대부분 추종자가 아니라 숭배자라는 사실을 슬퍼했던가? 그는 자신에게서 빛이 나고 있음을 알고 있었다. 그러나 과연 그는 다른 사람에게 빛을 비추는 일을 해내었던가?

그는 인간에게서 하느님께 바치는 순수한 헌신과 흠 없는 열성을 기대했던가? 이토록 타락한 세상에서 하느님 자신이 외로우시다고 생각했던가? 그 하느님의 고독을 나누어 갖는 것이 자신의 사명이라고 생각하여 세상에서 몸을 **빼내었던가**?

니체에 의하면, "스스로 홀로 있기를 원해서가 아니라 그가 다른 사람 아닌 바로 그이기 때문에, 그리고 자기와 똑같은 존재를 발견할 수 없기 때문에 고독에 둘러싸여 있는 사람, 가장 외롭게 있는 방법을 아는 사람, 그 사람이 위대한 존재다."

기독교인은 자주 홀로 있을 필요성을 느낀다.[라고 키르케고르는 썼다] 그것은 때로 호흡처럼 때로 잠처럼 그에게 없어서는 안 되는 것이다. 그가 이 절실한 필요성을 다른 사람들보다 더 느낀다는 사실은 그가 남들보다 깊은 본성을 지니고 있다는 표시이다. 일반적으로 혼자 있어야겠다는 생각이 든다는 것은 일단 그에게 정신이 있다는 표시이다. 그리고 그의 정신이 어떤 것인가를 가늠해 주는 척도이다. 쓸데없이 말이 많고 지나치게 인간적인 사람은 홀로 있을 필요성을 느끼지 못할 정도가 되어 군거(群居)하는 새들처럼(이를테면 잉꼬새) 혼자 있게 되는 순간 곧 죽어버리고 만다. 어린아이가 자장가를 들어야만 잠이 드는 것과 마찬가지로 이런 사람은 먹고 마시고 잠자고 기도하고 연애하고 등등을 할 때마다 그 전에 사회의, 마음을 가라앉혀 주는 콧소리를 들어야 한다. 그러나 중세기 사람들과 마찬가지로 고대인들도 혼자 있을 필요를 알고 있었고 그것의 가치를 높이 평가했다. 오늘날의 사교 사회(社交社會)에서 사람들은 독거를 죄에 대한 형벌로서 외에는 달리 사용할 줄을 모른다. 그러나 한편으로 생각건대 우리들의 시대에 정신을 소유한다는 것 자체가 범죄이기 때문에 홀로 있는 것을 사랑하는 자들이 범죄자 대접을 받음은 당연한 일이기도 하다.18)

코츠커는 어린아이 적부터 홀로 있으려는 경향이 많았다. 그는 가까이 계신 하느님을 무엇보다 좋아했지만, 그 하느님은 일반 사람들로부터 멀리 떨어진 분이어야 했다. 공부를 할수록 혼자가 되었고 혼자가 되기 위해 공부를 했다. 삶이란, 자아의 밖에 계신 절대자를 위해, 자아로부터 떨어져 살아야 하는 것이라고 생각했다. 사람은 각자가 하느님의 생각의 빛줄기가 마음을 뚫고 들어오는 것을 방해하는 객담에 머리를 어지럽히지 않도록 힘써야 한다고 그는 말했다. 아래로는 떨리고 위로는 어지럽지만, 그러나 침묵과 뼈아픈 인내 속에서 열렬한 사랑은 성숙해야 했다.

속임수와 뻔뻔스러움으로 전능하신 분을 고립시켜 놓은 인간들과 뒤섞인다는 것이야말로 너무 무분별한 짓이 아닌가.

렙 멘들은 제자들에게 둘러싸여 있으면서도 남들과 떨어져 살았다. 그가 문을 닫으면 갑자기 혼자가 되는 것은 그가 아니라 그를 따르던 자들이었다. 이런 식으로 그는 아첨꾼들과 평범한 친구들을 따돌리고는 마음껏 명상에 젖고 생각을 파고들어 갈 수 있었다. 너무나도 오랫동안 놀람과 놀람의 연속 가운데서 살아 온 그의 영혼은 그

---

18) 『죽음에 이르는 병』, 월터 라우리 옮김(프린스턴, 1941); 앵커 판(가든 시티, 1954), pp. 197f.

런 외부의 간섭에 괴로움을 당했으므로 다만 은둔함으로써 어느 정도 희망의 부스러기를 잡을 수 있었던 것이다. 하느님도 결정적인 행위를 실천에 옮기실 때에는 이렇게 말씀하셨다. "나는 혼자서 술틀을 밟아야 했다"(이사야 63:3).

유대교의 오랜 전승에는 라삐 시몬 벤 요하이처럼 생애의 대부분을 홀로 산 성자들에 관한 것이 있다. 코츠커는 하시드 공동체의 지도자로 나서면서 바로 이 옛날 현자의 모범을 따르겠노라고 선언했다. 루리아파 카발라의 창시자인 라삐 이츠악 루리아는 젊어서 나일강의 둑으로 떠났다. 7년간 혼자서 묵상에 들어갔는데 가족을 만나는 일은 안식일에만 했다. 그들을 만나서도 몇 마디 나누지 않았고 그것도 히브리 말로만 통했다. 그런데 당시에 히브리 말은 통용어가 아니었다. 하시드 전승 문학에 따르면 젊은 바알 셈 토브는 여러 해를 카르파티아 산맥에서 혼자 보냈다고 한다.

독거(獨居)는 신비적인 경향이 있는 유대인들 사이에 널리 실현된 자기-수련의 방법이었다. 중세기의 비신비적인 유대인 저술가들도 인간이 순수한 정신을 함양시키기 위해 혼자 있어야 한다는 사실은 인정했던 것 같다. 아브라함 이븐 에즈라, 마이모니데스, 바다르시, 팔라쿠에라, 게르소니데스, 알보, 크레스카스, 아브라바넬 등의 글에서 이런 견해를 찾아볼 수 있다.19)

자신의 순결을 추구하려는 자에게 이 세상의 소란한 거짓말과 기

---

19) 바알 셈 토브의 증손자인 브라츨라프의 렙 나하만에 따르면, 영성 생활을 하려면 반드시 혼자 있어야 한다. 그는 제자들에게 하루에 한 시간 이상, 독방에서든 들판에서든, 혼자서 명상하라고 권고했다. 내가 본 기억으로는, 바르샤바에 있는 그의 추종자들의 기도실에는 한 사람이 들어가 한 시간이고 두 시간이고 홀로 있을 수 있는 작은 독방들이 여럿 있었다. 그들의 집은 언제나 찾아온 사람들로 가득 차 있었고 넓은 들판은 사람을 외부로부터 격리시켜 주지 못했기 때문이었다.

만적인 눈초리로부터 스스로 몸을 빼는 것말고 무슨 다른 수가 있겠는가? 군중과 대중 의견에 접근하는 것은 창의성의 죽음을 뜻한다. 왜냐하면 한 인간의 영혼은 홀로 있을 때에만 창조할 수 있고 밤의 어두운 거리에 꽃을 피울 수 있도록 선택된 자는 흔하지 않기 때문이다. 그들은 어쩌면 절망의 벼랑 위에 살면서 사람들과 사귀고 싶은 마음과 혼자 있으려는 마음 사이를 오락가락하는 것인지도 모른다.

자기가 매우 인정이 있다고 생각하는 사람조차 실제로는 거짓으로 남을 속이고 매일같이 죄없는 사람들을 죽이는 일에 하느님의 이름을 사용하는 것을 용인하려는 경향이 있다. 과연 우리는 얼마나 쉽게 악에 대해 무관심하고, 사람 사는 데 거짓이 없을 수 없는 사실로 인정해 버리는가?

감각이 예민한 사람은 자신이 전혀 공포를 경험하지 않았는데도 연민의 정을 느낄 수 있는가? 코츠커는 밤중에 우리에게 매우 가깝다. —온종일 계속되면서, 보통 사람은 죽은 뒤에야 보고 느낄 공포를 활짝 열어 보여주는 밤에.

섹스

키르케고르의 금욕주의는 인간과 자연이 속속들이 죄악으로 더럽혀졌다고 생각하는 입장의 논리적인 귀결이다. 이 방향으로 생각을 집중시킨 결과 키르케고르는 마침내 결혼을 기독교인으로서의 삶과 모순되는 것으로 단죄하는 데까지 이르렀다. 그는 이 결론을, 여자를 멸시하는 그의 교리에 바탕을 두고 끌어냈다. 그에 따르면 여자란 의인화된 에고이즘이고 따라서 여자의 운명은 남자의 영혼을 파멸시키는 것이다. 그러므로 이성(異性)의 삶과 결합함으로써 남자는 자기 자신의 품위를 떨어뜨리는 것이고, 결혼은 하느님을 섬기고자 하는 사람에게 치명적인 장애물이 된다. "결혼이 하느님을 기쁘시게 해 드린다는 말은 징그러운 거짓말이다"라고 그는 썼다. "기독교인의 견해에서 볼 때 결혼은 범죄다. 그리고 무엇보다도 고약한 것은 바로 이 범죄 행위를 통하여 무죄한 인간이 인간 생활이라고 하는 죄악 공동체에 발을 들여놓는다는 사실이다."[20]

이 말은 참 과격하다. 이런 말들이 키르케고르가 "삶을 증오했다"고 말하는 사람들의 주장을 합리화시킨다.

그러나 키르케고르의 주장은 언제나 같지만은 않았다. 『이것이냐/저것이냐』에서 그는 사람이 결혼하여 배우자의 도움을 받지 않고는 건강하게 살 수 없다고 썼다. 그러나 그가 비록 처음에는 결혼 옹호자였을지 모르나 나중에는 결혼이 인간 본성을 격하시킨다고 보게 되었고 마침내 그것을 죄라고 선언하기에 이른 것은 사실이다. 그것이 죄인 까닭은 정욕을 만족시키는 대가로, 거의 영원히 저주받은, 아이를 태어나게 하기 때문이라는 것이었다.

가족은 사람으로 하여금, 오로지 하느님만을 위해 행위하는 것을 훼방하는 세상 잡사(雜事)에 관심하지 않을 수 없게 한다.

> 기독교가 결혼을 의심쩍게 여긴다는 것은 분명한 사실이다… 왜냐하면… 여자와 사랑에 빠질 때 남자는 허약한 응석꾼이 되기 때문이다.
> 기독교는 독신 생활을 권고한다… 솔직히 말해 나는 어떻게 한 남자가 기독교인이 되면서 동시에 결혼을 할 수 있는지, 그런 일이 어떻게 일어날 수 있는지 이해할 수가 없다.[21]

---

20) 졸리베, 『키르케고르 입문』, pp. 157f.

그리하여 말년의 키르케고르는 종교적인 훈련에 강한 매력을 느꼈고, 독신 생활만이 종교적인 훈련에 몰두할 수 있게 한다고 확신하게 되었다. 수도 생활이 그를 매혹했다. "수도원으로 돌아가라!"고 그는 소리칠 준비가 되어 있었다.22) 그는 산상수훈에 나오는 간음에 관한 부분(마태오 5:27-8)을 모든 성적(性的)인 동거의 금지로 풀이했다. 그는 이 구절이 모세의 법에 대한 이중의 거부를 표현하고 있다고 주장했다. 즉, 그것은 간음에 대한 재평가일 뿐만 아니라 유다이즘에서 용납하고 있는 결혼 생활의 틀거리 안에 있는 성적인 욕망에 대한 재평가라는 것이다.23)

그런 "엄정(嚴正)함"에 토대한 기독교와, 홀로 있을 것과 포근한 인정이나 육체적인 행복으로부터 절연될 것을 요구하는 영성 생활은 불가피하게 금욕주의, 독신 생활 또는 수도 생활에로 쏠리게 한다고 키르케고르는 확신했다.

> 종교적인 탈속(脫俗)은 하느님 한 분에게만 속하기를 갈망한다. 이 사랑을 위해, 그것은 모든 것을 기꺼이 멸시하고 격하시키고 희생시킨다.… 이 사랑을 위해, 그것은 다른 아무것에도 몰두하거나 그것 때문에 조바심하거나 혼란에 빠지거나 하지는 않는다. 이 사랑을 위해, 그것은 그 어떤 이중 장부를 만들려고 하지도 않는다. 모든 것이 계속적으로 하느님과의 분명한 관계에 따라―하느님의 그와의 관계가 아님―뒤집혀나간다.24)

---

21) 『기독교 훈련』, p. 119.
22) 라우리, 『키르케고르』, p. 500에서 인용.
23) "이교(異敎)에는 사랑의 신은 있지만 결혼의 신은 없다. 그런데 좀 대담하게 말한다면, 기독교에는 결혼의 신은 있지만 사랑의 신은 없다." ―『생활 양식의 단계』, p. 106.
24) 위의 책, p. 169.

성관계는 인간 에고이즘의 극치이다….

신약 성경의 기독교에서 하느님은 사랑 받기를 원하신다. 그러므로 그는 인간이 에고이즘을 포기하기를 바라신다.

인류의 타락은 그의 에고이즘을 만족시킨 것이다—바로 이곳에서 세속사(世俗史)가 비롯되어 똑같은 잘못을 반복하여 내려왔고, 독신 생활이라는 수단으로 이 잘못을 멈추게 하시려는 하느님의 뜻을 끊임없이 반대하고 훼방하여 온 것이다. 하느님을 사랑하여 독신으로 사는 사람을 만날 때마다 우리는 하느님의 뜻을 이루려는 순수한 노력을 본다.

그러나 내가 이 길로부터 얼마나 먼 길을 가고 있었는가를 생각할 때, 그리고 얼마나 멋지게 그 길을 멈추고 독신으로 돌아왔던가를 생각할 때 내 몸은 떨린다. 그리고 나는 또한 어떻게…다시 한번 하느님의 섭리가 내게 임하여 어떤 분명한 결과를 바라셨는가를 겨우 알게 될 때가지 내가 동시대 사람들에게서 알게 된 것들을 숨길 수 있었던가!

제 때에 개신교가 등장하여 기독교를, 결혼과 짝이 된 기독교를 제공한다. 하느님을 기쁘시게 해 드리는 것은 결혼이니라….

가톨릭의 잘못은 신부가 독신이라는 데 있지 않다. 그렇다, 잘못은 평신도와 사제 사이의 질적인 차이점이 철저하게 못 박혀 있다는 점이다. 그것은 신약 성경에 명백히 위배되는 것이며 다수의 힘에 양보한 것 외에 아무것도 아니다. 분명히, 잘못은 신부가 독신이라는 데 있지 않다—기독교인은 독신이어야 한다.

"그러나 만일 당신이 이를 굳이 고집한다면 기독교인이라는 것이 아예 없어질 것이다!" 그렇다 해도 내게는 마찬가지이다. "반면에, 만일 당신이 결혼으로 기독교를 존재케 하려 한다면 수백만의 기독교인이 생길 것이다!" 내게는 이 둘이 마찬가지이다.25)

---

25) 일기, 『말년』, pp. 266f.

독신 생활은 그러므로 사제들에게만 국한시켜서는 안 되는 것이었다.

> 왜냐하면 결혼하지 않아야 할 사람은 신부가 아니라 기독교인이기 때문이다. …기독교에게 이 세상은 죄악으로 가득 찬 세상이고, 범죄와 죄악 가운데서 아이는 잉태된다. 기독교가 목적하는 것은, 중지하라는 명령을 내리는 것이다. …새로이 시작함으로써가 아니라….
> 그리스도가 원죄를 속(贖)하셨다는 말은 기독교가 종(種)의 번식을 원하고 있다는 뜻이 아니다. 왜냐하면 모든 화해와 속죄는 언제나 과거의 일에 관한 것이지 앞으로 있을 일에 관한 것은 아니기 때문이다. 만일 어떤 사람이 도둑죄를 범했다 하면 그리스도의 속죄는 그의 도둑질한 과거에 관계된 것이지 그리스도께서 속죄하셨으니 지금도 도둑질할 수 있고 또 앞으로도 원하는 대로 도둑질할 수 있다는 의미는 아닌 것이다. 이와 마찬가지로 그리스도께서 원죄를 갚으셨다는 것도 그러니까 인간이 지금 스스로 즐기며 자손의 번식을 마음껏 원해도 좋다는 의미는 아니다. 아니다. 기독교는 독신 생활로 그 길을 막는다. 그렇다, 기독교는 말한다. 네가 비록 네 아버지의 범죄 행위로 태어났지만 그 범죄에 대한 보상은 이루어졌다. 그러니 거기에서 멈추도록 하라. 그리스도의 속죄는 너도 네 아버지와 똑같은 죄를 범하라는, 그래도 좋다는 보장은 아니다. 네가 원하는 대로 성생활을 하라는 뜻은 아니다.26)

구세주가 처녀의 몸에서 태어난 것은 결혼과 종(種)의 번식이 본질적인 악이기 때문이다. 인간은 그의 태어난 까닭 하나만으로도 악한

---

26) 위의 책, pp. 119. 299ff.

존재이다. 그는 영원한 저주 밑에 태어나 영원한 형벌 밑에서 죽는다. "나는 하느님의 뜻에 대한 거역의 죄를 통하여 태어났다. 죄의 근원은, 비록 그것이 나를 하느님 앞에서 죄인으로 만들지만, 생각하기에 따라, 나의 것이 아니다. 그것은 생명을 태어나게 하는 것이다."27)

기독교에 따르면 세상은 타락한 결과인 죄악의 세상이다.

기독교는 구원이다. 그러나 동시에 그것은 멈춤이다. 기독교는 이 세계를 영원히 계속되게 하는 전체적인 연결을 멈추게 하는 것을 목적으로 삼는다.

이것이 기독교가 독신주의를 굳게 지키는 까닭이다. 이로써 기독교인은 이 세상에 대한 그의 관계를 특징있게 보여 준다. 그것은 끊어 버리는 것이다. 이것이 신약 성경이, 예를 들면 소금에 절이다, 제물로 바쳐지다 등 절단을 뜻하는 단어를 기독교인에 관련시켜 끊임없이 사용하고 있는 까닭이다.

그럼에도 불구하고 최근까지도 기독교인들 사이에서 결혼이 성행되었다. 바로 이것이 혼돈의 출발점이었다. 전방에서는 맞붙어 싸우고 후방에서는 손을 잡고 격려해 주는 꼴이었다. 결혼을 함으로써 기독교인은 세상에 대해 나그네 되고 추방자 되고 소금에 절여지거나, 희생 제물이 되거나 절단되는 관계가 아닌 다른 관계를 맺게 된다.

만일 누군가가, 자기는 어린아이를 낳아 어렸을 적부터 기독교 안에서 길러 진실한 기독교인으로 만들기 위해 결혼한다고 말한다면 나는 대답하리라, 말도 안 되는 소리라고! 당신이 자식을 보고 싶은 열망을 갖고 있음은 사실이다. 그러나 진실한 기독교인을 만드는 방법에 대해, 분명한 것은, 만일 기독교인 되기가 가장 어려운 사람이

---

27) 1855년의 일기, 『쇠얀 키르케고르의 일기』, 피터 P. 로데 편집(뉴욕, 1960), p. 239. Cf. pp. 31, 35.(둘 다 1854).

있다면 그는 다름 아닌 어려서부터 기독교 안에서 자라난 사람이라는 점이다. 이런 식으로 기독교에 기대를 걸고 그래서 이렇게 말도 안 되는 짓을 벌이는 것보다 더한 반(反)기독교가 없다.[28]

키르케고르는 결혼이 긴장의 생리적인 이완을 촉진하기 때문에 천재의 적이라고 주장했다. 그는 루터가 신부들의 결혼을 "색욕에 대한 대책"으로서 장려했다고 하여 비난했다.[29] 그는 자기 자신을 성적인 충동을 승화시킨 모범되는 인물로 생각했다. 그럼에도 불구하고 요청되는 것은 의지의 결단 이상의 것이었다. 강한 혐오감이 계발되어야 했다.

코츠커로 하여금 성에 대한 관심을 아예 끊어버리게 한 것은 아마도 육욕에 빠지는 것이야말로 절대적인 종교 생활과 대칭되는 유일한 힘이라는 자각이었으리라. 만족을 모르는 갈망, 정열, 사랑, 흥분 그리고 황홀감은 종교에 적응될 수 있는 것과 마찬가지로 성관계에도 적응될 수 있는 것들이다. 그는 우리의 힘이 이 둘에 공평하게 분배될 수 있다고 믿지 않았다.

키르케고르와 마찬가지로 코츠커도 인간의 성욕은 영성 생활에 거리낌이 된다고 보았다. 그러나, 대조적으로, 그는 결혼을 말리지는 않았다. 유다이즘이 독신 생활을 부자연스럽게 생각하기 때문이었다. 죄를 짓는 자는 결혼을 한 자가 아니라, 결혼을 하지 않고 "매일매일을 죄악된 생각으로 보내는" 자이다.[30]

라삐 엘르아자르는 아내가 없는 자는 완전한 인간이 아니라고 말

---

28) 일기, 『말년』, pp. 114f.
29) 라우리, 『키르케고르』, p. 524에서 인용.
30) *Kiddushin*, 29b.

했다. 성경에, "사람을 지어내시되 남자와 여자로 지어내시고"(창세기 1:27)라고 기록되어 있기 때문이다. 오직 남자와 여자가 하나가 되었을 때 그들은 사람(아담)이라고 불리웠다.31)

그는 결혼을 말릴 수 없었다. 유다이즘은 결혼을 하느님의 신성한 명령이라고 생각하고 있기 때문이다. "하느님께서는 그들에게 복을 내려주시며 말씀하셨다. '자식을 낳고 번성하여 온 땅에 퍼져서 땅을 정복하여라'"(창세기 1:28).

결혼을 반대하는 것은 거의 모든 성경의 인물이나 라삐들을 부인하는 것이나 마찬가지였다. 그들은 열심히 이성을 가까이했고 끊임없이 결혼을 고무했던 것이다. 그들은 결코 남자와 여자 사이의 사랑이 하느님의 사랑과 함께 성립될 수 없다고 강조하지는 않았다.

요컨대 코츠커는 성욕의 승화를 요구했다. 인간은 삶의 육체적인 차원을 넘어서야 한다. 성욕의 극복만이 영적인 추구에 전념할 수 있도록 해주기 때문이다. 육신의 정욕은 종교적인 정열로 변화되어야 한다. 생리적인 욕구 발산이 막히게 되면 육체는 눈물을 흘리겠지만 생각은 신선하고 순수하게 남을 것이다. 이것이 그의 주장이었다.

그 궁극적인 타당성이야 어떻든, 코츠커는 그러한 열정적이고 성적인 충동을 절단시킨 영성 생활은 소수의 선택된 자에게나 가능하다는 사실을 알고 있었다. 그렇게 승화된 삶과 세속적인 생활 사이의 짬은 어쩔 수 없이 고통스런 문제들을 만들어낸다. 다만 독신자만이 코츠커와 키르케고르의 타협을 모르는 좁은 길을 따라 갈 수 있을 것이었다.

금욕이 인간의 능력을 영성 추구에 몰두할 수 있도록 풀어준다는 사실을 암시함으로써 코츠커는 지그문트 프로이트의 승화관(昇華觀)

---

31) *Yebamoth,* 63a.

을 앞질러 말한 셈이 된다. 결혼을 반대할 수는 없었지만, 그는 성욕의 억제를 얘기하면서 인간 본성의 가장 억센 부분과 끊임없이 투쟁할 것을 강조했다. 그의 철저한 성격에 따라, 인간은 성욕의 노예가 되거나 성욕을 정복하거나 둘 중의 하나를 선택해야 했다. 만일 완전한 승리가 불가능하다면 휴전을 위한 투쟁이라도 해야 하는 것이다. 따라서 그는 극기(克己) 훈련을 명령했다. 그는 그것을 인간이 해낼 수 있다고 보았다. 왜냐하면 인간의 의지력은 인간 본성을 지배할 힘이 있기 때문에.

키르케고르는 몽떼뉴에 동의하여 이렇게 말한 적이 있다. "몽떼뉴는 어디선가, 우리 모두는 멸시받아야 할 무엇 덕분에 지금 실존하고 있다는 매우 주목할 만한 말을 하고 있다."32) 이와 비슷하게 코츠커도, 인간의 성관계를 낮게 평가하고 아리스토텔레스의 말로 전해지는 "접촉 감각은 우리를 수치스럽게 한다."33)를 높이 평가한 마이모니데스에게 동의했다. 실제로 성생활에 대한 코츠커의 적대 의식에 찬성할 수 없었기에, 아마도 그의 사랑하는 제자는 코츠크를 떠나 자신의 학교를 세우고 스승을 버려야 했는지도 모른다.34)

---

32) 『쇠얀 키르케고르의 일기와 서류』, H. V.와 E. H. 홍 역편(블루밍턴, 1967), Vol. Ⅰ A-E, p. 31.
33) 『복잡한 인물의 소개』, Ⅱ, p. 36을 보라.
34) 출판될 나의 책, 『코츠커』, 17장 참조.

제7부

물러남

세상과 화해하지 말 것

키르케고르는, 세상과 기독교의 명령 사이에는 화해와 절충이 있을 수 없다고 단언했다. "그러나 화 있으리라, 기독교 교회가 만일 이 세상에서 승리하게 된다면, 교회에 화 있으리라. 왜냐하면 그렇게 될 때 승리하는 것은 교회가 아니라 이 세상이기 때문이다."[1] 그러기에 그는 사람들에게 이 세상과 육신과 악을 멸시하라고 열심히 권했다. 세상과 자기-의지를 경멸함으로써 사람은 진짜 기독교인이 될 수 있기 때문이라는 것이었다. 대부분의 남자들과 여자들에게서 관계를 끊어버리기 전에는 진짜 기독교인은 과연 자기가 기독교인인지, 떨리는 양심에 손을 얹고 물어보아야만 한다는 것이다.

누구든지 자기의 주의-주장 때문에 고통받는 사람 역시 세상으로부터 죽는 사람이다.

나는 세상의 허무와 추함으로부터 스스로 떨어져 나가기를 원할 수 있다. 그리고 만일 이 소원이 소용없게 된다 하더라도 영원을 향

---

[1] 『기독교 훈련』, p. 218.

한 불타는 동경은 나를 멀리 옮겨다 줄 수 있다. 왜냐하면 동경 그 자체 안에 영원이 있기 때문이다. 마치 하느님께로 향하여 슬픈 슬픔 안에 하느님이 계시듯이.2)

본인의 가르침을 따라, 키르케고르는 실제로 말년을 은둔 생활로 보냈다. 그의 최초의 저작이자 가장 유명해진 『이것이냐／저것이냐』가 빅토르 에레미타(Victor Eremita)라는 필명으로 출판된 것은 매우 의미심장한 일이다.

세상을 버릴 것

사람들이 코츠크에서 맨처음 배우는 것은 모든 거짓을 혐오하는 마음을 기르고 "세상"이 말하는 것을 염두에 두지 않는 것이다. 사회의 의견이란 지옥으로나 가버려라! "하시드란 세상을 버린 사람이다."

여기 사용된 "세상"은 자연이나 지구를 뜻하지 않는다. 아무도 자연을 향한 코츠커의 사랑을, 띠로(Tyres)에 대한 그의 애틋한 감정과 숲에 대한 외경을 부인할 수 없다. 그는 자연의 기묘함이 하느님의 존재하심을 확실하게 보여 주는 원천이 된다면서 무척 좋아했다. 앞에서 언급한 대로, 코츠커는 네 신앙의 근거가 무엇이냐고 묻는 스승 렙 부남의 질문에 "눈을 들어 하늘을 쳐다보아라. 누가 저 별들을 창조했느냐?"(이사야 40:25)라는 성경 말씀을 인용하여 대답했던 것이다. 그의 비위를 상하게 한 것은 지구 위에서 인간들이 이루어 놓은

---

2) 키르케고르, "루가복음 22:15을 본문으로 한 설교," 『기독교 설교집』, 1848, 월터 라우리 옮김(뉴욕과 런던, 1940), p. 267.

것들이었다. 그가 불편을 느낀 것은 인간 사회 안에 있을 때였다.

코츠커는 자연으로서의 세상으로부터 물러날 것을 요구하지 않았다. 또한 그는 모든 형태의 즐거움을 다 포기해야 한다고 말하지도 않았다. 그가 말하는 "세상"이란 대중의 견해, 그냥 받아들여진 모든 형태의 관습과 형식들, 성숙한 인간을 삼켜버리는 의식주의(儀式主義), 그리고 특히 상류 사회의 관습과 기준들을 의미했다. "온 세상이 한숨을 쉴 만한 가치조차 없다"고 그는 말했다.

모세가 가나안 땅을 정탐하고 오라고 보냈던 자들의 죄 가운데 하나는 그들이 이렇게 보고한 것이었다. "거기에는 키가 장대 같은 사람들이 있더라. ⋯우리는 스스로 보기에도 메뚜기 같았지만 그 사람들 보기에도 그랬을 것이다"(민수기 13:32-3). 그들이 스스로 빈약하고 왜소함을 느낀 데 대해서는 상관할 것 없다고 코츠커는 말했다. 그것은 이해할 수 있는 일이다. 그러나 무엇 때문에 그들은 다른 종족의 눈에 자기네가 어떻게 보일 것인가에 신경을 썼을까?

"사람은 홀몸으로 창조되었다"고 미쉬나는 말하고 있다. 너는 창조될 때 혼자였다. 그러므로 혼자 몸으로 남아 있어야 한다고 코츠커는 주의를 주었다. 사람은, 아브라함이 자신의 마음이 엉뚱한 데 쏠리는 것을 막기 위해 이사악을 희생시킬 준비를 갖추고 있었듯이, 자기 자신을 희생시킬 준비를 갖추고 살아야 한다. 너 자신에게나 다른 사람에게 치우치는 사랑을 쏟는 일이 없도록 하라.

아브라함은 이중으로 시험을 받았다. 첫 번째 시험은 이사악을 제단 위에 올려놓을 때 받았고 두 번째 시험은 그를 끌어내릴 때 받았다. 두 번째 시험이 첫 번째 것보다 더 힘든 것이었다. 그에게 아들을 제물로 바치라고 명령한 분은 하느님이셨다. 그런데 이번에는 천사가 와서 "멈추어라, 그에게 손을 대지 말라"고 소리쳤다. 어떻게 천사의 말을 듣고 하느님께 불복할 것인가? 그토록 숭고하기만 한 제사를 드릴 다시없는 기회를 포기하고 천사의 말에 복종한다는 것은 커다란 자제력이 있어야 하는 일이었다.

진리의 외길을 따르고자 애쓰는 사람은 사교성이 부족하여 많은 동행자를 만나지 못한다. 렙 멘들의 수하 하시드들은 세상에 대해 관심이 없었다. 그들은 세상을 향하여 그리고 자기 자신을 향하여 경멸의 손짓을 할 것을 가르침받았다. 그들은 아무에게도 절을 하지 않았고 존경을 받고자 하는 자들 앞에서 오히려 허리를 폈다. 복종을 강요하는 자들은 한낱 골칫거리에 불과했다. "사람의 눈은 언제나 높은 곳을 향해야 한다. 지금 여기에 마음을 쓰지 말라."

대중의 견해에 대한 그런 식의 경멸은 다른 권위있는 유대 학자들과 날카로운 대립을 보여주었다. 힐렐은 이렇게 가르쳤다. "너 자신을 공동체로부터 끊어버리지 말라." 라삐 하나나 벤 도사도 말했다. "누구든지 이웃의 사랑을 받는 자는 하느님의 사랑을 받는다. 이웃의 미움을 받는 자는 하느님의 미움을 받는다." 위대한 스승들은 주장했다. "하느님 앞에서와 마찬가지로 사람들 앞에서도 꾸중들을 일을 하지 않는 것은 인간의 책임이다. 그러면 '야훼 앞에서도 이스라엘 앞에서도 떳떳하리라'"(민수기 32:22).[3]

그러나 코츠커는 이렇게 가르쳤다. 사회를 쳐다보지 말아라. 세상에서 네가 차지하는 위치에 신경쓰지 말아라. 실제로 "세상"이 유다이즘에 아무런 관심도 없는데, 왜 유다이즘이 세상을 즐겁게 만들고 아첨을 해야 하는가? "세상"이 변하지 않는 한, 우리가 택해야 할 유일한 창구는 세상을 버리는 것이다.

만일 당신이 하느님께 자신을 예속시키고자 한다면 당신은 사회라는 모습으로 인격화된 세상으로부터 스스로 떨어져 나와야 한다.

---

[3] 『조상들의 어록』, II, 5; III, 12; *Shekalim*, III, 2.

세상과 홍정하지 말아라. 당신은 하느님과 세상을 둘 다 사랑할 수 없다. 두 결혼식장에서 동시에 춤출 수는 없는 일이다. 세상이 보증을 한 것일지라도 양심이 검토해 보아야 한다.

코츠커는 물질을 비난했다. "아름다움과 영원함은 하느님께 속한 것이다"—어떤 대상은 우리의 눈에 첫 번 볼 때와 두 번, 세 번째 볼 때 아름답게 보일 수 있다. 그러나 하느님께 속한 것만이 영원히 아름답다.

널리 행해지고 있는 인간들의 행위와 관습이라는 것들이 모두 코츠커에게는 한 푼의 값어치도 없는 하찮은 것들로 보였다. 앞서 언급한 대로 그는 돈을 번다는 일에 구역질을 느꼈다. 그에게 사회란 부정직, 이기주의 그리고 탐욕이라는 세 가지의 질병에 걸린 환자였다. 진리에 대한 고집스런 확신으로 접근을 시도한 그였으므로, "세상"에 대한 그의 부정은 진리와 세상이 서로 모순 관계에 있다는 인식에 근거한 것이었다. 하느님의 순수하심을 보다 더 가까이 이해하려 하면 할수록 이 세상의 기만성에 대한 우리의 환멸은 더욱 짙어만 갈 것이다.

코츠커의 제자 중 한 사람이 창세기의 첫부분을 인용하여 스승의 생각을 명확하게 설명했다.

> 한 처음 하느님께서 하늘과 땅을 만드셨다. 땅은 '토후-보후' (*tohu-bohu*, 모양도 빔[空]도 없는)였다. "한 유대인이 아침에 일어나 생각하기를 '한 처음 하느님께서 하늘과 땅을 만드셨다'라고 하자 눈에 보이는 모든 것들이 '토후'(*Tohu*)와 '보후'(*bohu*) 즉 혼돈과 속임수의 세상으로 그 모습을 드러냈다"고 그는 말했다.

『탈무드』에는 이런 말이 있다. "전쟁터에 나가는 모든 다윗 가문의 식구들은 아내에게 이혼장을 써 주었다."4) 코츠커에 의하면 하시드가 되는 것은 전쟁터에 나가는 것이었다. 누구든지 싸움에 임하려는 자는 먼저 자신을 다른 모든 관심거리로부터 이혼시켜야 했다.

스스로 만족하지 말 것

육신을 학대하는 것은 쓸데없는 짓이라고 하시드들은 가르쳤다. 세상에 속한 쾌락은 그것을 향한 열정이 모든 한계점을 무너뜨리지 않는 한도 안에서 즐겨도 무방했다.

실제로 코츠커는 고행주의를 경멸했다. 육신의 고행은 값싼 수련 방법이었고 인간의 내면의 삶에 별 영향을 주지 못했다. 그는 인간이 자기의 본능적인 욕구를 만족시킴으로써 몸으로 하느님을 섬길 수 있다는 바알 셈 토브의 이론을 결코 깎아 내리지 않았다. 영성(靈性)이란 스스로 물질 세계에서 단절됨으로써가 아니라 오히려 물질 세계에 관계하여 그것을 초월함으로써 이루어질 수 있는 것이었다.

어느날 한 젊은이가 스승인 렙 부남에게 자기의 마음을 모두 털어놓았다. 상당히 오랫동안 그는 금욕 생활을 실천하여 단식에 고행을 거듭했는데 그 모든 노력에도 불구하고 자신의 영성이 성장하는 것 같지 않다는 고백이었다.

렙 부남은 그에게 다음과 같은 이야기를 들려주었다.

한번은 바알 셈 토브가 마부 알렉세이에게 마구를 메워 여행을 떠날 준비를 갖추라고 명했다. 마침 시각을 다투는 일이 생겼으므

---

4) *Shabbath*, 5b. 이혼은 조건부였다. 만일 남편이 전쟁터에서 죽으면 소급하여 효력을 발생했다.

로 할 수 있는 대로 빨리 목적지에 도달해야 했다. 그래서 바알 솀 토브는 초자연적인 능력을 부려 축지법을 쓰기로 했다. 오랜 시간을 가야 하는 먼 거리를 순식간에 달려갔다. 말(馬)들은 마치 화살처럼 달렸다.

시골길을 달리면서 말들은 어째서 마부가 길가의 주막에 머무르지 않는가 이상하게 생각했다. 전 같으면 그곳에 멈추어 신선한 물과 건초를 맛있게 즐길 수 있었을 터였다. 한참 생각한 뒤에 그 말들은 이제 자기네가 더 이상 말이 아니라 사람이라는 결론을 내리게 되었다. 왜냐하면 사람은 마을에 도착한 다음에야 음식을 들기 때문이다. 그러나 먹지도 않고 더 많은 마을을 달리게 되자 그들은 이제 자기네가 사람도 아니고 천사라고 생각하게 되었다. 천사는 먹지 않으니까….

마침내 목적지에 이르러 먹을 것을 대하게 되자 그들은 말처럼 건초더미에 덤벼들었다.

단식(斷食)만으로는 사람이 천사가 될 수 없다. 진짜 시험은 단식 뒤에 온다.

하시드 파 레뻬의 성스런 사명에는 많은 책임이 포함되어 있다. 그는 혼자서만 살 수 없도록 되어 있다. 찾아오는 사람들을 맞아들여, 그들이 어려운 문제를 안고 실망할 때마다 그들을 위해 기도하고 격려하고 마음을 열어 주면서 살아야 한다.

코츠커는 젊은 시절에, 루블린의 선견자 렙 야코프 이츠악에 반대하여 "거룩한 유대인"(프쉬스케의 렙 야코프 이츠악)의 주변에 몰려든 사람들 중 하나였다. 하시디즘은 대중 운동이 되었다. 자신의 놀라운 통찰을 영혼의 지혜를 찾아 굶주린 엘리트들과 나누는 대신에 선견자는 자기의 시간 대부분을 축복을 바라고 찾아오는 병자들과 가난뱅이들에게 나누어주고 온갖 종류의 속된 일에 신경을 써야 했다. 젊은 반항자의 눈에, 하시디즘은 통속화되어 있었다.

하시디즘의 타락이 그 대중화에 원인이 있다고 확신한 반항자들은, 처음에는 "거룩한 유대인"에 의해 주도되고 그 뒤를 이어 프쉬스케의 렙 부남에 의해, 그리고 마지막으로 코츠커에 의해 주도된 이질적인 다른 운동을 전개했다. 갱신의 전위 부대가 된 그들은 하시디즘의 모든 것을 또 하나의 관심에 집중시키고자 했다. 엘리트를 연마하고 향상시키는 일, 레뻬의 영적인 선물을 대중의 하찮은 관심사에 쏟는 것을 막는 일—이 그것이었다.

1827년 레뻬가 되었을 때 코츠커는 몇 해 동안 자신의 독특한 지도 방법을 유지할 수 있었다. 몇몇 선택된 자들에 둘러싸여 그들을 고도로 교양 있고 명료한 영성 생활로 유도할 수 있었던 것이다. 이 초기의 몇 해를 그의 "토마소프 시대"라고 부를 수 있겠다.

1829년 코츠커는 토마소프를 떠나 코츠크에 정착했다. 이 무렵 그는 자기 자신이 도망쳐 나오려던 바로 그 상황에 갇혀 있는 자신을 발견하기에 이르렀다. 그의 레뻬로서의 명성은 마치 들불처럼 번졌고 수많은 사람들이 떼를 지어 그를 만나러 왔다. 바야흐로 코츠크는 제2의 루블린이 될 위험을 안게 되었다. 루블린은 다름 아닌 하시디즘 대중화의 본산이었다.

렙 멘들은 자기의 대중적인 인기에 당황했다. 그는 코츠크로 몰려드는 대중을 피하여 도망갈 궁리를 했고, 마침내 제자들과 더불어 안식일 식사를 하는 것조차 꺼릴 정도가 되었다. 그는 갈팡질팡했다. 레뻬가 되는 것을 포기할 것이냐, 아니면 계속하여 영적인 몰락의 위험을 안을 것이냐?

1840년은 그에게 결단의 해였다. 렙 멘들은 공동체로부터 스스로 물러나서 레뻬로서의 역할을 중단하고 서재에 틀어박혔다. 그리고는 한정된 사람에게만 가까스로 문을 열어 주었다. 그의 은퇴는 그를 숭배하는 자들에게 슬픔과 낙담을 안겨 주었다.

코츠커의 평생토록 계속된 내면의 독거(獨居)는 외부에 알려져 많은 사람이 알게 되었다. 그의 은둔은 정신적인 지도의 무용성을 주장함이었을까? 그럴지도 모른다. 그러나 우리는 에제키엘의 말을 잊어서는 안 된다.

> "너 사람아, 일어서라. 내가 너에게 할 말이 있다." 그는 나에게 기운을 불어 넣으시어 일으켜 세우시고 말씀을 들려 주셨다. "너 사람아, 나에게 반항하는 역적의 무리, 이스라엘 백성에게 내가 너를 보낸다… '주 야훼께서 이렇게 말씀하신다' 하고 내 말을 전하여라…듣든 안 듣든 내 말을 전하는 자가 저희 가운데 있다는 것만은 알게 해주어야 하지 않겠느냐?"(2:1—5)

1920년 바르샤바에서 출판된 라삐 즐로트니크(Zlotnik)의 짧은 글에, 코츠커는 유다이즘의 개혁을 모색한 철학자로 묘사되어 있다. 그의 논문에 따르면 코츠커는 제자들이 자기를 이해하지 못한다고 생각되자 공공연하게 안식일 규정 중 하나를 어겼다는 것이다. 상당수의 저술가들이 이 이야기의 중요성을 확대시켜 그의 반항이 코츠커 생애의 분수계(分水界)를 이룬다고 썼다. 그러나 이런 주장은 역사적인 근거가 희박하다.5)

만일 이 이야기가 사실이라 하더라도 그것은 다만 사소하고 하찮은 사건이었다고 보아야 할 것이다. 이 비슷한 짝을 찾아볼 수 없는 인물의 폭풍처럼 거친 생애에 비쳐 볼 때, 그런 따위의 에피소드는 그 사상의 호방함과 격렬함에 어울리지 않는 것이다. 그는 전통적인 경건 생활과 성별을 평생토록 지켜나갔다.

---

5) 앞으로 출판될 나의 책, 『코츠커』, 16장을 보라.

코츠커의 물러남

생애의 마지막 20년간 코츠커는 여러 불안에 싸여 불평과 환멸에 빠졌다. 어떤 문제들이 그를 가장 괴롭혔는가에 대해 우리는 다만 추측할 수 있을 뿐이다. 아마도 그것은 진실이 버림받았다는 사실, 그리고 다만 대지(大地) 홀로 그것을 가슴 속 깊은 곳에 품으려 한다는 사실을 확인한 것이었으리라. 아니면 인간 실존이 유산으로 물려받은 허위성의 책임이 궁극적으로는 하느님 자신에게 있다는 생각 때문이었을지도 모른다.

누가 있어, 고독한 번개처럼 자기-추방의 삶을 산 코츠커와 비슷한 위치에 서 있다고 스스로 생각할 수 있을까? 그는 은퇴함으로써 무엇을 이루고자 했을까? 세상의 속임수에 항거하고자 함이었을까? 인간의 우둔함과 싸우는 데 힘을 분산시키는 것보다 하늘과의 싸움에 전력을 집중시키려는 것이었을까? 그는, 민중의 영향력 있는 지도자가 되기 위해서는 그들에게서 멀리 떨어져야만 한다고 결론을 내렸던 것일까? 혹은, 하시디즘은 끝났다고, 바알 셈 토브가 시작한 것은 마감되었다고 주장하려는 것이었을까?

그는 강철 심장을 가진 사람들을 찾았다. 그러나 그가 발견한 것은 그들 대부분이 사람을 멍청하게 만드는 귀(耳)를 지녔다는 사실이었다. 그는 가까운 친구들에게서조차 바로 이해받지 못했다. 그들에게 더 분명하게 더 뚜렷하게 말할 수 없었음에 대해 그는 자신을 비난했던가, 그들을 비난했던가? 어쨌든 그는, 비젼은 앞에 두고 절망은 뒤에 두고, 가능성들의 흐름의 가장자리에서 홀로 걷기를 결심했다.

1840년 사실상의 은퇴 이후, 그의 가슴은 더 이상 마음의 놀람으로 고통받지 않았고 성난 목소리로 떨리지도 않았다.

한번은 안식일 식사를 하는 중에 렙 멘들이 "야곱은…형 에사오에게 머슴들을 앞서 보내면서"(창세기 32:4)라는 구절을 풀이했다. 갑자기 그는, "앞으로 얼마나 더 오래 유대인들은, 야곱이 에사오에게 어떻게 사람들을 보냈는가라는 문제에 매달려 있을 셈인가!" 하고 소리를 질렀다. 그 뒤로 그는 신경 쇠약에 걸려 자기 밑의 하시드들에게 모독적인 언사를 쓰며 "저리 가라!"고 소리쳤다. 그럴 때면 자기의 각별한 친구인 렙 모르데카이 요세호에게도 모욕 주는 것을 서슴지 않았다. 그는 자기 방으로 옮겨져 몇 주일이고 병상에 누워지내야 했다.

원근 각처에서 사람들이 그의 얼굴을 보고 말을 듣고자 몰려 왔다. 그러나 코츠커는 좀처럼 그들을 받아들이지 않았다. 그는 마지막 20년을 거의 굳게 닫힌 문 뒤에서 혼자 살았다. 한번은 그의 절친한 친구인 게르의 렙 이츠악 메이르가 렙 멘들의 방을 부수고 들어가 소리질렀다. "이스라엘이 비참하게 살아가고 있는데 그대는 문을 닫고 있는가!"

이 은둔이 일종의 자기-추방이었던가? 당시로서는 거룩한 유대인들이 스스로 몸을 빼어 낯선 작은 마을에서 이름없이 존경도 받지 않으면서, 이 세상에 있을 곳을 잃은 하느님과의 연대를 위해 귀양살이를 하는 경우가 흔히 있었다. 코츠커 역시 자기 집에서 추방당함을 스스로 경험하기로 결심했던 것일까?

그의 은둔은 인간과의 투쟁으로부터 하느님과의 만남에로 그 전선(戰線)을 옮긴 것이 아닐까? 이것이 나의 가설이다. 그의 사상이 다른 사람들의 마음의 꼴대로 주조될 수 있다고는 볼 수 없겠지만 그래도 그는 때를 따라 배움의 집에 불현듯 나타나 경고로 가득 찬 낯선 말을 뱉어 놓을 것이다. 모여 있던 제자들은 이 두려운 남자에 대한 공포에 사로잡혀, 그 앞에 버티고 서서 말을 마칠 때까지 기다리는 대신에 간담이 서늘하여 멀리 달아날 것이다. 그러므로 그의 목소리는 밤중에 부는 바람처럼 어둠 속에서 봉인된 채 남아 있었다. 그럼에도 불구하고 어떤 이들은 언제고 찢어져 있는 자신을 느끼게 될 것이다. 왜냐하면 달아난 자들이 그로 하여금 말해야 할 것을 모두 말하게 해 주지 않았기 때문이다.

그의 말은 수수께끼인 채 미완성으로 남아 있다. 어쩌면 그에게 자신의 말을 완성시킬 용기가 없었는지도 모른다. 그가 남긴 말들의 전체 모습은 미완성의 흉상같다. 그는 자기의 사상의 바닥까지 말로 표현한 일이 없다. 아무도 그의 말을 완전하게 파악하지 못한다. 그는 불타고 있는 양초의 심지와 같았다. 아무도 그의 빛 속의 아픔을 이해하지 못했다.

그럼에도 불구하고, 코츠커는 실패자가 아니었다. 그가 자신이 별로 영향을 끼치지 못했다고 생각할지는 모른다. 그러나 그가 싸우던 전쟁이 계속되는 한 그의 말(言語)은 다시 한번 군호(軍號)로서 울려 퍼질 것이다.

제8부

차이점

차이점

　인간 실존을 이해하는 데 코츠커가 바탕으로 삼은 것과 키르케고르가 통찰의 바탕으로 삼은 것은 서로 다르다. 이 사실은 물론 유다이즘과 기독교의 근본적인 차이에서 비롯된 것이다. 실제로 궁극적인 실재에 대한 심오하고 뛰어난 파악은 그들의 훌륭한 통찰을 만들어내었는데, 그것들은 서로 비슷한 면도 있으면서 날카롭게 갈라지기도 한다. 그러므로 그 두 사람이 다룬 관심과 견해를 살필 때 우리는 분간하기 어려우면서도 철저한 사상의 차이점을 놓쳐서는 안 된다.

　나아가서 한 사상가의 사상을 완전히 파악하려면 먼저 그가 살았던 세상에 대한 지식을 갖추어야 한다. 우리는 코펜하겐과 코츠크 사이의, 키르케고르에게 막강한 영향을 끼친 철학이 강의되던 베를린과 코츠커에게 하시디즘의 길을 처음 열어 준 루블린 사이의, 키르케고르의 눈길을 집중시켰던 헤겔과 코츠커에게 영감을 준 "거룩한 유대인" 프쉬스케의 렙 야코프 이츠악 사이의 문화-사회적인 차이를 항상 염두에 두어야 한다.

그 안에서 키르케고르가 자라난 지적인 분위기는 헤겔의 철학, 낭만주의 문학이었다. 교육받은 자라는 인정을 받기 위해서는 헤겔의 용어로 생각을 해야 했다. 보통 사람들도 그의 철학에 나오는 전문 용어를 사용했고 "정"(正)이니 "반"(反) 또는 "합"(合)이니 하는 단어를 써가며 열을 올리는 토론을 코펜하겐의 가게에서도 들을 수 있었다.

한편 코츠커는 『탈무드』의 이론에 묻혀 종교적인 실존의 깊이를 탐구하는 삶을 살았다. 바알 셈과 그의 제자들의 사람됨과 가르침이 수많은 사람들을 매혹시키고 있었다.

그들의 생활 양식 또한 날카로운 대조를 보여 주었다. 키르케고르는 철학사에 남는 훌륭한 사상가였고 코츠커는 하시디즘 역사의 가장 급진적인 짜딕들 중의 하나였다.

키르케고르는 도덕적인 영웅이 아니었다. 그에게는 "그의 놀라운 재능을, 관습적으로 육체의 죄악이라고 분류할 만한 짓들을 하는 데 낭비하는" 경향이 있었다. 그는 이해 관계에 초연하지도 않았다. 아버지에게서 물려받은 유산에 비교해 볼 때 그가 내놓은 자선 헌금은 오히려 좀 짠 편이었다. 키르케고르 연구가들은 그의 글과 생활 사이에 일치하지 않는 점이 있음을 말하고 있다.[1] 그는 금욕주의와 수도원 생활을 극구 찬양했지만 자신은 그것을 실천에 옮기지 않았다. 실제로는 얼마쯤 사치스런 생활을 했다.

코츠커는 성자의 생활을 하며 세상으로부터 떨어져 살았다. 돈을 혐오하고 육신의 쾌락을 경멸했다. 그의 적대자들조차 그가 성자임을 의심하지 않았고, 어떤 제자들의 눈에는 땅 위에 살고 있는 천사처럼 보이기도 했다.

---

1) 스폰하임, 『그리스도와 기독교인의 일체성에 관한 키르케고르의 입장』, p. 16. 주, 27.

인생의 어둠과 사방에 깔려 있는 불안을 꿰뚫어 본 그는 어느 구석에선가 빛이 발견될 가능성이 언제나 있음을 주장했다. 그는 사람이 하느님께 봉사하려 하는 때에도 결국은 어둠 속에서 행동할 뿐이라는 주장에 날카롭게 반대했다.

그의 고뇌는 절망이 아니라 당황함에서 그 한계에 이르렀다. 그는 어리둥절했지만 깨어지지는 않았다. 그가 겪은 정신적인 고통은 설명할 수조차 없는 것이었지만 희망이나 치유책이 전혀 없는 것은 아니었다.

키르케고르의 내적인 상태는 신학적으로도 심리학적으로도 사뭇 달랐다. 그는 우울증과 자기-학대에서 오는 질병과 싸워야 했다. 그는 이 모든 것을 부친의 탓으로 돌렸다. 그는 아버지를 "스스로 엄청난 우울증에 시달리면서…늘그막에 아들을 낳아 그에게 우울증을 유산으로 물려 준 노인"이라고 했다. 그의 말을 직접 들어보자.

> 만일 어떤 잘못된 것이 가장 아늑한 환경에서 먼저 발전된다는 예견을 무엇인가가 억압한다면 사람은 잘못된 것을 스스로 의식하지 못하게 된다. 그러나 한 가정의 역사 안에는 그것이 깔려 있어 모든 것을 소멸시키는 원죄의 힘이 제 모습을 드러내고 그것은 마침내 절망에로 성숙한다.

매우 경건하고 정열적이며 엄격하고 죄의식에 사로잡혀 있던 그의 부친은 자신의 죄악성 때문에 늘 괴로워했고 그 대가로 받아야 할 형벌이 자기와 자기 가족에게 내린다는 고정 관념을 갖고 있었다. 그의 자녀들 중 대부분이 그의 생전에 죽어갔다. 그는 소년 시절에 한번 하느님을 저주한 기억으로 고통을 받았다. 그의 양심은 자신이 저지르는 부정(不貞)한 행실 때문에 더욱 더 괴로웠다. 임종시에 그는 이 모든 것을 자기 아들에게 고백했다. 아버지의 범죄를 알게 됨으로써 키르케고르는 자신도 모르는 사이에, 자기는 저주를 받았다는 확신을 품게 되었고, 이것은 그의 죄의식을 더욱 심하게 해 주었다.

> 한 어린 소년으로서 유틀란드의 황야에서 양떼를 지키다가 심한 헐벗음과 굶주림과 고통을 견디지 못하여 언덕 위에 올라 하느님을 저주한 사람—여든 두 살이 되도록 그 일을 잊지 못해 괴로워하고 있는 사람, 이 얼마나 무서운 이야기인가.[2]

코츠커도 키르케고르처럼 우울한 기질을 지니고 있긴 했지만 그러나 범죄 또는 저주를 상속으로 물려받았다는 의식은 그에게서 찾아볼 수 없다. 그의 일생을 통해 봐도 그런 의식의 흔적은 없다. 도대체 유대적인 사상에는 그런 것이 자리할 곳이 없다. 고전적인 유대 문학은 그런 개념을 분명히 거부했다. 성경의 아람(Aram)어 번역인 『타르구밈』은 제2 계명을 다음과 같이 옮겨 놓았다. "만일 그 자손들이 조상들처럼 죄 짓기를 계속하면…악한 아비의 벌을 거역하는 자손들에게 내리리라"(출애굽기 20:5, 신명기 5:9).

키르케고르의 사상은 그리스도-중심적이었다. 코츠커의 사상은 하늘과 땅을 만드신 한 분 하느님에게 예속되어 있었다. 키르케고르에게는 인간 실존에 수반되는 가장 기본적인 사실이 그가 하느님으로부터 분리되어 있고 스스로 이를 인식하고 있다는 것이었다. 반면에 코츠커는 하느님으로부터의 분리를 필연성으로가 아니라 사람과 하느님이 절대적으로 다름에 근거한 우발성으로 보았다. 유대인은 하느님에게서 완전하게 떨어져 나갈 수가 없다. 왜냐하면 미츠바를 행함으로써 하느님의 뜻에 자신을 일치시키기 때문이라고 코츠커는

---

[2] 『일기』, 1846, 1837, 1846.

말했다. 분리는 이미 결판나 버린 필연성이 아니라, 인간이 그 의지를 살리지 못한 데서 결과된 상황이었다. 그리고 돌아서는 회개, 테수바(*teshuvah*)를 행함으로써 다시 하느님과 만날 수 있었다.

키르케고르에게는 우리가 보고 그 안에서 살고 있는 이 세계가 하느님을 향하여 열린 문이 아니라 닫힌 장벽이었다. 이 문은 다만 밖에서 오시는 그 분에 의해 열릴 수 있었다.3) 코츠커는 하느님께서 항상 인간이 스스로 문을 열려고 하기를 기다리신다고 말했다. 한번은 누군가가 그에게 물었다. "하느님은 어디에 머무시는가?" "네가 들어오시도록 허용하는 곳이다." 이것이 그의 대답이었다.

키르케고르는 하느님께서 스스로 존재하심을 강조했다. 유대교에서는 하느님이 역사를 통하여 당신의 행위를 이루어나가시는 데 사람을 필요로 하신다고 가르친다. 사람은 그 존재 자체가 하느님께 의존하여 가능하다는 것, 역사의 차원에서 하느님과 인간의 관계는 계약이며 상대방에 대해 피차 의무를 지는 호혜 관계(互惠關係)라는 것을 가르친다.

계약의 의미에 충실하자면 하느님은 인간의 협동을 필요로 하신다고 말해야 할 것이다. 이것이 코츠커가, 대칭과 반대를, 하느님과 인간 사이의 유비와 협동과 마찬가지로 강조한 까닭이다. 그는 인간의 모험과 하늘의 도움, 인간의 주도권과 하늘의 은총이 똑같이 중요하다고 주장했다.

키르케고르에게 내면성은 피조물인 인간과 하느님의 두려운 심판 사이에 부딪쳐 깨어짐을 나타내었다. 코츠커는 내면성을, 내적인 순결을 위한 투쟁으로, 희망의 부추김을 받아 그것을 이루고자 하는

---

3) 키르케고르, 『마음의 순결은 한 가지 일을 하는 것』, 더글라스 V. 스티레 옮김(뉴욕, 1938); p. 115를 보라. 같은 책, A. S. 올드워스와 W. S. 페리 옮김 (런던, 1938); pp. 109f.

노력으로 보았다. 키르케고르에게는 긴장이 그침이 없고 갈등은 영원히 계속되었다. 하느님 앞에서 인간은 언제나 그르기 때문이었다.

코츠커는 일평생 인간의 거짓과 이기주의가 하느님께로부터 스스로를 분리시켰다는 생각을 벗어날 수 없었으면서도 유대교의 빛 아래 하느님의 사랑과 용서가 이루어짐을 언제나 확신했다. 선한 행실이 아직 효력 있고 가치 있다는 사실은 세상에 대한 긍정을 암시한다. 렙 멘들은 즐거움에서 오는 정신적인 건강과 우울증에서 오는 황폐함을 강조했다. 그는 "진리의 증인은 태어나면서부터 숨질 때까지 이른바 쾌락이라는 것과는 거리가 먼 그런 사람이다!"[4]라는 키르케고르의 견해에 동조할 수 없었다.

영혼과 육신의 이원론은 기독교에서 빈번하게 표현되고 있다. 유대교에는 그런 이분법이 없다는 사실이 자주 유대교와 기독교의 뚜렷한 차이점 가운데 하나로 인용된다. 그러나 우리는 순진하면서도 지성적인 유대인들의 가슴을 사로잡고 있는 강력한 금욕주의적인 성품을 간과해서는 안 된다.

실제로 아우구스티누스의 자주 인용되는 "하느님 사랑과 이웃 사랑은 박애라 부르고, 세상 사랑과 인생 사랑은 탐욕이라 부른다"[5]는 말은 중세기 또는 중세기 이후의 유대 문학에서도 그와 유사한 표현이 발견되고 있다. 예를 들면 젊은 마이모니데스는 그의 『미쉬나 입문』(Introduction to the Mishnah)에서 이렇게 기록하고 있다. "영혼의 회복은 육신의 파멸을 조건으로 하여 이루어진다. 그리고 영혼의 파멸은 육신의 회복에 따라 온다."[6]

이 주제에는 상당히 깊은 종교-도덕-심리학적인 뜻이 내포되어

---

4) 『"기독교 세계"에 대한 키르케고르의 공격』, p. 7.
5) 에리히 프쉬와라, 『아우구스티누스의 종합』(뉴욕, 1958); p. 341.
6) 헤셸, 『마이모니데스』, p. 36을 보라.

있다. 이 문제를 다룬 변증론자들은, 되풀이하지만, 유대 역사 안에 흔히 비유적으로 말하여 "규범적인 유다이즘"이라고 하는 것과 분명하게 갈라지는 강력한 흐름이 있음을 깨닫지 못했다.

자기-부정

키르케고르는, 기독교와 달리 유대교는 십자가와 고뇌에 관해, 자기를 미워하는 것에 관해 설교하지 않는다고 주장했다. 유대교는,

> 하느님께서 (사랑으로) 뜻하시는 것은 인간이 세상에 대해 죽는 것이라는 사실, … 하느님께서 (사랑으로) 이루시는 것은 인생길에 고의로 계획된 온갖 불안과 근심 걱정으로 인간을 괴롭히는 것이라는 사실,
> 신약 성서의 기독교는 인간에게 입힐 수 있는 가장 심한 상처로서, 모든 것을 맞설 수 있게 하기 위해 가장 무서운 규모로 미리 계획된 것이라는 사실[7]

을 가르치지 않는다.

기독교는 세상과 그 질(質)이 서로 다르고 하나가 될 수 없는 것이라고 키르케고르는 주장했다. 그러므로 인간은 모름지기 이 세상을 경멸해야 한다. 그는 이 세상을 장차 형벌을 받을 체제로 보았다. 그래서 키르케고르에 따르면 인생의 의미는 고통의 가능성 안에서 발견된다. 사람은 영원과 시간이 만나는 곳에서 고통을 피할 수가 없

---

7) 『"기독교 세계"에 대한 키르케고르의 공격』, pp. 224, 258. "기독교와 세속성은 한 순간도 서로를 이해한 적이 없다."—『사랑의 역사(役事)』, p. 82.

다. "이교도들이 기독교를 *odium generis humani*(인종[人種]증오)라고 부르는 것은 기독교의 삶에 대한 적개심 때문이다. 이런 혐의는 사실이라고 키르케고르는 말한다."8)

> 기독교는 이 세상에 대해 그 질(質)을 달리한다. 따라서 "증인"은 세상에 대해 낯선 것, 세상을 포기하는 것, 고통 당하는 것으로 분간될 수밖에 없다. 같은 시대에 증언자로서 생존하는 것이 다른 무엇으로 생존하는 것보다 더 어렵고 거의 불가능한 까닭이 여기에 있다.9)

키르케고르 자신이 유대교와 기독교의 이 중요한 차이점을 알고 있었다는 사실은 매우 의미가 깊다.

> [그는] 자기 비서였던 유대인 이스라엘 레윈에게, 그가 예수 그리스도에게 관심하지 않아도 된다는 사실 때문에 그를 부러워한다고 말한 적이 있다. 즉, 그는 그리스도(와 마찬가지로 기독교인)와 세상의 충돌 때문에 기독교인이면 당하지 않을 수 없는 고통을 피할 수 있으니 그것이 부럽다는 뜻이었다.10)

만일 모든 남자가 결혼을 하지 않는다면 인종이 끊기지 않겠느냐는 물음에 키르케고르는, "기독교는 문자 그대로 세상의 끝을 뜻한다"라는 역설적인 대답으로 응수했다. "애석한 일이다!"라고 그는 덧붙였다. 기독교는 세계의 종국을 위해 직접 행동해야 했다. 이것이

---

8) 덜스트럽, 『키르케고르 비판』, p. 269, "키르케고르의 변증법."
9) 『"기독교 세계"에 대한 키르케고르의 공격』, p. 11.
10) T. H. 크로크솔, 『키르케고르 주석』, (런던, 뉴욕, 1956); p. 226.

기독교의 사명이었다.

> 키르케고르는 루터가 [독신 생활의] 요구를 약화시키고 기독교를 유대교로 만들었다고 비난한다.…풍요와 번영은, 하느님을 두려워하는 자가 행복하고 축복을 받으며 이 땅에서의 생활에 하느님의 약속이 이루어진다고 믿는 유대교에 속한 것이다. 그러나 기독교의 왕국은 이 세상의 것이 아니다. …기독교와 유대교의 이 차이점은 영원에 대한 서로 다른 견해에 그 원인이 있다. 본질적으로 유대교는 영원 없는 시간을 말하고 기독교에서는 모든 것이 영원을 지향한다.11)

아버지와 어머니

키르케고르의 기독교 이해는 루가복음 14장 26절에서 강하게 결정된 듯하다. "누구든지 나에게 올 때 자기 부모나 처자나 형제 자매나 심지어 자기 자신마저 미워하지 않으면 내 제자가 될 수 없다."

이 구절은 많은 주석가들을 어리둥절하게 했다. 미워하지 않으면—"이 말이 거부감을 갖게 만드는 말이다."12) 이 말은 흔히, 예수를 따르고자 하는 사람은 그를 무조건적으로 주인이요 안내자로 삼아 다른 모든 것에 대한 충성심과 예속 관계를 철저하게 굴복시켜야 한

---

11) 덜스트럽, "키르케고르 변증법," p. 274. 이 인용문의 마지막 문장은 기독교 문헌에서 흔히 발견되는 유대교에 대한 불행한 오해를 반영한다.

12) 『성서 주석』(*The Interpreter's Bible*), VIII, p. 259. 어떤 주석가들은 이것을 창세기 29:31이나 로마서 9:13과 마찬가지로, 보다 덜 사랑하라는 것의 관용어투 표현으로 본다. 마태오는 이 말의 엄격성을 한 단계 낮추어, "어머니나 아버지를 나보다 더 사랑하는 사람"이라고 했다(10:37).

다는 말로 이해되었다.13)

코츠커의 눈에는 그런 말이 유대교의 전통과 정면으로 충돌된다고 보였다. 라삐 시몬 벤 요하이는, 하느님께서는 당신께 경배하기 전에 "어머니와 아버지를 공경하라는 명령을 내리셨다"고 주장했다.14) 다른 번역에 따르면, "부모를 공경한다는 것은 위대한 의무다. 거룩하신 분께서, 그의 이름에 축복이 있을지라, 부모 공경을 당신 자신에 대한 경배와 동등하게 만드셨기 때문이다."15)

단 한 구절, 유대교에서도 그와 비슷한 표현을 찾아볼 수 있다면 레위기 19장 3절이라 하겠다. "내가 비록 아비를 공경하라 했지만 만일 그가 '안식일을 더럽히라'고 말한다면 그의 말을 듣지 말아라." 그러나 토라의 규정을 어기라고 하는 아버지를 미워하라는 명령은 찾을 수 없다. 이 구절은 다만 아들이 부모를 순종하는 데 적용되는 단 하나의 제한을 말해 주고 있는 것일 뿐이다.

만일 아버지와 스승이 동시에 포로로 잡혀갔다면 먼저 스승을 (단, 그가 아버지보다 학식이 높고 무보수 스승일 경우에) 구해내고 그 다음에야 아버지를 구해내야 한다는 규정이 있는데 이 규정에서 비슷한 분위기를 읽을 수도 있다.

죄와 범죄

키르케고르는 이렇게 쓰고 있다.

---

13) 노발 겔덴후이스, 『루가복음 주석』(그랜드 래핏스, 1951), p. 398.

14) *Yerushalmi Kiddushin*, Ⅰ, 7.

15) *Pesikta Rabbati*, W. G. 브라우데 옮김(뉴 헤이븐, 1968), 피스카 23/24, p. 498.

기독교는… 인간이란 파멸된 존재라는, 즉 모든 개인은 태어날 때 태어남으로써 이미 파멸된 개인이라는 가정에 근거한다. 이 각 개인을 기독교가 구원할 것이다. 그러나 기독교는, 인생이란 진지하게 살고자 하는 자에게 인간의 입맛과 기호에 정면으로 충돌하는 문자 그대로의 고통, 불안, 비참이 된다는 사실을 감추지 않는다.16)

죄의 용서란 하느님께서 손 한번 들어 모든 죄과를 씻어버리고 죄의 결과를 모두 없애버리는 그런 것일 수 없다. 그런 바람(望)은 범죄가 무언지 모르는 세속적인 동경에 불과하다. 용서받는 것은 다만 범죄(guilt, 혹은 自犯罪)일 뿐, 죄(sins)의 용서는 아니다. 그것은 더 행복한 상황 밑에서 새 사람이 되는 것이 아니라, 비록 죄의 결과는 남아 있지만 범죄는 용서받았다는 확신 안에서 새 사람이 되는 것을 뜻한다. 죄의 용서는 이것저것 여러 가지의 일을 해 본 사람이 새 사람이 되고자 하여 끝내버리는 책략이어서는 안 된다. 죄의 용서를 받는다는 구실로 짐짓 죄를 짓는 일이 있어서도 안 된다. 그렇다. 범죄는 죄의 결과와는 판이하게 다르고 훨씬 더 무서운 것임을 이해하는 자만이 회개한다.

나는 대속(代贖, *satisfactio vicaria*)과 인간의 자기 죄에 대한 갚음의 관계를 이렇게 이해한다. 한편으로 그리스도의 죽음을 통하여 죄가 용서받았음은 물론 사실이다. 그러나 다른 한편, 사람은 그의 이전 상태로부터, 성 바울로가 말하는 "죄의 율법"으로부터(로마서 8:25), 마술을 통하여 들어올려지지는 않는다. 한편으로 죄를 용서받았다는 의식이 떠받들어 주고 절망에 맞서 투쟁할 용기를 주는 동안, 그는 갔던 길을 따라 되돌아와야 한다.

나는 죄의 용서를 확실히 믿는다. 그러나 나는 여태껏, 나의 형벌을 평생토록 겨야 하고 소외(疎外)라는 고통스런 감옥에 갇혀 있어야 하고 다른 사람들과의 단절을 뼈저리게 느껴야 한다고 알고 있

---

16) 『"기독교 세계"에 대한 키르케고르의 공격』, p. 226.

다—비록 하느님이 나를 용서하셨다는 생각을 하면 그것들이 조금 가벼워지긴 하지만 말이다.17)

죄의 상태에서 솟아나오는 부단한 범죄는 코츠커의 사상에서 찾아볼 수 없다. 죄로 인한 돌이킬 수 없는 혼란이라든가 결정적이고 최후적인 하느님 상실 같은 것은 유대적인 사고(思考)에서는 있을 수 없는 생각이다. 또한 앞에서 말했지만, 유대인들은 유산으로 상속된 범죄라는 것은 모른다. 아담의 죄와 다른 우주적인 불행이 창조의 원질서를 오염시켰다고 생각한, 그리고 그것들이 당대에 미치는 영향을 심각하게 생각한 신비주의자들조차도 범죄의 짐을 후대 사람들에게 지우지는 않았다.

인간 실존은 하나의 연루(連累)라고 유다이즘은 말하고 있다. 인간은 존재함 그 자체로써 하느님과 얽혀 있다. 왜냐하면 존재함으로써 그는 "있어라"는 하느님의 명령에 복종하고 있기 때문이다. 단지 존재하는 것 자체가 거룩하다.

존재한다는 것은 범죄의 곤경에 처하는 것이 아니라 세상을 창조하신 분께 향한 개선(凱旋)이요 찬양이다. 존재한다는 것 자체가 축복이다. 산다는 것은 계속 축복을 받는 것이다. 존재한다는 것이 문제가 아니다. 어떻게 존재하느냐가 딜레마다.

고통

코츠커와 키르케고르가 모두 신앙을 도약으로서 생각한 개념도 서로 다른 뜻을 함축하고 있을 수 있다. 키르케고르에 따르면, 신앙

---

17) 『일기』, 1846, 1847, 1848.

의 도약은 이성(理性)과의 절연을 분명히 함으로써 정신적인 불쾌 감정과 고통을 낳는다. 그러나 코츠커는 신앙의 짐이 고통을 낳는다고 결코 가르치지 않았다. 오히려 그는 신앙의 즐거움을 강조했다.

키르케고르는 기독교인으로서 실존하려면 반드시 **고통**을 경험해야 한다고 생각했다. 사람은 예리한 죄의식을 경험하고 참회를 계속함으로써 비로소 기독교인이 될 수 있었다. 기독교 신앙의 중심되는 대상은 스스로 계신 하느님이 아니라 인간의 모양을 하신 하느님이었다. 이것은 절대 모순이요 따라서 영원한 걸림돌이며 인간의 마음에 대한 공격이었다. 결론적으로, 사람은 그의 마음이 반발하는 이 모순을 불안스럽게 받아들임으로써 하느님을 믿는 신앙 생활에 들어갈 수가 있었다. 나아가서, 그런 고통은 한번 겪으면 그것으로 끝나는 것이 아니라 거듭거듭 모순을 받아들임으로써 계속 새로워져야 하는 것이다. 그러므로 키르케고르에게는, 고통을 겪는다는 것이 진실한 기독교인의 삶에 고루 스며들어 상존(尙存)하는 요소였다. 만일 기독교인이라면서 고통을 경험하지 않는다면, 그것은 그가 아직 그 차원에 오르지 못했다는 사실을 증명하는 것일 뿐이었다.

따라서 기독교인이 된다는 것은 그리스도를 본받아(*imitatio Christi*) 십자가를 지고 박해를 달게 받는 것을 뜻했다. 이것은 사람이면 누구나 당하게 되는 일반적인 시련을 견디는 것을 뜻하지 않는다. 진실한 기독교인이 되기 위해 갖추어야 할 조건은 스스로 원하여 겪는 고통의 경험이었다. 기독교인이 되는 것은 순교자가 되는 것과 다름없었다.

키르케고르 자신이 고통을 겪는 자였다. 아버지의 죄로 인한 어두운 그늘, 레기나 올센과의 파혼, 코펜하겐의 잡지『코르세트』의 끈질긴 조롱, 말년에 겪은 마인스터 감독과 교회 당국에 대한 환멸감—이 모든 것들이 그의 어깨를 짓눌렀다. 키르케고르에게서 찾아볼 수 있는 중요한 것은 그가 이 고통을 어떻게 이용했는가이다. 그는 그 어떤 고통으로도 상처를 입힐 수 없는 그런 존재가 되려 하지 않았다. 그는 아픔을 받아들였고 아픔과 더불어 살았고 아픔을 추구했고 그것이 그에게 주는 값비싼 의미를 발견했다―그것은 자신이 하느님의 부르심을 받은 자로 살고 외로운 사람으로, 하나의 이상을 위해 산다는 것이었다. 고통을 통하여 그는 자신의 사명을 발견했다. 1843년의 일기장에서 그는 이렇게 기록하고 있다.

> 가장 중요한 것은 하느님께 정직한 것이다. 무슨 일을 당하여 그것을 피하려 하지 않고 오히려 어느 쪽이 가장 좋은가를, 그것이 본인의 바라는 것이든 아니든, 스스로 설명할 수 있을 때까지 견뎌내도록 밀고 나가는 것이다.18)

"종교적인 관점에서 볼 때 …고통을 파악하고 그 고통 안에 머물러 있어 마침내 고통으로부터 멀리 떠나는 것이 아니라 고통에 관해 정면으로 깊은 성찰을 하는 것이…반드시 필요하다."19)

말년의 키르케고르는 스스로, 초대 기독교인들이 당한 것과 버금가는 시련을 견뎌내는 정신적인 순교자라고 생각했다.

코츠커는 고통이란 어떤 사람들이 겪어야만 하는 정신적인 시련이라고 이해했다. 그러나 그는 결코 그것이 신앙 생활을 하는 데 없어서는 안 되는 것이라고 드러내어 주장하지는 않았다. 유대인은 이 세상의 삶을 미워하라고 부추기지 않는다. 키르케고르는 기독교인이 되려면 이 세상의 삶을 미워해야 한다고 보았지만, 반대로 유대인에게는 이 세상의 삶이 어떻게든 소중히 여겨야 하는 것이었다. 인간이

---

18) 드루판(版), 454.
19) 『후기』, p. 397.

하느님을 섬기어 미츠바를 실천에 옮길 수 있는 것이 오직 이곳에서 가능하기 때문이었다. 장차 올 세상에서는 그런 기회가 주어지지 않을 것이다.

원죄

하느님과 인간의 무한한 질적 차이에 대한 키르케고르의 강조는 인간과 하느님의 극단적인 분리에 대한 코츠커의 각성에서 그 비슷한 점을 찾아볼 수 있다. 그러나 이 두 관념 사이에는 상당한 차이점이 있다. 그것은 인간 본성에 대한 생각이 근본적으로 다르다는 데 기인하는 차이점이다. 키르케고르의 하느님과 인간의 무한한 질적 차이에 대한 강조 속에는 인간은 아무것도 하지 못한다는 생각이 깔려 있다. 하느님께서 모든 것을 주신다. 심지어 인간에게 믿음을 주시는 분도 하느님이다. 이것이 은혜요, 기독교의 기본적인 핵심이다.

아우그스부르크 신조(1530) 제4항은, 오직 믿음을 통하여 하느님의 은혜로 의로운 자가 됨으로써 인간은 구원받는다고 못박아, 도덕적인 행실로 의로운 자가 된다는 생각을 아예 처음부터 거부했다. 바울로의 가르침(로마서 3:4)이 16세기의 권위 있는 규범으로 등장했다. 모세 율법과의 절연을 바탕으로 삼아[20] 성립된 이 교리는 선행과, 율법을 주신 하느님께 대한 복종을 가장 중요한 것으로 삼아 자랑으로 여기는 유대교의 중심 교리와 날카롭게 대립된다.

---

[20] 야고보서의 견해, "형제 여러분, 어떤 사람이 믿음이 있다고 말하면서 그것을 행동으로 나타내지 못한다면 무슨 소용이 있겠습니까? … 믿음에 행동이 따르지 않으면 그런 믿음은 죽은 것입니다." —이것이 루터로 하여금 야고보서를 "지푸라기 서한"이라고 부르게 했다.

이론상으로, 키르케고르는 그 교리를 반대했다. 참된 헌신은 인간이 하느님을 기쁘시게 할 아무런 수단도 갖추지 못한 자신을 볼 때 비로소 이루어진다—이것이 개신교 경건주의의 목소리다. 반면에 유대교 경건주의는 하느님을 기쁘시게 해드릴 길이 헤아릴 수 없이 많다는 생각에 그 뿌리를 내리고 있다.

유대교는 인간의 영혼이 저주 밑에 묶여 있거나 상속된 범죄의 올가미에 갇혀 있어 거기에서 구원받아야 한다고는 보지 않는다. 인간의 타락과 원죄에 관한 교리들은 유대교 안에 뿌리박은 교리가 된 적이 없었다. 1세기 묵시문학에서 한 책에 그런 교리가 나타났지만,[21] 다른 책에서 부인되었다.[22]

아담의 죄와 에덴에서의 추방은 몇 세기 동안 유대인들의 사상에서 중요한 자리를 차지했지만, 그러나 모든 권위 있는 인물들이 한결같이 그런 사건들이 맨 처음 하느님께서 만드신 인간에게 영향을 끼쳐 다른 존재가 되게 했다고는 생각하지 않았다. 인간의 행위가, 그것이 제아무리 거창하더라도, 하느님께서 친히 창조하신 것을 변경시키거나 일그러지게 하지는 못한다고 그들은 생각했다. 유대 민족이 천여 년 동안 사용한 대중 언어인 이디쉬 어에 "원죄"라는 단어가 없다는 사실이 상당한 의미를 던져 주고 있다. 그리고 그런 뜻을 나타내는 히브리 말이 출현한 것도 13세기에 이르러 중세기의 기독교-유대교 논쟁의 영향을 받아서였다.

유대인들은 그들의 매일 기도문에서 이렇게 고백한다. "당신께서 제게 주신 영혼은 깨끗합니다." 각 개인이 저지른 죄는 그의 영혼을 더럽힌다. "너희는 들어와도 복을 받고 나가도 복을 받으리라"(신명기 28:6)는 말씀은 "너희의 세상으로부터 떠남이 세상으로 들어감과

---

21) 에스드라 II 7:118; 3:20; 4:30-31.
22) 바룩 II 34:15-19.

같으리라, 죄 없이 세상에 들어 왔듯이 죄 없이 세상을 떠나리라"23)는 뜻으로 풀이되었다.

키르케고르는 죄의 문제를 종교적인 인생관의 중심이 되는 것으로, 기독교적인 심성을 지니는 출발점으로 보았다. 특별히 『불안의 개념』과 『죽음에 이르는 병』에서 죄에 대한 자각이야말로 주관적인 자아의 가장 구체적인 표현이며 인간이 도달할 수 있는 가장 깊은 자각이라고 주장했다.

유대교의 인생관에서도 죄에 대한 깊은 인식을 하고 있긴 하지만 초점은 구체적으로 파악되는 죄, 인격적인 창조주의 뜻에 반하여 저지르는 인격적인 행동으로서의 죄에 쏠려 있다. 그리고 비록 죄가 크고 많아도 악한 행동이라는 게 치유될 수 없는 것은 아니다. 각 개인의 본성 안에 자리잡은 근절 못할 죄악성에 대한 기독교인의 고정관념은 유대인의 마음에는 도대체 뿌리를 내릴 수 없는 것이다. 인간에게는 강한 악의 충동이 있을 수 있지만, 또한 그에 맞서 선한 충동도 있다. "내 죄 내가 알고 있사오며, 내 잘못 항상 눈앞에 아른거립니다"(시편 51:3)라고 고백한 시인이 "내 영혼아, 야훼를 찬미하여라… 네 모든 죄를 용서하시고 네 모든 병을 고쳐주셨다"(103:2,3)고 노래할 수도 있는 것이다. 죄와 용서 사이에는 변증법적인 관계가 있다. 인간이 자기 죄에 대해 민감하면 할수록 하느님의 용서하심은 더욱 은혜로운 것이다.

코츠커에 따르면, 신앙의 도약은 하늘의 부르심에 대한 인간 영혼의 응답이다. 이것은 그런 부르심에 인간이 대답할 준비를 갖추고 있음을 전제로 한다. 그리고 만일 인간의 영혼이 그 부르시는 음성을 들을 수 있다면, 하느님과 인간 사이에 무한한 질적 차이가 있다고

---

23) *Baba Mezia* 107a.

주장할 수는 없는 일이다.

소크라테스가 말한 자기-성찰은 자신의 무지(無知)를 발견하게 한다. 키르케고르가 말한 자기-반성은 자신이 죄인임을 발견하게 한다. 코츠커가 부르짖은 자기-훈련은 자신의 거짓됨, 진실하지 못함, 마음의 불결함을 마주보게 한다.

토라는 천사들에게 주어진 것이 아니라고 『탈무드』는 말하고 있다. 사람은 천사처럼 살게 되어 있지 않다. 그러나 키르케고르에 따르면, 인간은 자신이 불가능한 일을 하도록 요구받고 있음을 느낀다. 이런 깨달음이 그가 "감추어진 내면성"(hidden inwardness)이라고 부르는 긴장된 의식의 핵심이다. 하느님의 지상명령인 복종은, 인간이 그 명령을 완전하게 수행할 수 없으므로, 죄의식 또는 죄악으로 경험된다. 그는 하느님의 압도하는 명령을 다 따를 수 없다. 그래서 그는 자신의 생명을 무조건적으로 그리고 열정적으로 하느님의 손에 내어맡기는 것이다.

성경의 가르침에 영감을 받아, 이스라엘의 현인들은 인간이 하느님 눈에 괜찮은 존재로 보일 만한 공적을 쌓을 수 있다고 주장했다.

> 공적을 쌓는 데는 두 가지 길이 있다. 하나는 소극적인 길이고 하나는 적극적인 길이다. 교회의 교부들은 전자를 말하고 라삐들은 후자를 말한다. 사람은 "율법을 지키는 것과는 관계없이 믿음을 통하여 하느님과 올바른 관계를 맺기"(로마서 3:28) 때문에 금지된 것을 피하는 것만으로 공적을 쌓을 수 있다. 그러나 유대인은 적극적인 공적을 쌓는 법을 배웠다. 남자와 여자는 적극적인 행실을 함으로써 그런 높이에 오를 수 있어… 하느님 앞에서 괜찮은 존재로 인정받게 되는 것이다.[24]

---

24) A. 마르모르스테인, 『고대 라삐 문학에 나타난 공적(功績) 교리』(뉴욕,

키르케고르에게는 인간을 구원하는 것이 그의 인간적인 공적이 아니라 하느님의 은혜였다. 그러므로 사랑의 행실을 다 한 자라도 하느님의 사랑에 대해 "네"라고 스스로 말하지 않으면 그는 구원받지 못한다. 이 점에서 키르케고르는 루터를 따른다.

코츠커도 인간의 결점을 충분히 알고 있었다. 그러면서도 그는 인간의 불완전한 행위 속에조차 거룩함이 깃들어 있음을 의심하지 않았다. 그는 이스라엘이 "불결한 중에"(레위기 16:16 참조) 있을 때 그들과 함께 있겠노라고 하신 하느님의 약속을 알고 있었다. 다만 저속한 자들이 공적쌓는 것을 약속어음처럼 생각한다. 하느님을 섬기는 능력의 부족함을 인식하는 것이 유대교에서는 공적의 교리 못지 않게 중요한 부분을 차지했다. 이 둘을 다 경험해 본 코츠커는, 필요한 것은 자기-만족의 감정이 아니라 불안감임을 알고 있었다.

"하느님께 거역함으로써 우리는 항상 그릇되다"는 키르케고르의 유명한 주장은 "이 종을 재판에 붙이지 말아 주소서. 살아 있는 사람 치고 당신 앞에서 무죄한 자 없사옵니다"라는 시편의 구절(143:2)을 풀어 말한 것이다. 그럼에도 불구하고, 한 개인이 하느님과 이런 인격적인 관계를 맺고 있음이 사실이라고 해서, 최고 재판장이신 하느님이 다른 백성을 향해 혹시 내릴 수도 있는 부정의(不正義)에 대해 개인이 그 최고 재판장에게 따질 수 없는 것은 아니다.

인간의 범죄에 몰두한 덕분에 키르케고르는 신정론(神正論)의 문제로, 곧 악을 존재하게 한 하느님의 변명할 필요성에 관한 문제로 괴로워한 일은 없는 것 같다.

코츠커는 신앙의 사람이면서 그만큼 정신의 사람이었다. 그는 깊이 믿으면서도 질문을 계속했다. 패배당하면서도 계속 항변했다.

물론 아담의 원죄에 기인한 죄의식으로 괴로움을 겪지는 않았지

1920), p. 3.

만, 코츠커는 더 극단적인 고뇌로 시달림받았다. 그것은 하느님이 인간의 교활한 기만성에 궁극적으로 책임을 지셔야 한다는 사실을 알아버린 것이었다. 말년에 그의 영혼을 어두운 슬픔 속에 가두어버린 것은, 이 역설적인 하느님의 책임에 대한 깨달음이었다.

코츠커의 순결에 대한 요구는 인간의 본성이 타락되었다는 생각에서 나온 것이었을까? 인간의 모든 행위와 생각이 원죄로 더럽혀져 있다는 확신에서 나온 것이었을까? 그런 해석은 전적으로 잘못된 것이다. 오히려 그의 요구가 그토록 철저했던 것은, 그가 인간의 순결함과 숭고함에 도달할 수 있는 가능성을 믿었기 때문이었다. 그는 인간의 영혼이 "하느님의 한 부분으로서 위에서 내려온"[25] 것이라는 하시드 파 스승들의 견해에 동조했던 듯하다. 그의 모든 사상은 분명히 인간의 능력에 대한 확신 위에 기초했다. 그는 실제로 인간의 능력을 과대 평가했다. 그는 인간이 영혼의 위대성이라고 불리는 것을 이룰 것으로 기대했다.

> 키르케고르의 책은, 그의 일기나 직접 간접으로 사람들과 나눈 편지와 마찬가지로 모두가 원죄와, 죄에서 파생되는 삶의 공포들을 상대로 필사적으로 경련을 일으키며 투쟁을 철저하게 벌인 인간의 끊임없는 이야기이다.[26]

코츠커와 키르케고르가 서로 상당히 비슷함에도 불구하고 이 문제만은 끝까지 견해가 엇갈리고 있음은 주목할 가치가 있다. 코츠커를 당황하게 한 것은 타락한 인간이 아니라 묻혀진 진리 이야기였다.

---

25) 라삐 사베타이 세프텔 벤 아키바 호로위츠, *Shefa Tal*, 시작(始作).
26) 레프 세스토브, 『키르케고르와 실존철학』, 엘리노 헤위트 옮김(아덴스, 오하이오), p. 311.

범죄와 기대

두 개의 기본적인 개념이 있는데, 우리는 그 개념으로 무엇이 우리의 실존 자체를 가능하게 하는지, 무엇이 우리의 삶을 유지하기 위해 더 이상 어떻게 할 수 없는 마지막 가능성들을 존속시켜 주는지를 해독하려고 한다. 이 개념들은 경험에서 나온 산물이 아니라 정신의 궁극적 범주들이다. 하나는 인간이 범죄를 보상해야 한다는 것이고 다른 하나는 그에게 실현해야 할 사명과 이루어야 할 기대(期待)가 있다는 것이다. 전자는 인간의 타락에서, 그의 죄악된 본성에서 표현되어 있고, 후자는 미츠바를 강하게 역설하고 있다.

첫 번째 해석은 인간의 범죄를 영혼이 육신 안에 갇혀 있는 것에 관련시키는 올페우스적인 개념에서 파생된 것이다. 인간의 삶 전체가, 이전(以前)의 실존 안에서 영혼이 초래한 무거운 범죄를 보상하기 위한 고행이 된다.27) 이것은 원죄를 보편적인 범죄의 인식으로 번역한 아우구스티누스에게서 메아리치고 있다. 아담의 타락은 참된 존재의 상실이었다. 모든 후대인들은 그에게서 더럽혀진 본성을 물려받았고 그래서 그의 범죄를 상속받은 것이다. 칼빈에 따르면, "우리의 본성 구석구석이 타락하고 더럽혀짐으로써 우리는 다만 그 때문에 하느님의 저주를 받아 마땅한 것이다…이것은 다른 사람의 잘못에 대한 책임이 아니다."

G. 반 델 류우(G. van der Leeuw)는, 죄란 하느님께 대한 적의(敵意)라고 설명했다.

---

27) 베르너 예게르,『아리스토텔레스』, 리처드 로빈슨 옮김(런던, 뉴욕, 1934); 9장 *passim*.

우리는 자신도 모르는 사이에, 또는 원하지도 않으면서 하느님을 거역한다. 우리는 하느님의 적이다. 실제로 여기에는 그가 우리의 적이라는 것말고 다른 이유가 없다… 양심은 인간에게, 너는 하느님을 미워하고 있다고 소리친다. 하느님께서 역겨워하시는 뜻이 인간 존재의 깊은 곳에서 솟아 나온다. …기독교의 죄관(罪觀)이 지니고 있는 특수성은 일반적인 범죄로서의 일반적인 죄의 개념에서 인식되어야 한다.28)

폴 틸리히에 의하면, 실존은 곧 소외되어 있는 상태이다. 인간은 그의 존재의 근거로부터, 다른 존재들로부터, 그리고 자기 자신으로부터 소외되어 있다. 본질에서 유한한 존재의 보편적인 속성인 실존으로 바뀌게 된 것은 개인의 범죄와 우주적인 비극의 결과이다.
　모든 아이는 각자 아담의 범죄를 상속하고 있다. 따라서 인간의 문제는 근본적으로, 그가 하느님의 법을 어긴 것이 아니다. "그의 기본적인 범죄는 그가 멀고먼 나라의 탕자라는 사실이다."

　　죄인 되는 것밖에
　　우리에게는 다른 길이 없다.
　　만일 우리가 무죄하다면
　　하느님은 생각할 것도 없다.

이것은 현대의 유명한 기독교 시인이며 극작가인 아치볼드 매클리쉬(Archibald MacLeish)의 글이다.29)
　사람의 가슴이 묻는다. 내게서 무엇을 기대하는가? 성서의 말을

---

28) G. 반 델 류우, 『종교, 그 본질과 현시』(런던, 1938), p. 520.
29) *J. B* (보스턴, 1958), p. 111.

빌린다면, 내게서 무엇을 바라는가? 이 물음에 대답을 해야 한다는 사실을 깨달음으로써 보는 눈이 열린다. 개인의 문제를 넘어서 무력함, 무관심, 불공평, 억압, 고통을 극복하라는 객관적인 도전도 받아야 한다. 욕망의 시끄러운 잡음 위에, 우리를 부르고 우리에게 명령하고 우리를 기다리는 숭고한 기대가 있다.

우리가 마주치는 것은 꽃과 별, 산, 강(江)만은 아니다. 모든 것을 넘어 그 위에 숭고한 기대가 있다. 기다림이 있다. 한 아이가 태어날 때, 그와 함께 새 기대가 세상을 뚫고 들어온다.

이것은 살아가면서 겪을 수 있는 가장 중요한 경험이다. 모든 사람이 매순간 느끼는 신비스런 기다림이다―나에게 무엇인가 요구되고 있다. 그 요구를 이해하고 응답하는 것 속에서 의미는 찾아진다.

우리가 존재한다는 것 자체가 빚을 지고 있는 것이다. 왜냐하면 우리는 그냥 스스로 존재할 수 없기 때문이다. 우리는 지금도 창조되어지고 있는 몸이다. 그러므로 전에 언급했듯이, "…되어야 함"이 "…임"보다 중요하다. 세상이란 그 앞에서 인간이 주인 의식보다는 빚지고 있다는 생각을 갖게 하는 그런 곳이다. 그 앞에서 인간은 책임을 느끼기도 해야 하지만 이와 마찬가지로 응수도 해야 한다.

부채 의식은 추상적인 관념의 산물이 아니다. 그것은 말로 표현되기 전에, 그 내용이 밝혀지기도 전에 이미 우리 안에서 숨쉬고 있었던 것이다. 그것은 우리가 누군가의 부름을 받았다는 의식, 우리에게 사명이 부여되었다는 의식, 삶을 취하는 것으로와 마찬가지로 받아들이는 것으로도 살라는 요청에 대한 의식이다. 그 내용은 받은 선물에 대한 고마움이다. 그것은 생리적인 주고-받기 관계보다 더 높은 관계를 지향한다.

부채 의식은 인간으로서의 열정을, 위임받은 존재로서의 자아-의식을 표현한다. 인간은 자기가 빚지고 있다는 의식을 지니지 않고는 스스로 인간이라고 생각할 수가 없다. 그러므로 그것은 단순한 느낌이 아니라 사람답게 살려면 갖추어야 하는 이목구비이다. 부채 의식을 뿌리뽑는 것은 인간의 인간성을 파멸시키는 것이라 하겠다.

이 부채 의식은 여러 사람에 의해, 책임, 의무, 충성, 양심, 희생 같은 여러 말로 번역되었다. 이 모든 말의 내용과 그 가리키는 방향은 저마다 해석에 따라 결정된다.

부채 의식을 지니고 살지 않는 사람, 인간은 자신을 초월하고 그의 이해관계와 요구들을 넘어서야 한다는 것을 깨닫지 못하고 사는 사람, 인간 실존은 활용(活用)과 축제를, 만족과 고양(高揚)을 함께 내포하고 있음을 모르는 사람의 인생에서는 진실성을 찾아볼 수 없다.[30]

루터에 대한 반론

키르케고르의 사상에서, 특히 금욕주의적인 경향에서, 가톨릭의 이상에 상당히 기울고 있음을 볼 수 있지만, 결정적인 부분에서는 역시 루터의 가통(家統)을 보여 주고 있다―예를 들면, 신앙과 이성(理性)을 서로 적대시하는 관계에 놓는 것, 한 단독자의 영혼과 하느님의 관계를 강조하는 것, 신도의 공동체를 거의 배제시켜버리는 것 등이 그렇다. 실제로 루터주의가, 신앙하는 개인에 의해 수세기 동안 발전되고 적응되어 온 복음의 진리에 대한 연속적인 증언을 강조하지 않았더라면, 키르케고르의 정신적인 씨름은 처음부터 있을 수도 없었을 것이다. 그럼에도 불구하고 그는 한 사람의 증인으로서 당시의 루터파 교회와 정면으로 충돌하지 않을 수 없었다.

---

30) A. J. 헤셸, 『누가 사람인가?』(스탠포드, 1965), pp. 107ff를 보라.

제9부

코츠커와 욥*

하늘을 높임

코츠커가 은둔 생활을 한 마지막 20년간, 그를 괴롭힌 문제들은 무엇이었던가? 확실한 대답은 알 수가 없다. 그가 자기의 방을 떠날 무렵 남긴 말들을 들어보아, 우리는 다만 그가 영원히 현존하는 수수께끼, 곧 어째서 하느님은 이 세상에 악을 허용하셨는가 하는 문제 때문에 고통을 받았다고 요약할 수 있을 뿐이다.

코츠커가 그토록 절실하게 찾아 헤맨 것은 무엇이고, 무엇을 성취할 수 있으리라고 기대했던가? 지붕 위에 올라 "야훼는 하느님이시다!"라고 소리 지르는 수십 명의 젊은이들인가? 그러나 도대체 단순한 개인들이 무엇을 성취할 수 있기나 한 것일까? 몇 명 되지도 않는 극소수가 세계를 다시 만들 수 있겠는가? 코츠커의 비전은 보다 더 대담했다. 외경과 용맹, 놀람과 대담한 행동의 균형을 맞추는 것이 렙 멘들의 영혼이 계속 추구해 간 행위였다.

---

* 이 글은 코츠커의 견해에 대한 주석이 아니라 오히려 그의 말에 따라 살펴본 신앙의 중요한 문제들에 대한 수상이다.

"오 하느님, 누가 있어 침묵 중에 있는 당신과 같겠사옵니까! 당신은 당신 백성의 수치를 보시고도 잠잠하십니다." 이렇게 순교의 시대에 라삐 이스마엘은 부르짖었다. 오래 된 유대 전승에 따르면, 거룩한 사람들인 짜딕들에게는 능력이 있어 하느님께서도 그 능력에 기꺼이 따르시는 것으로 되어 있다. 하느님께서 어떤 법령을 공포하셨다 해도 그것이 너무 가혹하면 짜딕에게 그것을 수정할 수 있는 능력이 있는 것이다. 커다란 역경에 처하게 됐을 때 그의 제자들이 코츠커에게 사정에 따라 적당히 처신하겠으니 허락해 달라고 간청했다.

"좋다. 그러나 하느님을 경외하는 것은 어떻게 할 셈이냐?" 하고 코츠커는 대꾸했다.

그러나 그의 외경을 본받는다는 것은 이론을 제기하고 논쟁적이며 세상을 괴롭히고 있는 거짓의 깊이에 분노하거나 말 없는 비난을 퍼붓는 것이었다. 우리가 이 허깨비 세상에서 갈팡질팡하는 것은 누가 책임져야 할 일인가? 오로지 인간만이 책망을 받아야 하는가? 코츠커는 가차없이 자기를 따르는 자들을 꾸짖었다. 그러나 꾸지람 자체가 꾸짖는 당사자에게 돌아오게 되어 있는 것이 아니었던가? 이 곤경이 생기고 또 지속되게끔 허락한, 아니면 그렇게 되도록 정한 하늘이란 도대체 무엇인가? 이 문제에 얽힌 괴로움이 곤경 그 자체보다 더욱 심했다. 하늘에서 뭔가 크게 잘못된 것이 분명했다.

인간이 창조될 때, 진실을 땅에 파묻는 수밖에 없었던가? 마침내 코츠커는 엄정한 결론에 이르렀다. 그것은 목적과 목표가, 인간을 순결하게 하는 데 있지 않고 하늘을 높이는 데 있다는 것이었다.

로드지민의 렙 얀케프 아르예가 코츠크를 방문했을 때 렙 멘들이 그에게 물었다. "얀클, 왜 인간이 이 땅 위에 창조되었는가?"

"자기 영혼의 깨끗함을 회복하라고 창조되었지" 하고 렙 얀클이 대답했다.

코츠커 레뻬는 그에게 화를 내면서 말했다. "얀클, 그것이 우리가 프쉬스케의 레뻬에게서 배운 것인가? 사람은 하늘을 높이라고 창조된 것이야!"

만일 인간이 자기 영혼의 순결을 찾으라고 창조된 존재라면, 그의 모든 예배가 자신의 이익을 위한 것이 되고 만다. 만일 하느님 섬기는 것이 자기 자신을 섬기는 것이 된다면 신앙은 어찌 되겠는가? 코츠커는 신앙의 뜻은 자아의 포기에 있다고 주장하지 않았던가? 자기 자신을 기쁘게 하기 위해 거룩한 무엇을 행한다는 것은 우상 숭배 행위였다. 따라서 인간이 자기의 구원을 추구하기 위해 태어났다고 보는 교리는 그가 우상을 숭배하기 위해 태어났다는 것과 같은 뜻을 지닌다. …결코 그렇지 않다! 개인의 구원이 지상 목표일 수는 없다.

숨이 막힌다

부드러움이 쓸모 없어진 곳에 엄격함이 자리잡게 될 것이다. 그러나 자기의 영혼에 상처를 입히지 않고 화를 낼 수 있는 사람은 거의 없다. 코츠커는 부싯돌이 불꽃을 옮기듯 화를 내었다. 그의 침묵은 소름이 끼쳤고, 연설은 부르짖음이었고 그의 분노는 순수한 고뇌와 끊임없는 쓰라림이 모든 속박을 끊어버리고 모든 달콤한 위안을 썩게 하는 순간이었다. 그의 길은 설명하고 밝히는 것이 아니라 오히려 반항하고 부딪치고 더 높은 비젼과 감추어진 고통의 이름으로 거절하는 것이었다.

그러나 살과 피로 만들어진 피조물이 하늘을 뒤엎을 수 있겠는가? 그 높은 곳에 올라 천체를 명령할 수 있는가? 게다가, 어떻게 감히 하느님께 도전한단 말인가? 렙 멘들은 그의 확신을 성경과 『탈무드』와 『미드라쉬』에서 끌어냈다. 아브라함이 소돔과 고모라의 운명을 놓고 하느님과 담판을 벌이고, 야곱이 천사와 씨름하여 이긴 뒤로 많은 예언자와 라삐들이 경우에 따라 그와 비슷한 경험을 했다. 하느님의 사랑을 내세워, 하느님의 걷기 힘든 길을 받아들이기를 거절하는 것이 일종의 기도 형식이 되었다. 실제로 고대 이스라엘의 예언자들은 하느님의 가혹한 심판에 습관적으로 고개를 끄덕이며 "당신 뜻이 이루어지이다"라고 중얼거리는 그런 인물이 아니었다. 그들은 자주 하느님께 도전하여 당신의 뜻이 바뀌어야 한다고 말하려는 것 같이 보이기도 했다. 그들은 가끔 반발했고 하느님의 법령을 수정하기까지 했다.

앞에서 말했지만, 하늘의 문은 위대한 짜딕에게 언제나 열려 있었다. 그는 만일 스스로 높이 올라갈 수만 있다면 위대한 일들을 이룰 수가 있었다. 만일 그가 거룩함과 진리로써 싸운다면 하늘에 이르는 모든 길을 뚫을 수도 있었다.

코츠커가 한번은 이렇게 말했다. "만일 하늘이 나에게 말하기를 뉘우쳐 돌아가는 길이 아무데도 없다고 했다면, 나는 하늘을 뒤엎었을 것이다." 그는 또한 "면죄 제물을 드리는 규정은 다음과 같다. 그것은 더없이 거룩한 제물이므로"(레위기 7:1)라는 구절을 다음과 같이 풀이했다. "어디에 찾아내어야 할 죄가 있는가? 더없이 거룩한 것 안에 있다." 하시드란 세상을 끊어버린 사람이라고 코츠커는 말했다. 이 주장의 밑바닥에 흐르는 것은 세상과 진리 사이의 갈등 관계에 대한 깨달음이다. 오직 세상에 대해 "아니다"라고 말함으로써 인간은 진리를 살 수 있다는 것이었다.

코츠커는, 삶이란 계속되는 충돌이요 끝까지 싸우는 싸움으로서 항복한다는 것은 생각조차 할 수 없는 그런 싸움이라고 확신했다. 그는 도덕적인 비겁자들을 경멸했고 겁쟁이들을 좋아하지 않았다. 싸움은 격렬했다. 그것은 자아(ego)와 자아를 배신하는 거짓과의 충돌이었다.

이것이 코츠커의 가르침 속에 표현된 그의 위치였다. 그러나 사적으로, 제자들의 눈이 미치지 않는 곳에 홀로 침잠해 있을 때 그는 또 다른 싸움에 몰두했다. 그것은 하느님과의 싸움, 하느님을 위한 싸움이었다.

재앙은 사람들이 생각한 것보다 훨씬 더 심했다. 만일 모든 것이 순전히 인간 탓이었다면 회복하는 것도 훨씬 더 쉬웠을 것이다. 그러나 불행이 시작된 것은 인간이 태어나기 훨씬 전의 일이었다.

모세가 "당신의 존엄하신 모습을 보여 주십시오" 하고 간청하자 전능하신 분이 대답하셨다. "네가 내 얼굴은 보지 못하겠지만 내 뒷모습만은 볼 수 있으리라"(출애굽기 33:18, 23). 이 말은 이 세상에서는 모든 것이 앞-뒤가 바뀌어 나타났다는 뜻이다. 지금 있는 것은, 인간의 개념에 따르면, 있어야 할 것의 뒷면이라는 것이다. 세상은 이성(理性)에 등을 돌리고 서 있고, 하느님의 뜻은 감추어져 있다.

강철로 된 심장을 가진 자라야 이런 세상을 배겨낼 수 있을 것이었다. 인간은 거짓과 잔인함, 악의에 관해 생각하기 시작하자마자 곧 구토를 하지 않고는 견딜 수 없을 것이었다. 코츠커가, 하시드란 세상을 끊어버린 사람이라고 강조한 까닭이 여기에 있다. 이 온 세상의 운명이란 것은 한번 슬프게 울어줄 만한 가치도 없다고 그는 말했다. 왜냐하면 이 세상은 허깨비들의 세상이기 때문이라는 것이었다. "세상은 썩었다, 숨이 막히는구나!" 하고 그는 소리쳤다.

코츠커는 고뇌를 느꼈고 비극의 정체를 알았다. 그러나 그 치료책은 무엇이었던가? 살아남는 길은 오직 하나밖에 없었다. 하느님께 도전함으로써 거룩해지고 용감하게 기도하고 영웅적으로 예배하고 그리고 기다리는 것이었다. 그리고 무엇보다도, 하늘에서 내려오는 거짓된 양보(讓步)에 속아 바보가 되지 않는 것이었다.

그런 배짱이 보잘것없는 자신에 대한 인간의 각성을 깔아뭉개는 것은 아니었다. 렙 멘들의 제자였던 알렉산더 렙 헤노크는 이렇게 말한 적이 있다. "우리가 코츠크에서 무엇을 배웠는지 아는가? '사람은 자기가 벌레의 침(針)이라는 사실을 알아야 한다'는 것이었다." 여기 인간의 모호성과 그 운명의 모순이 바닥에 깔려 있음을 우리는 본다. 비록 하찮은 존재이긴 하지만, 인간은 이 땅을 하늘의 높이에까지 끌어올리라는 소명을 받고 태어난 것이다.

렙 헤노크는 "하늘은 야훼의 하늘이요 땅은 사람들에게 주셨다"(시편 115:16)는 시편의 한 구절을 이렇게 풀이했다. 전능하신 분께서는 당신 자신을 위해 하늘을 지으셨고 한편으로 땅은, 그것을 하늘로 만들라고 인간에게 주셨다. 코츠커에게는, 따라서, 땅을 하늘로 만들라는 엄청난 사명이 주어졌던 것이다.

렙 헤노크는 모세가 이 일을 제대로 수행했다고 생각했다. 모세가 시나이에서 토라를 받았을 때 기적이 일어나 우둔한 인간의 마음들이 성스러워졌던 것이다. "그 산은 하늘 한가운데까지 치솟는 불길에 휩싸였다"(신명기 4:11). ─산은 유대인들이 "하늘의 마음"을 받아들일 때까지 타올랐다.

아마도 이것이, 렙 멘들이 왜 그렇게 가혹해야 했는가를 설명해 줄 것이다. 그는 시나이 산처럼 스스로 불길에 휩싸여 있었다. 불꽃으로 타오르며, 땅의 사람들을 하늘의 백성으로 변모시키는 비젼을 실천에 옮겼다. 그러자 진실을 파악하게 된 것이다. 인간들의 마음은 진흙에 던져져 있고 진흙에서는 불길이 솟구치지 않는다는 것을.

굴복?

코츠커는 평생토록 인간의 보잘것없음과 담대함의 상호 모순 속에서 괴로워했다. 하늘의 결정에 영향을 미칠 수 있는 짜딕의 능력—"짜딕은 명령하고 하느님은 이룬다, 하느님은 명령하고 짜딕은 수정한다"—에도 불구하고 그는, 보다 높은 진실에 대한 외경심으로, 그 능력을 특수한 경우에 사용하지 않았다. 반면, 코츠커는 하느님이 진실을 무덤 속에 묻어버렸다는 데 이르러는 더 이상 묵종할 수가 없었다. 대부분의 경우 그는 침묵으로 비난의 마음을 감추었지만 때로 신랄한 말을 뱉은 적도 있었다. 하느님께 불평하는 것이, 나아가서 그 불평을 말로 터뜨리는 것이 짜딕으로서 할 만한 일이었던가?

이 문제는 고대 유대 현인들 사이에 논쟁을 불러 일으켰다. 라삐 아키바는 하느님의 길은 항상 옳다는 사실을 알아야 한다고 주장했다. 만일 캄캄한 어둠 속에 삼키운다 하더라도 인간은 그 고통을 달게 받아야 한다는 것이었다. 하느님께 불평한다는 것은 있을 수 없는 일이었다. 반면에 라삐 이스마엘은 항의도 하지 않고 이스라엘의 고통을 승낙할 수는 없다고 말했다. 그는 감히 전능하신 분에게 덤벼들었다. "오 하느님, 누가 있어 침묵 가운데 계신 당신과 같겠습니까? 당신은 이 백성의 수치를 보시고도 잠잠하십니다!" 순교의 시대에 라삐 이스마엘은 이렇게 부르짖었다.

『탈무드』와 『미드라쉬』에 나오는 대부분의 현인들은, 욥이 성서에 나오는 몇 안 되는, 하느님을 두려워한 사람들 중 하나라는 점에 의견을 같이 했다. 다른 사람들에게는 욥이 신성모독자였다. 한 학자는 욥의 항변에 대해, "그의 말을 막아라! 그 입에 흙을 채워라"1)고 소리질렀다.

오늘의 유대인들에게는, 악을 어쩔 수 없는 것으로 묵묵히 받아들이는 것보다는 하느님께서 내리신 곤경을 비통하게 여기는 것이 더 힘있는 증언이 될지도 모른다. 분노의 폭발이, 정열의 하느님을 쳐다보지도 않거나 혹은 아첨하는 것보다 더 하느님의 영광을 드러내준다는 것은 분명한 사실이다.

렙 멘들은 라삐 이스마엘의 처지를 받아들였다. 정직하게 사는 사람은 극심한 곤경에 처했을 때 불안을 애써 억누르려고 하지는 않는다. 그는 뱃심좋게 말을 해야 한다. 인간은 하느님께라도 항복하면 안 된다고 그는 생각했다.

하느님과 말씨름을 하는 사람에게 승리할 수 있다는 한 줄기 희망이라도 있는 것일까? 하느님을 이길 수 있다는 생각은, 코츠커의 견해로는, 전적으로 앞-뒤가 맞지 않는 생각이었다. 인간의 곤경이 아무리 분명하게 손끝에 아파도 그것을 풀어나갈 해답은 감추어져 있게 마련이었다. 살과 피로 만들어진 인간이, 심오한 인간의 문제에 대한 하느님의 응수를 이해할 수는 없는 것이다. 신비한 하늘의 비밀은 인간의 머리로 파악되지 않는다. 그렇다면 우리는 하느님과 인간 사이의 모든 충돌이 아무 쓸모가 없는 것이라는 결론에 도달한 셈인가?

코츠커는 항거와 분노의 가차없는 소용돌이를 사랑했다. 그런 소용돌이로 끊임없이 하늘에 도전해야 한다고 그는 생각했다. 인간으로 하여금 굴복하지 않고 하늘에 맞서 하늘을 흔들리게 하는 것이야말로, 분명히 하느님의 뜻이었다. 하느님의 피조물인 자연이 그에게

---

1) *Baba Batra* 16a.

하나의 본보기를 보여주었다.

"당신은 뒤끓는 바다를 다스리시며 파도치는 물결을 걷잡으십니다"(시편 89:9). 여기에는 유산으로 이어져 내려온, 대립이 있는 듯하다. 조물주가 "모래톱을 둘러 바다의 경계로 삼아 언제까지나 넘어오지 못하게" 했고 "밀물이 일어도 넘어오지 못하고 파도가 들이쳐도 넘어오지 못하게"(예레미야 5:22) 했기 때문이다. 그런데 어째서 물결이 일어 해변을 치고 폭력으로 방책을 깨뜨려 땅을 물에 잠기게 하는가? 어째서 바다는 하느님의 뜻을 거역하여 그토록 맹렬하게 싸우고 용처럼 끝없이 거품을 내뿜는가? 과연 바다는 제가 하느님이 세우신 질서를 깨뜨릴 수 없음을 알고 있는가? 바다는 육지를 덮어 버릴 수 없다. 땅 또한 바다 속에 잠기지 않을 것이다. 그럼에도 불구하고 전능하신 분은 경계선을 무너뜨리려는 열정을 칭찬하신다. 바다는 제가 이길 수 없음을 알면서도, 그럴 힘이 없음을 알면서도, 끊임없이 싸우고 있다.

굴복과 맹목적인 복종은 코츠커를 불쾌하게 했다. 그는 양순하고 위선적인 예스-맨들 아래 무릎을 꿇는 겁보를 역겨워했다. 사람이란 그 실존 자체가 반항이어야 한다. 그는 지금 있는 자기로 그냥 존재하기를 거부해야 한다. 렙 멘들의 스승인 렙 부남은 라삐 아브라함 이븐-에즈라의 혁명가적인 기질을 끝없이 칭송했다. "나는 어떻게 그의 어깨가 하느님께 대한 경외로 금이 가지 않았는지 이해할 수가 없다"고 그는 말한 적이 있다. 인간은 하느님 앞에서라도 비굴한 노예가 되어서는 안 된다. 패배하는 중에라도 끊임없는 용기가 밑바닥에 남아 있어야 한다.

코츠커는 가장자리로 밀려나는 것을 거절한 이단자들을 크게 존경했다. 오랜 유대 전통은 하느님께 아첨하는 자를 불쾌하게 보지 않았던가? 그는 코라나 파라오 같은 성경의 반항아들을 우러러봤다.

렙 멘들은, 모세의 권위에 반기를 들었던 코라가 길거리에서 쫓겨나 이리저리 헤매는 인물이 아니었다고 설명한 적이 있다. 파라오에 대해서도 그는 이렇게 말했다. "파라오는 기질이 강한 사나이였다. 오늘 어떤 사람이 그가 당했던 어려움의 반절만 받아도 당장에 무릎을 꿇었을 것이다. '하느님의 의로우시고 그의 심판도 의롭다!'라고 그는 부르짖었다. 파라오는 재앙을 떼로 만났다. 그래도 그는 자신에게 여전히 진실했다."

에집트에 내려진 마지막 재앙을 얘기하면서 성서는 이렇게 기록하고 있다. "파라오와 그의 신하와 백성이 한 밤중에 모두 일어났다…"(출애굽기 12:30). 라시(Rashi)는 그의 주석에서 "그는 자기 침상에서 일어났다"는 말을 덧붙였다. 그가 의자에서 일어났든 침상에서 일어났든 다를 게 무엇인가?

코츠커는 라시가 결정적으로 중요한 점을 덧붙여 놓았다고 설명했다. 오늘날의 이른바 자유 사상가들은 실은 마음이 창백한 겁쟁이들이면서 자신의 이단설(異端說)을 자랑스럽게 여긴다. 그들은 두통에만 걸려도 즉시 시편을 암송하든가 무당[의사]에게 달려간다. 그들은 이단자가 아니라 다만 겁보일 따름이다.

파라오는 전적으로 다른 인종이었다. 그야말로 완벽한 이단자였다. 그는 모세가 예언한 모든 재앙이 그대로 내리는 것을 보았다. 그리고 그 운명의 날에 모세는 그에게 경고했다. "야훼께서 이렇게 말씀하십니다. '내가 한밤중에 에집트인들 가운데로 나가리라. 에집트 전국에 있는 맏이는 다 죽으리라. 장차 왕위에 오를 파라오의 맏아들을 비롯하여 맷돌을 가는 계집종의 맏아들에 이르기까지 다 죽을 것이요, 짐승이 낳은 맏배도 살아남지 못하리라. 그래서 에집트에서는 전무후무한 곡성이 터지리라…'"(출애굽기 11:4-6). 파라오는 자기 자신도 맞아들이면서 당황하지 않고 아무런 일도 없다는 듯 태연하게 잠자리에 들었다. 그는 배부르게 먹고 난 사람처럼 잠을 자다가 온 에집트에 곡성이 낭자하게 됐을 때에야 잠을 깼던 것이다. 그러므로 "그가 침상에서 일어났다"는 말은 묵종(默從)을 모르는 자의 참 모습을 보여 주는 중요한 한 마디인 것이다.

다른 레뻬들과는 달리 코츠커는, 인간은 아무것도 아니기에 언제나, 어떤 상황에서나 양순해야 하고 잔잔한 물보다 더욱 조용해야 하며 베어놓은 풀보다 더욱 부드러워야 한다고 가르치지 않았다. 반대로 사람은 머리를 높이 들어야 한다고 가르쳤다. 왜냐하면 열등의식이나 나약한 감정은, 진실을 위한 싸움을 싸우는 자에게 있을 수 있는 가장 고약한 성격이기 때문이었다. 만일의 경우 전쟁에서 지더라도 개처럼 무릎을 꿇어서는 안 되었다.

이방인 예언자 발람은 이스라엘에 관해 이렇게 말했다. "사자처럼 웅크리고 있는데 그 사자같은 자들을 누가 감히 건드리랴!"(민수기 24:9). 그는 쓰러져도 사자처럼 쓰러진다.

인간이 사랑으로 받아들이고 침묵으로 견뎌야 하는 몇 가지 양태의 고통이 있다. 거부해야 하는 다른 고뇌들도 있다.

"내가 너희를 에집트인들의 고역에서 건져내리라"(출애굽기 6:6). 왜 성경은 에집트인들의 "종살이"라는 말보다, "고역"이라는 말을 쓰고 있는가? 이에 대해 렙 부남은, 에집트에서의 포로생활에서 가장 고약한 것은 이스라엘 사람들이 모든 것을 너그러이 견뎌낼 수 있었다는 점이었다고 대꾸했다. 아무리 힘든 일을 시켜도 그들은 점차 그 일에 익숙해져 해낼 수 있었던 것이다. 하느님께서는 그들이 진흙과 역청 반죽을 이기면서 참을성 있게 노예생활을 받아들이는 것을 보시고, 모세에게 말씀하셨다. "만일 저들이 이것까지 너그럽게 견뎌낸다면 일은 고약해진다. 우리는 곧 저들을 에집트에서 건져내야 하겠다. 그냥 내버려두면 죽을 때까지 종살이를 계속할 것이다." 그들이 종살이를 그만둔 바로 그 순간에 구원은 시작되었다. "그제야 너희는 나 야훼가 너희 하느님임을, 너희를 종으로 부리는 에집트인들의 손아귀에서 빼낸 하느님임을 알리라"(출애굽기 6:7).

이 내면의 태도—고통에 대해 어떻게 생각하고 있는가—가 중요한 것이다.

하느님 문제

거듭거듭 코츠커가 돌아와야 했던 문제는 이런 것이었다. 온 세계가, 하늘과 땅이, 주인 없는 궁전이라는 사실이 있음직한 일인가?
까다롭게 얽힌 『탈무드』의 문제가 제기될 때마다 한 사람이 "아브라함의 하느님!" 하고 소리지르면 그것으로 문제의 풀이가 방향을 바꾸곤 했다. 렙 멘들은 가끔 다음과 같은 비유를 이야기했다.

한 사람이 이곳저곳 떠돌아다니다가 주인이 없는 듯이 보이는 한 궁전에 이르렀다. 그는 이렇게 멋진 궁전에 주인이 없을 수 있겠는가 하고 의아스럽게 생각했다. 마침내 궁전의 주인이 그의 앞에 나타나 "내가 이 궁전의 주인이다"라고 말했다.
아브라함도 세상을 둘러보면서, 이렇게 큰 세상에 주인이 없을 수 있을까 하고 생각했다. 그러자 우주의 주인이 그 앞에 나타나

"내가 세상을 다스리는 주인이다"라고 말했다.

히브리 원어에서 궁전을 뜻하는 말인 '비라 돌레켓'(*birah doleket*)은 상당히 모호한 단어이다. 그것은 "빛으로 가득 찬 궁전" 또는 "불꽃 속의 궁전"을 의미할 수도 있다. 한 해석에 따르면, 아브라함은 무궁하고 아름다운 세계와 지혜와 슬기로운 생각의 세계를 보았다고 하는데, 그렇게 숭고한 것들이 과연 창조주 없이 불쑥 나타날 수 있겠느냐는 것이다. 두 번째 해석에 따르면, 그는 악과 거짓과 못된 생각에 완전히 묻혀버린 세계를 보았다고 하는데, 이런 불행한 것들이 하느님 없이 인간의 마음에 와 닿을 수 있겠느냐는 것이다.

랩 멘들은 분명하게 이 두 번째 해석을 받아들였다. 그도 아브라함의 질문을, 믿음을 추구하는 일에 중심되는 문제로 생각했다.

"이 궁전에 주인이 없을 수 있겠는가?" 이 문제는 랩 멘들을 괴롭혔다. 그 누구에게도 아첨할 줄을 모르고 사람의 코 앞에서 진실을 말했던 그는 손쉽게 내리는 해답으로 자신을 속일 수가 없었다.

한번은 어떤 사람이 랩 멘들을 찾아 와 자기 속을 털어놓았다. 그의 아내가 아이를 낳다가 죽었는데 일곱 자녀와 어린 아기를 남겨놓고 죽었다는 것이었다. 그 사람은 넝마 조각을 걸치고 있었다.

"나로서는 당신처럼 비참한 형편을 뭐라 위로할 수가 없소. 오직, 참되신 자비의 주인님만이 당신을 위로할 수 있으시니 그분께 직접 호소하시오." 하고 레뻬는 대답했다.

어려운 일은 토라를 공부하는 중에도 늘 일어난다. 다른 사람들에게는 그런 것들이 다만 골치아픈 문제가 되어 성가실 뿐인데 코츠커에게는 아픔을 주는 요인이 되었다. 예를 들면, 1840년 은퇴하기 전에 그는 배움의 집에서 여러 하시드들에 둘러 싸여 책상에 앉아 있었다. 그가 자기를 따르는 하시드들에게 물었다. "어떻게 이사악은 처음에 자기의 축복을 못된 에사오에게 주려고 마음먹을 수 있었던 가?" 그는 그 문제에 너무나 열중하여 마침내 빈혈을 일으켰다. 하시드들이 모두 두려움에 사로잡혔다. 그들의 레뻬는 의식을 잃고 머리를 의자에 떨구었다. 사람들이 곧 그를 옮겨다 자리에 눕혔다. 랩 멘들은 몇 주간 동안 앓아 누웠다.

『탈무드』에는 한 현인의 이야기가 나온다.

라삐 요세의 이야기.
한번은, 길을 따라 여행하다가 예루살렘의 한 폐허에 기도하러 들어갔다. 그때 엘리야가 나타나 문에서 기다리고 있다가 내가 기도를 마치자 말했다. "그대, 평안하신가?"
내가 대답했다. "나의 주인, 나의 스승이여, 평안하십니까?"
그가 다시 말했다. "아들아, 이 폐허에는 무엇 하러 들어 왔는가?"
"기도하러 왔습니다."
"그대는 길 위에서 기도해야 한다."
"그러면 지나가는 행인들이 기도를 방해하지 않겠습니까?"
"그렇거든 짧은 기도를 올려라."
나는 그에게서 배웠다. 인간은 기도하러 폐허에 들어갈 것이 아니라, 길을 걸으면서도 기도문을 암송할 수 있다는 것을. 길을 걸으면서는 짧은 기도를 드리면 되는 것이다!

기도하러 구태여 폐허로 들어갈 필요가 없음을 가르쳐 주려고 엘리야를 라삐 요세에게 보낸 것은 하늘이 베푼 은혜였다. 왜냐하면 사람은 스스로 위험한 곳에 들어가서는 안 되기 때문이다. 그러나 왜 그는 그가 폐허에 들어가기 전에 나타나지 않았던가? 코츠커는 말했다. "실로 이것이 하느님께서 인간과 상대하시는 방법이다. 처음에는 인간이 좋아하는 대로 하게 버려 두신다. 그리고는 뒤에 나타나시어 '네가 한 일이 무엇이냐?'고 물으시는 것이다."

어떤 사람이 죽었다는 말을 듣고 코츠커는 하느님께, "우주의 주인이시여, 그 사람을 좀더 살게 한다고 해서 그게 당신께 무슨 큰 해가 됩니까?" 하고 질문한 적이 있었다. 때로 그는 심각한 의문 때문에 몹시 괴로워했다. 한번은 자기의 가장 가까운 제자에게 이렇게 말했다. "이츠악 메이르, 만일 내세에 형벌이 있음을 확실히 알 수만 있다면 나는 거리로 뛰쳐나가 기뻐 춤을 추겠네. 확실히 알 수만 있다면…."

하느님 섬기는 일에 대해 의심을 품고 있다가 마침내 그것을 명백하게 풀어버리는 사람이 스스로 모든 의심으로부터 멀리 떨어져 있는 사람보다 높은 자리에 있다. 이런 생각은 코츠커의 제자였다가 뒤에 스승을 떠난, 렘 모르데카이 요세호의 글에서 찾아볼 수 있다. 그러나 그는 이 원리가 적용되는 것은 몇몇 한정된 사람에게만이라고 덧붙였다.

아마도 모든 의심이 다음의 은유로써 약간 풀어질 수 있을 것이다. 하느님이 창조하신 천당이 문을 열었다. 그러나 인간의 흉악한 죄가 그 문을 닫히게 만들었고 천당은 구리처럼 되고 말았다. 땅 위에 사는 사람은, 그가 아무리 덕스런 자라도, 그것을 뚫고 들어갈 수가 없다. 구리는 차갑고 무심하여 천당문을 두드리는 것은 마치 머리로 벽을 두드리는 것과 같다.

올바른 길을 벗어난 사람들을 위협하는 무서운 저주들 중에서도 가장 무서운 저주는 "너희가 이고 있는 하늘은 놋이 될 것"(신명기 28:23)이라는 저주라고 렙 멘들은 생각했다.

한 발은 천당에, 한 발은 지옥에

의심과 불확실성이 자기 내부에서 솟아난다고 하여 코츠커는 결코 충격을 받지 않았다. 근본적인 확실성은 극단적인 불확실성을 경험한 뒤에, 불신의 수렁을 건넌 다음에, 다다를 수 있는 것이었다. 마음은 늘 열려 있어야만 한다. 모든 생각은 하나하나 검토돼야 한다. 반발하는 생각이라고 걸러내야 하는 법은 있을 수 없다.

한번은 한 하시드가 문제를 품고 렙 멘들에게 왔다.
"레뻬, 무서운 생각이 자꾸만 듭니다."
"그런가?"
"말씀드리기조차 두렵습니다. 그런 생각을 제가 하고 있다는 사실이 소름끼쳐질 지경입니다. 지옥엘 가도 골백 번은 가야 할 것입니다."
"말해보게."
"저는 참 비열한 놈입니다. 때때로 저는 심판도 없고 심판관도 없다는 생각을 합니다. 이 세상에는 법도 없는 것 같아요. 하느님, 용서하소서."
"그게 어째서 그렇게 괴롭단 말인가?"
"어째서라니요?" 하시드가 소리를 질렀다. "만일 심판도 심판관도 없다면 도대체 이 모든 세상에 무슨 목적이 있겠습니까?"
"세상에 목적이 없다 한들, 그것이 자네와 무슨 상관이 있나?"
"레뻬, 만일 세상에 목적이 없다면 토라는 무슨 소용이 있습니까?"
"토라가 소용없다 한들, 그것이 자네와 무슨 상관이 있나?"
"아니, 무슨 말씀이십니까! 레뻬여, 만일 토라가 아무 소용이 없다면 인생의 의미가 모조리 사라지고 맙니다. 제가 어찌 그 일을 견딜 수 있겠습니까."

렙 멘들이 대꾸했다. "자네가 그토록 깊이 관심을 갖는 한 자네는 정직한 사람임에 틀림없네. 정직한 사람은 그런 생각의 항구에 이를 수 있도록 허락을 받았지."

코츠커는 자신의 좁은 길이 마음을 놓을 수 없는 길임을 잘 알았다. 하루는 자기 자신에 대해, "나는 높은 천당에 한 발을 딛고 다른 발은 지옥을 딛고 서 있다"[2]고 말했다. 또 "이게 보통 일인 줄로 생각하는가? 불타는 용광로 속으로 뛰어들어가는 게 더 쉬운 일이지" 하고 말했다.

"나는 정직하다!" 그는 부르짖었다. "나는 정직하려고 태어났다!" 또 이렇게 말하기도 했다. "천당에서조차 나에게는 진실한 친구가 없다. 천사들과 천신(天神)들도 나를 반대한다. 그러나 나는 그들이 두렵지 않다. 나는 정직하니까…"

그는 왜 천사와 천신들조차 자기를 반대한다고 생각했던가? 렙 멘들은 자신의 과격함이 주제넘는 데가 있음을 분명하게 느끼고 있었다. 그의 생각은 말로 표현된 것보다 더한층 과격했을 것이다.

『탈무드』에는 욥을 이와 비슷하게 비판한 대목이 나온다. "그는 입술로는 죄를 짓지 않았다. 그러나 그는 마음 속에서 죄를 범했다. …욥은 접시를 뒤집어놓으려고 했다. [하느님의 모든 일을 값없는 것

---

2) *Siah Sarfe Kodesh*, III, p.32. 수들리코프의 렙 에프라임은 그의 *Degel Mahane Efrayim*에서 다음과 같이 바알 셈 토브를 인용하고 있다. ―나는 장담할 수 있다. 세상에는 천사나 천신에게서가 아니라 하느님과 쉐키나로부터 직접 토라를 들은 사람이 있다. …그는 자신이 죄악의 깊은 심연에 쉽사리 떨어질 수 있듯이 그렇게 하느님의 손에 밀려 가장자리로 쫓겨날 것이라고는 믿지 않는다.

으로 만들려고 했을.]…욥의 입에 흙을 부어 넣어야 한다."

극적이면서도 수수께끼와 같은 렙 멘들의 목소리는 기회 있을 적마다 그의 혼돈에 빠진 영혼의 모습을 보여 주었다. "가슴이 터져도, 어깨가 부서져도, 하늘과 땅이 허무하게 사라져도 사람은 꼿꼿이 서서 굴복하지 말아야 한다"고 그는 부르짖었다. 이런 부르짖음은 마치 격렬한 전쟁터에서 자기 자신에게 항복하지 않을 것을 스스로 다짐시키는 그런 말소리처럼 들린다.

코츠커가 더불어 씨름을 한 적대자들은 눈에는 드러나 보이지 않는다. 인간의 영혼이 감당하지 못하는 무엇을 말로 표현한다면 그것은 불경스런 짓이었으리라. 옳음과 주제넘음 사이를 구분하는 희미한 경계선은 차라리 침묵 속에 묻어두는 것이 더 낫겠다.

신년제(新年祭)의 마지막 날 밤 자정이 넘어서였다. 하시드들 중 어떤 자는 열심히 공부를 하고 있었고, 나머지는 피곤한 몸을 배움의 집 나무 의자에 길게 눕히고 쉬는 중이었다. 갑자기 코츠커가 문을 박차고 뛰어들었다.

"날 보라! 말하라, 전능하신 분의 얼굴을 똑바로 마주 대할 얼굴이 있는가?" ["감히 하느님과 맞설 자가 있는가?"라는 뜻.]

간담이 서늘해진 제자들이 허둥지둥 의자에서 몸을 일으키는 동안 그는 말을 계속했다.

"내가 무엇을 원하는지 알겠느냐? 내가 원하는 것은 이것이다. 하늘이 구부러지고 땅이 부스러져도 사람은 무릎꿇지 말아야 한다."

그러자 제자들이 모두 큰 소리로 대꾸했다. "그렇습니다, 그렇습니다."

코츠커는 계속했다. "만나주실 만한 때에 야훼를 찾아라"(이사야 55:6). 이렇게 외치면서 그는 어리둥절해져 있는 제자들을 두고 방을 나갔다.

소리없는 웅변

욥에게는 많은 후계자가 있었다. 코츠커도 그 중 하나였다. 그러나 그의 마음은 욥의 질문을 되풀이 묻는 전통적인 길에서 벗어나 있었다. 코츠커는 결코 본받거나 되풀이하는 일이 없었다. 그의 눈에 모든 반복은 가짜였고 모든 모방은 위조였다. 하느님의 심판 또는 심판하지 못하심에 대해 조금도 구애받지 않고 도전한다는 것은 무모한 짓일 터였다. 코츠커는 담대하게 이론을 폈지만 두렵고 떨리는 걸음을 걸었다.

욥이 분개한 것은 터무니없이 부당한 고통 때문이었다. 코츠커를 화나게 한 것은 위선, 거짓이었다. 그에게 기본적인 악은 고통이 아니라 진실하지 못함이었다. 그는 "당신 앞에서는 어둠도 어둠이 아니고"(시편 139:12)를 이렇게 풀이했다. 어둠이 당신에게서 나오는 줄 알면 어둠도 어둠이 아니다. 그러나 한 가지 어둠으로 남는 게 있었다. 거짓이다.

> 우리는 거룩하신 분께서, 그분께 축복을, 당신 세계 안의 모든 것을 창조하셨음을 안다. 그런데 다만 이 거짓이란 놈은 만들지 아니하셨다. 그 모양을 본뜨지도 않으셨다. 인간이란 존재가 스스로 제 몸 속에 거짓된 말을 품었다. "우리는 비꼬는 말 반항하는 말만 했고 거짓말이나 토해내고 있었습니다"(이사야 59:13).

우리는 중세기 히브리 문헌에서 위와 같은 글을 읽는다.

"악인들에게는 고통도 많겠으나"(시편 32:10)—악한 일을 하는 자에게는 큰 고통이 따른다. 그는 불평과 불만으로 가득 차 있고 아무것도 좋아 할 수가 없다. "그러나 야훼를 믿는 자에게는 자비가 그 몸을 감싼다." 렙 멘들은 이렇게 말했다.

하느님을 믿는 사람은 자기 주변의 모든 것을 큰 은혜로 본다. "야훼를 찾는 사람은 온갖 복을 받아 부족함이 없으리라"(시편 34:11). 왜? 그 까닭은, 그들은 하느님이 하시는 행위를 좋은 것으로 받아들이기 때문이다.

그때에 고통을 받아들일 수 있게 된다. 그러나 거짓은 받아들일 수 없다. 세대에서 세대로 전해내려 오는 동안 사람들은 욥의 애타는 질문에 하느님의 모든 행위는 옳다는 말로 대답을 해왔다. 그러면서도 하느님의 길을 늘 납득한 것은 아니었다. 인간은 다만 하느님을 믿어야만 하는 것이다.

설날 암송하는 예배시(詩)에, 하느님의 정의는 감추어져 있어 우리가 보지 못한다는 구절이 있다. 렙 멘들은 "야훼의 법령은 참되어 옳지 않은 것이 없다"(시편 19:9)라고, 확신을 갖고 주장했다. 비록 이 세상에서는 하느님의 길이 정당하지 못한 듯 보일 때가 있지만, 최후에 그의 모든 길이 올바른 것이었음이 드러나리라.

유대인은 "예후디"(Yehudi)라는 이름으로도 불린다. 예후디의 어머니 레아는 아들의 이름을 지으면서, "이제 나는 야훼를 찬양하리라"고 말했다. 라시는 이렇게 주석을 달았다. "나에게는 찬양드릴 까닭이 있다. 나의 몫보다 더 많이 받았으므로." 실제로 모든 유대인들은, 전능하신 분께서 자기에게 베푸신 일은 무엇이든 그가 받을 만한 것보다 더 많은 것임을 알아야 한다. 이런 관점에 따르면 하느님께 불평할 근거가 없다.

코츠커에게는 하느님께 바치는 경건과 헌신을 형벌이라는 관점에서 재어보려는 생각이 도무지 없었다.

> 하늘의 질서가 거꾸로 뒤집혀, 거룩한 계명을 지켰다고 벌을 받고 계명을 어겨 상을 받게 된다 해도, 나는 나의 길을 벗어나지 않겠다. 이전처럼 하느님을 섬기겠다.

이것은 코츠커 문하의 하시드였던 포리소프 렙 아브롬(Reb Avrom of Porisov)이 남긴 말이다. 나는 이미, 렙 멘들을 가장 괴롭힌 문제가 왜 하느님이 인간을 만드실 때, 그 전에 진실을 땅속에 묻으셨는가 였음을 밝혔다. "너희는 너희 하느님 야훼의 이름으로 거짓 맹세를 하지 못한다"(출애굽기 20:7)고 하느님께서 선언하실 때, 온 세계가 무서워 떨었다. 그런데 어떻게 당신께서 스스로 진실을 땅 속에 던져버리실 수가 있었는가 말이다.

이 물음은 무서운 질문이었다. 인간이 진실의 무덤 위에서 춤을 추게 되었으므로 더욱 무서운 질문이었다. 어쩌다가 인간이, 진실이 부활하는 것을 막는 춤을 추는 악마적인 역할을 맡게 되었던가?

욥과 코츠크의 레뻬 사이에는 또 다른 차이점이 있다. 욥이 자기 생각을 큰 소리로 표현한 반면에, 렙 멘들의 사상은 거의 그 가슴 속에 깊이 남아 있었다. 그는 말이 없는 사람이었다. 그는 인간이 창조주에 대해 묻고 덤비고 비판함으로써 스스로 바보가 될 뿐임을 잘 알고 있었다. 인간이 하늘을 향하여 던지는 말은 곧장 누워 침뱉는 격이 되어 자신에게 돌아왔다.

지혜와 외경심으로 가득 찬 렙 멘들은, 어떻게 맹렬한 비난의 말들이 정돈하여 다시 들어보면 횡설수설로 들리는가를 잘 알고 있었다. 코츠커의 한 제자가 말했다. "생각하는 것은 쉽다. 그러나 그것을 표현하는 것은 단순한 재주가 아니다. 그래서 우리는 이렇게 기도한다. '당신을 의지하는 자의 입을 열어주소서.'" 코츠크에서는 침묵으로 하는 웅변을 장려했다.

그의 다른 제자인 렙 멘들 보르커는 하시드들에게 몇 시간 동안인가 입을 다물고 있었다. 완벽한 정적이었다. 그들은 두려움과 놀라움 속에 휩싸여 앉아 있었다. 벽을 따라 나는 파리의 날개소리가 들렸다. 끝나는 기도문을 암송한 뒤 한 하시드가 말했다. "이야말로 진짜 모임이었다! 그는 나로 하여금 온 힘을 다 쏟게 만들었다. 끝없이 나에게 질문을 퍼부어 댔지만 나는 그 질문에 꼬박꼬박 대답했다."

말은 덜 할수록 좋다. 가능한 한 한 마디도 하지 않는 게 더 좋다. *Wayelekh haranah*—야곱은 브엘세바를 떠나 "하란으로"(창세기 28:10) 갔다. 라시는 주석하기를, 히브리 어에서 "으로" 또는 "을 향하여"를 뜻하는 전치사 라멧(*lamed*)을 써야 할 때, 토라에서는 단어의 끝에 하이(*hay*)라는 접미사를 붙여(*haranah*에서처럼) 라멧이라는 전치사를 쓴 것과 같은 뜻을 나타내고 있다고 했다. 단어 앞에 라멧이라는 전치사를 붙이는 대신 끝에다 하이라는 접미사를 붙여 무슨 이득을 보는가? 라고 렙 멘들은 물었다. 그것은 우리에게 말을 절약할 것을 가르친다. 일초라도 제대로 말하려고 시간을 써야 한다면 그것이 아깝다는 것이다.

사람의 입술에는 자물통이 달려 있어야 한다. 자신의 아는 것을 표현하는 사람은 할 말이 거의 없다. "말을 하기 전에 네 가슴이, 우는 자처럼, 터지게 하라."

"어떤 사람에게 꽥—하고 소리지를 일이 생겼을 때, 소리지르고는 싶은데 지르지 않는다면—그는 이미 꽥—하고 소리지른 것이다."

이 말은 "만일 어떤 사람이 [안식일에] 환자의 문병을 가게 된다면 그는 '오늘은 안식일이오. 울면 안 되는 날이오. 곧 회복될 것입니다'라고 말해야 한다"는 『탈무드』의 구절에 대한 렙 멘들의 해석이다.

코츠크에서는 아무도 울지 않았다. 아파도 울지 않았다. 신음도 하지 않았다. "침묵은 이 세상에서 가장 큰 울음이다"라고 코츠커는 말했다.

"열어 보았더니, 사내아기가 울고 있었다. 공주는 불쌍한 생각이 들어, '이 아기는 틀림없이 히브리 인의 아기다' 하고 중얼거렸다"(출애굽기 2:6). 파라오의 딸이 바구니를 열어 보았을 때, 그는 놀랐다. 성경은 그가 아이의 우는 것을 들었다고 하지 않고 보았다고 말하고 있다. 그리고 그는 말했다. "이 아기는 틀림없이 히브리 인의 아기다. 히브리 인의 아기만이 이렇게 부드럽게 울 수 있다."

욥의 실수는 고통을 받을 때 큰 소리로 울다가 모든 것이 좋아지자 잠잠해졌다는 점이다. 이 두 경우에 똑같이 진지한 물음이 물어져야 한다. 왜 모든 일이 이렇게 나쁘게만 되는가? 마찬가지로, 왜 모든 일이 이렇게 좋게만 되는가?

인류란 하느님의 손을 묶은 사슬로 비유될 수 있을 것이다. 우리들의 사슬에서 하느님을 풀어드리기 위해 오늘도 욥의 울부짖음이 있어야만 한다.

바알 셈 토브의 교훈 한 토막이다.

로마인들이 토라 공부를 금지하는 칙령을 내렸다. 『탈무드』의 위대한 스승이었던 라삐 아키바는 칙령을 어기고 계속 가르치다가 감옥에 갇혔다. 그는 마침내 "쇠로 만든 빗"으로 온몸을 찢어 죽이는 고문을 받아 목숨이 끊어지게 되었다. 그는 기꺼이 고통을 받으며 순교했다. 그리고 그 죽음을 "너는 마음과 영혼을 다하여 주 너의 하느님을 사랑하라… 네 목숨을 바치게 되더라도…"라는 말씀을 이룰 수 있는 좋은 기회로 받아들였다.

"그 동안 나는 줄곧 '네 영혼을 다하여'라는 구절 때문에 괴로움을 겪어 왔다. 나는 '언제 내가 이 말씀을 이룰 기회를 만나겠습니까? 이제 이 기회를 잡았는데 그 말씀을 이루지 않을 수 있겠습니까?' 하고 말했다."

그는 '에하드'(*ehad*)["들으라, 오 이스라엘아, 야훼는 우리의 하느님이시요 한 분이시다" 할 때의 "한 분"]라는 말을 길게 끌어 마지막 숨이 남아 있는 순간까지 말을 계속할 수 있었다.

거룩하신 분께서, 그분께 축복을, 모세로부터 "이것이 토라를 공부한 데 대한 당신의 보상입니까?"라는 질문을 받으셨을 때, 하느님은 대답하셨다. "입 다물라! 이렇게 그것은 생각 속으로 올라갔다."["그것이 나의 판결이다"라는 뜻.]

이 대답의 의미는 무엇인가? 바알 셈은 계속하여 말한다.

이 대답은 모호하다. 그 참 뜻은 이렇다. 입 다물고 가만히 있어라! 이렇게 그는 생각 속으로 올라갔다. 인간이 순교를 당함으로써 비로소 올라갈 수 있는(또는 도달할 수 있는) 영적인 나라가 있다. 전능하신 분께서는 라삐 아키바를 극진히 사랑하시어 이 생각의 나라, 모든 질문이 해답을 얻는 생각의 나라에 올리시고자 하셨던 것이다.

코작(The Cossack)은 새 노래를 원한다

앞에서 말한 대로, 코츠커는 자기의 우울증을 극복할 수가 없어 괴로움을 겪었다. 그는 침묵이 최후의 답이라고는 생각하지 않았다. 이런 그의 처지는 다음의 말을 그가 늘 간직하여 잊지 않고 있었다는 사실을 보아 짐작할 수 있다.

> 슬픔에 잠겨 있는 자에게는 세 가지 길이 열려 있다. 사다리의 첫 단에 서 있는 자는 운다. 보다 높은 단에 서 있는 자는 잠잠하다. 그러나 맨 윗단에 서 있는 자는 슬픔을 노래로 바꾼다.

이런 정신에서, 코츠커와 동시대 사람이었던 라돔스크의 렙 슬로이모(Reb Shloymo of Radomsk)는 모세의 형 아론이 도달했던 수준을 다윗 왕이 넘어섰다고 주장했다.

> 사제 아론에 대해서는 이렇게 언급되어 있다. "아론은 다만 입을 다물고 있었다"(레위기 10:3). 그의 두 아들이 비참하게 죽자 그는 입을 다물어버린 것이다. 반면에 다윗 왕은 한 걸음 더 나아갔다. "내 영혼이 끊임없이 주를 찬미하라 하심이니, 야훼 나의 하느님, 이 고마우심을 노래에 담아 영원히 부르리이다"(시편 30:13).

렙 슬로이모의 이런 주장이 코츠커에게 깊은 영향을 끼쳤다는 사실은, 코츠커가 자신의 곤경에 대처하는 수단을 침묵보다 더 강한 어떤 것에서 찾으려 했음을 보아 알 수 있다. 그가 과연 그것을 찾아냈던가?

그때는 어려운 시절이었다. 곳곳에 슬픔이 깔려 있었다. 각자 자기의 슬픔을 등에 지고 다녔고 마지막 축복은 끝내 내리지 않으리라고 생각했다. 마음이 무거워지자 눈에서는 눈물이 흘러 넘쳤다. 그러나 코츠커 문하의 하시드들은 울지 않았다. "신도들[하시드들]아, 승리 잔치 벌여라, 밤에도 손뼉치며 노래하여라"(시편 149:5). 렙 부남은 말했다. "하시드들은 쇠약해졌을 때에도 노래를 부른다."

하시드의 노래란 하느님 찬양이다. 이스라엘과 하느님의 결혼 축가 같기도 하다. 결혼잔치에서는 즐거워야 한다. 더구나 선물을 준비해야 한다. 그런데 어떤 선물이 적합할까? 그것은 노래다. 왜냐하면 삶은 노래이기 때문이다. 전능하신 분은 좋은 노래 듣기를 원하신다.

막다른 곤경에 처했을 때 말, 곧 언어로써는 그 곤경에 대처할 수 없다. 차라리 노래가 보다 쉽게 곤경과 부딪칠 수 있게 한다. 노래는 단순히 음부(音符)를 반복하는 것도 아니고 기쁨이나 슬픔의 표현도 아니다. 노래는 전체의 삶을 완전한 경지에까지 끌어올리는 수단이다. 노래를 부름은 모든 말과 생각을 순수한 생각의 나라에까지 스스로 끌어올리는 것이다. "이렇게 하여 [라삐 아키바는] 생각 속으로 올라갔다." 낡은 멜로디를 반복하는 것만으로는 노래를 부를 수 없다. "하느님은 신기(新奇)를 사랑하신다"고 렙 멘들은 말했다. 인간은 매 시간 새 노래를 불러야 한다.

그의 제자, 렙 헤노크는 가시처럼 찌르는 이야기를 즐겨 했다. 그를 잘 모르는 사람은 흔히 웃음으로 끝내버렸다. 그러나 고스티닌의 렙 예키엘 메이예르(Reb Yekhiel Meyer of Gostinin)는 "헤노크는 예루살렘의 함락을 울고 있는데 그들은 웃는다"고 말했다.

렙 헤노크가 침상에서 임종을 맞이하는데 그의 친구 포리소프의 렙 아브롬이 찾아 왔다. 렙 헤노크는 그에게 이야기를 들려주었다.

1792년 러시아가 폴란드를 점령했을 때, 러시아 말을 아는 사람은 별로 없었다. 한 코작이 유대인 집주인에게 물었다. "당신이 카자옌[주인]인가?"

유대인이 그 말을 알아들을 리가 없지. 그의 아내가 말을 잘못 통역했다. "당신 악사[하잔]요? 나를 위해 한 곡 연주하시오."

그래서 유대인은 "성전의 노래"를 부르기 시작했다. 코작이 흥분하여 사정없이 그를 때렸다.

그러자 그의 아내가 다급하게 설명했다. "그는 분명히 그 노래를 좋아하지 않는가 봐요. 그는 다른 노래를 원해요, 새 노래를!"

이 말과 함께 헤노크는 마지막 숨을 거두었다.

헤노크는 코작이, 말하자면 하느님이, 화가 나서 우리를 괴롭히고 있다고 생각했던가? 이 이야기는 그가 하느님을 제대로 이해하지 못했음을 시인하는 것이었을까? 코작이 듣고자 하는 노래를 부를 수 있는 힘이 순전히 우리 내부에 있는 것일까?

코츠커는 하느님을 믿는 것이 결코 놀이가 아니라고 제자들에게 가르쳤다. 왜냐하면 하느님은 당신의 말씀을 "파멸시키는 힘으로써" 실천에 옮길 수 있기 때문이다. 어쩌면 전능하신 분께서는 우리가 낡고 퇴색한 가락으로 당신을 예배하는 것이 못마땅하셔서 이 세계를 진노의 채찍으로 치시는지도 모를 일이다. 그렇다면 렙 멘들은 새 노래, 새 오솔길을 찾아 헤매다가 결국 그것을 못 찾고 만 것이었을까?

구멍투성이 통

코츠커는 인간의 모든 노력이 한갓 헛된 노고로 끝날 수도 있음을 암시했다. 말하자면 우리가 그럴 듯하게 확신하는 것도 단순한 감정의 작용일 수 있다는 것이었다. 틀림없이 도덕적인 태도는, 인간의 가치와 세계의 본성 사이에 일치하는 점이 있다는 믿음에서 나오는 것이다. 그런데 만일 세계가 처음부터 진실을 피하여 존재한다면 인간의 도덕적인 노력이 무슨 값어치가 있겠는가?

랩 멘들은 이 딜레마를 안고 씨름했다. 도대체 우리가 이 땅에서 무슨 가치 있는 일을 이룬다고 생각한 것 자체가 자기-기만이 아니었던가? 어쩌면 우리의 모든 노력이 다 무가치한 것이었는지도 모르는 일이었다.

몇몇 제자들과 이야기하던 중에, 코츠커는 오래 된 미드라쉬에서 다음과 같은 이야기를 인용해 들려주었다.

"어리석은 자는 입을 다무는 것이 지혜로운 일이니, 사람이 모인 데서 입을 열지 말아라"(잠언 24:7). "이 구절을 읽으면 생각나는 한 바보가 있다. 어느날 그는 높이 세워져 있는 장대 끝을 바라보고 있었는데 거기에는 사람을 유혹하는 빵조각이 얹혀 있었다." 라삐 야나이는 얘기를 계속했다. "그 바보는 배가 고팠다. 입에서 침이 흘러 나왔다. 그러나 그가 한 짓이라곤 고작 입을 크게 벌리고 떠들어 대는 것이었다. '누가 이 장대 좀 내려 줘! 야, 참 맛있겠구나.' 그보다 지혜로운 그의 동료가 말했다. '이 밥통아. 그 장대는 처음에 빵조각을 얹어 놓을 때보다 조금도 더 높아지지 않았단 말이다! 자, 내가 어떻게 하나 잘 봐둬.' 그리고 그는 긴 사다리를 가져다가 기어올라가 장대 끝에 이르러 빵조각을 갖고 내려왔다."

다른 현인이 말했다. "이 구절을 읽으면 나는 우물에서 목말라 하던 바보가 생각난다. 샘물은 무척 맑고 시원해 보였는데, 너무나도 깊어서 그로서는 어떻게 퍼 올릴 수가 없었다. 그보다 지혜로운 그의 동료가 줄을 이어 끝에 두레박을 달더니 그것으로 물을 길었다."

라삐 레위가 말했다. "그것은 구멍 뚫린 통의 이야기와 흡사하다. 구멍투성이인 통을 많이 갖고 있는 왕이 사람을 여럿 사서 그 통에 물을 채우라고 했다. 그들 중 하나가 바보였다. '이게 무슨 소용이람?' 하고 그는 투덜거렸다. '한쪽 끝에 물을 부으면 다른 쪽 끝으로

다 새는 걸,' 그러나 지혜로운 일꾼은 이렇게 말했다. '나는 길어 올리는 통만큼 돈을 받겠구나. 그러니 (통이 새건 말건) 열심히 길어 올리기만 하자. 임금님이 이런 명령을 내린 것은 나의 복종이 당신께 얼마나 중요한가를 보여주려는 것이 분명하니까.'"

렙 멘들은 이 비유들의 서로 다른 점을 이렇게 설명했다. 첫 번째 지혜로운 사람이 지혜로운 이유는 간단하다. 그는 장대 끝의 빵조각을 보고 누군가 그것을 거기에 올려놓았으니 마찬가지로 거기에서 빵조각을 내려놓을 수도 있다는 사실을 알았다. 두 번째 이야기의 지혜로운 자는 첫 번째 사람보다 약간 더 눈치가 있다. 아무도 우물에서 물을 손으로 퍼 올릴 수는 없을 것이었다. 무슨 도구가 있어야 했다. 그는 목적을 알았고 이제 그 목적을 이루기 위해 수단을 찾으면 됐다.

세 번째 사람이 진짜 지혜로운 자였다. 그에게는 목적이 보이지 않았다. 구멍투성이 통에 물을 붓다니, 그것은 터무니없는 짓처럼 보였다. 그러므로 그는 다른 일꾼들에게, 목적은 통에 물을 채우는 데 있지 않고 왕의 요구를 채우는 데 있다고 설명했다.

그리고 코츠커는 이렇게 말을 마쳤다. "너희는 내가 생각하고 있는 것을 이해하는가?"

그가 전달하고자 했던 것은 무엇이었을까? 우리의 모든 노력이 구멍난 통에 물붓기처럼 헛된 것이라는 점? 우리가 성취한 것은 무의미하고 삶은 터무니없는 부조리요 헛되고 헛되다는 점? 그러나 우리는 행동해야 한다. 그것은 하느님의 뜻이었다.

이 마지막 비유는 고린토의 왕 이올루스의 아들 시지푸스를 생각나게 한다. 고대 신화에 그의 속임수 얘기가 기록되어 있다. 그가 파타로스[地下]에서 받은 형벌은 무거운 돌을 산꼭대기에까지 밀어 올리는 것인데, 올려놓으면 언제나 굴러내리게 되어 있다. 그러므로 그의 일은 끝이 없다. 시지푸스는 자기의 일이 아무 쓸모가 없는 짓임을 잘 알면서도 우울한 용기를 가지고 계속 돌을 나르고 있다. 이와 비슷하게 렙 멘들의 비유에 나오는 지혜로운 일꾼도, 깨어진 통에 물을 붓는 부조리를 알고 있었지만, 그뿐만 아니라 왕의 뜻을 실천하는 일의 중요성도 알고 있었다.

키르케고르는 가장 강력한 믿음을 북돋아주기 위해 비합리를 강조했다. 코츠커의 예화도 실존의 부조리성을 가리키고 있다. 합리적인 의미를 추구하는 모든 노력은 유다이즘이 바탕으로 삼고 서 있는 실체 앞에 무릎을 꿇어야 한다. 그것은, "산다는 것은 복종하는 것"이라는 뿌리깊은 신념이다.

우리들 대부분은 온갖 노력의 헛됨 때문에 시달리고 있다. 잔인한 악의 승리, 그리고 어쩔 수 없는 인간의 비열함으로 짓눌려 있다. 그 어떤 형태의 희망도 거짓이고 속임수이고 자기-기만이 아닌가?

우리에게 쓸모가 있는 진실이란 무엇인가? 그것은 저주인가? 고통으로 쓰러지고 마는 파멸을 향한 오솔길인가? 우리는 헛되이 진실을 찾아 헤매면서 망상 속에서 살도록 선고받았는가? 우리는 한평생 열쇠를 찾아다닌다. 마침내 열쇠를 찾았을 때, 우리는 자물통이 어디 있는지 모르는 자신을 발견한다.

이것으로 우리는 우리의 곤경을 설명할 수 있는가? 사람은 진실을 삶의 목표로 삼으라는 하늘의 소명을 받았다. 그러나 그의 본성은 그 목적을 이룰 아무런 수단도 마련해 주지 않는다.

우리는 우리의 의미가 무의미일 수 있고 우리의 목적이 헛것일 수 있음을 발견하고 넋을 잃는다. 많은 사람들이 유토피아로 생각하던 것이 백일몽으로 바뀌고 말았다. 우리가 목적으로 삼고 주장하던 것이 독물(毒水)이 되었다. 우리의 계획은 추진되고 있는 도중에 산산히 부서져버렸다. 우리는 겨우, 자신이 길을 벗어났다는 사실을 발견하는 데까지 왔다고 생각한다. 우리가 사용하고 있는 수단은 우리의 목적과 아무 관계도 없는 것들이다. 우리가 실천하고 있는 행위는 본래적인 욕구를 채우기 위해 설계된 것이 아니다. 우리 스스로 부조리하게 행동하고 있음을 알면서도 그 부조리로부터 벗어날 힘이 없다.

코츠커의 견해를 다시 해석하자면, 인간의 마음에 삶을 기획한다는 것이 부조리처럼 보이지만, 그래도 하느님을 생각할 때 자기-사랑을 끊어버려야 하듯, 삶의 기획을 추진하는 일에서 우리의 가치관을 넘어서야 한다. 믿음으로써 우리는 부조리 너머에 의미가 있음을, 이성(理性)에 반하는(*contra rationem*) 의미가 아니라 이성보다 높은(*supra rationem*) 의미가 있음을, 사실로서 받아들인다.

모든 도덕적인 행위는 이 막다른 종점에 예속된다. 우리가 경험하는 이 세계는 선한 자가 도덕적인 노력을 기울여 세계를 정복하리라는 우리의 희망을 만족시켜 주지 못한다. 또한 인간 이성이 제공하는 울타리도 윤리의 바탕이 될 수 없다. 한 인간의 도덕적인 탁월성은 하느님께의 복종에 의해 정당하게 평가받는다.

그러므로 인간이 받아들일 수 있는 최고의 범주는 명령이라는 범주다. 그리고 인간이 할 수 있는 최고의 응답은 복종이다.

그러나 우리가 왕의 숨은 의도를 오해할 가능성도 있지 않은가? 그가 우리에게 요구한 것은 깨어진 통에 계속 물을 붓는 게 아니라 통을 고치라는 것이 아니었을까?

답은 물음 속에 있다

의미도 희망도 없다. 오직 순종만 있을 뿐. 이것이 코츠커가 도달한 마지막 결론이었던가? 담대하게 도전할 것을 늘상 요구하던 인간이 끝에 가서 복종과 항복을 주장하다니, 있을 수 있는 일인가? 의미가 없는 듯이 보이는 것을 보고 "아멘"하는 것은 모든 의미와의 단절이 아닌가? 희망과 부조리 사이의 무시무시한 구렁 위에 종이다리를 걸쳐놓는다는 것이 얼마나 우스꽝스런 짓인가?

통은 구멍 투성이고 모든 계획은 처음부터 끝까지 모순으로 일그러졌다. 다만 한 가지 중요한 것이 남아 있다. 진실이다. 진실하게 산다는 것은, 무엇보다도, 거짓의 득세가 언제까지나 계속되리라고 믿음으로써 자기를 속이지 않는 것이다.

비유의 핵심은 일꾼들이 자기네가 고용되었음과 수고한 대가로 임금을 받으리라는 것을 알았다는 점에 있었다. 그러므로 그것은 왕이 보기에 의미가 있었다. 게다가 왕에게는 일을 시킨 데 대한 책임이 있었다. 그러므로 다만 왕 홀로 일의 목적과 그 일의 궁극적인 효과에 관심이 있었다.

한 걸음 더 나아가, 그들의 노력이 부조리한 것이어서 헛되다 하더라도 그들이 달리 할 수 있는 일이 무엇이었을까? 명령을 거슬러 일을 하지 않는 것 또한 부조리하지 않았겠는가? 모든 것이 무의미하다면, 모든 것이 무의미하다는 인간의 주장도 무의미하다.

그렇다면 인간은 도대체 어떻게 진지해 질 수 있을까?

모든 위안의 완전한 실패와, 부조리함에도 불구하고 삶을 사랑하는 것이 우리의 이해를 넘어 선 곳에 의미가 있음을 분명하게 해 준다. 우리는 기대에 응답하여 살아가는 속에서 부조리 너머의 의미와 만난다. 의미를 기대하는 것이 우리의 실존에 선행되는 조건이다.

우리는 한 가지만은 분명히 안다. 왕이 우리를 고용했고 근본적인 책임은 그에게 있다는 사실이다. 우리가 해야 할 일은 우리를 고용한 그분을 기억하는 것이다.

사람들이 진실의 이름으로 진실의 부재를 고발하는 데는 하나의 모순이 있다. 그런 고발은 진실이 존재한다는 전제 밑에서 비로소 의미가 있는 것이다. 진실이 땅에 묻혀 있음을 괴로워한다는 사실 자체가 진실의 생명과 힘을 입증해 주고 있지 않는가?

우리의 문제에 의미를 넣어주는 것은 하느님과 의미가 하나라는 전제(前提)이다. 예를 들면, 우리는 핵 에너지의 막대한 힘과 그것의 가공할 만한 파괴력을 어떻게 조화시킬 것인가를 묻지는 않는다.

욥의 부르짖음을 가능하게 한 것은 하느님의 정의의 신비에 대한 그의 믿음이었다. 헬라에는 욥이 없다. 실제로그의 울부짖음은 하느님과 인간이 공동 출현하는 연극의 한 부분이었다.

플라톤은 주장했다.

> 하느님은, 만일 그가 선하다면, 많은 사람이 주장하듯, 모든 것의 작자는 아니다. 그는 인간에게 일어나는 모든 일의 동인(動因)이 아니라, 겨우 몇 가지의 동인이다. 왜냐하면 인간의 삶에 좋은 것은 얼마 안 되고 나쁜 것이 많기 때문이다. 이 소수의 좋은 것만이 하느님에게서 나온 것이어야 한다. 나쁜 것들은 그것들을 누가 있게 했는지 따로 찾아내야 한다.3)

고대 이스라엘의 예언자들에게는 악이 다른 어떤 근원에서 나왔고 하느님은 악에 대해 아무런 책임도 없다고 말하는 것은 무식한 소리였을 것이다. 아베스타(Avesta, 조로아스터교의 경전—옮긴이)의 최고 신은 모든 선한 것을 만들어 낸 아후라-마즈다(Ahura-Mazda)이다. 그에게 맞서 있는 신은 파괴하는 영(靈)인, 후기 페르시아 문학에도 등장하는, 아리만(Ahriman)이다.

---

3) *Republic* II, 379c.

예언자는, 하느님은 한 분이며 모든 것을 창조하신 분이라는 확신으로 이렇게 외쳤다. "내가 야훼다. 누가 또 있느냐? 빛을 만든 것도 나요 어둠을 지은 것도 나다. 행복을 주는 것도 나요 불행을 조장하는 것도 나다. 이 모든 일을 나 야훼가 했다"(이사야 45:7,8).

하느님은 참되시다. 우리는 그분의 명령을 수행한다. 물을 퍼서 구멍 난 물통에 붓는다. 그런 행위 그 자체를 믿으면서 일한다. 참이신 하느님께서 우리를 속인다는 것이 있을 수 있는 일인가? 진실은 거짓말하지 않는다—이것을 의심할 수는 없다. 의미는 있다. 그것이 우리에게 감추어져 있다고는 해도, 진실은 묻혀 있다. 마찬가지로 의미도 묻혀 "있다."

유대인들은 언제나 죽은 자의 소생을 믿었다. 진실의 영혼은 숨어살고 있지만 어느 날 다시 소생할 것이다.

렙 멘들은 자기 문하의 하시드들이 더 높은 개념을 파악할 수 있도록 감수성을 끌어올리려고 했다. 추상적인 개념은 때로 저속하고 조잡한 설명을 당연한 것으로 만들어버렸다. 더 높은 생각이 눈 깜박하는 순간에 한번 바라봄으로써 파악되어야만 했다. 이것을 이루는 데는 감각도 단순한 비유도 아무 도움이 되지 못했다. 하늘은 일일이 숟가락으로 떠먹여주지 않았다. 하늘이 제공한 것은 다만 맛이었다. 암시였다. 공부의 초점은 그의 감각과 지성이 **빠뜨린** 것을 찾는 데 있었다. "미디안 사제인 이드로는⋯들었다"(출애굽기 18:1). 이 구절을 렙 멘들은 "이드로의 귀가 찾아냈다"로 풀었다. 그의 귀가 하나의 힌트를, 암시를 **빨아들인** 것이다.

코츠커는 사람이 하늘을 생각을 할 수 있게 되기를 바랐다. 하늘에 속한 것들을 접근하고 이해하는 길은 세상사를 이해하는 것과 전적으로 달라야 했다. 어떻게 인간이 인간의 틀과 상투어에 묶여 있으면서 하느님을 말할 수 있는가? 바보만이 그런 짓을 할 것이다.

앞서 가시는 하느님

　신학자들은 보통 신의 본질을 탐색하는 것으로 시작하여 신의 존재를 설명 또는 토론하는 쪽으로 발전한다. 그러나 하느님을 믿는 신앙은 인간 중심의 사색을 통하여 오는 게 아니라, 그분의 실존을 깨닫는 불가항력적인 순간에 온다. 그리고 그럼으로써 하느님의 본질을 이해하게도 되는 것이다.
　하느님의 실체는 인간이 갖고 있는 모든 관념과 가치관을 앞지르신다. 인간적인 모델에서 출발하여 하느님을 거기에 맞추어 조절하려는 것은 잘못이다.
　마르틴 부버의 "원수를 학살하지 않았다고 사울에게 벌을 내리는 하느님을 나는 누가 뭐래도 믿을 수 없다"는 선언은 "어중이떠중이가 다 이해할 수 있는 하느님을 나는 믿을 수 없다"는 코츠커의 선언과 대립된다.
　"너희는 신상(神像)을 부어 만들지 말아라"(출애굽기 34:17). 하느님을 인간의 형상 안에 가둘 수는 없다. 당신은 다만 하늘의 방식으로 그분을 생각할 수 있다. "하늘아, 귀를 기울여라"(신명기 32:1)라는 모세의 외침을 렙 멘들은 "하늘 방식으로 들어라"라는 명령으로 풀이했다.
　성서의 저자들은 감정적인 편견과 합리주의적인 교리를 떠나, 오로지 거역할 수 없는 은혜를 베푸시는 그분께 바치는 놀람과 사랑으로 두려워 떨면서 문제에 접근했다. 그들은 하느님의 깊은 사랑에 감사하는 같은 정신으로 그의 엄격하심을 받아들일 수 있었다. "인간은 선(善) 위에 축복의 말을 하는 것과 마찬가지로 악(惡)도 축복해야 한다"라고 라삐들은 우리를 가르친다.

이 개념은 하느님의 길에 대한 인간의 그 어떤 이해도 배척하지 않는다. 그것이 주장하는 것은, 하느님의 길 가운데 어떤 것들이 사람은 눈에 부조리한 것으로 보여도 그것들이 하느님의 눈에는 의미가 있는 것이다. 다른 말로 하면, 하느님의 길의 궁극적인 의미는 인간이 그것을 이해하지 못한다고 해서 사라지지 않으며, 하느님의 깊은 속 어디엔가 대답이 깃들어 있음이 확실하다고 하여 우리의 불안이 사그라지지도 않는 것이다. 하느님을 이해하려면 우리는 먼저 죽은 개념의 속박에서 벗어나 말로 표현 안 되는 깨달음의 오솔길을 따라 그 뿌리에까지 돌아가야 한다.

그런데도 만일 누가 이 무한한 우주의 궁극적인 의미를, 유한한 인간의 마음으로 완전히 파악할 수 있는 의미로 명료하게 설명해 낸다면 우리는 그것을 허튼 수작이라 아니할 수 없다. 이 크나큰 수수께끼의 정확한 답에 도달한다는 것은 인간의 능력으로는 안 된다. 우리의 지식으로 도달할 수 있는 모든 해답은, 좁은 인간의 마음으로 무한하신 분(*En-Sof*)의, 스스로 계신 분이신 하느님의, 신비를 가늠해 보려는 시도일 따름이다.

부조리 너머의 의미

지성적이란 말이 언제나 부조리의 반대말은 아니다. 모든 분명한 부조리를 초월하는 의미가 있음을, 우리는 무엇에 근거하여 믿을 수 있는가?

인간의 삶에서 의미를 찾지 못할 때 우리가 불안해진다는 사실은 아무도 부인하지 못한다. 이 불안은 어딘가에 의미가 반드시 있다는 우리의 기대가 무너져서 생기는 결과이다. 이 불안과 울부짖음은 그것 자체가 뜻이 있음을 말해 준다. 인간의 울부짖음이 무한한 무의미의 대해(大海)에 동떨어진 한 폭의 의미의 물결이라고 단정하는 것은, 주제넘은 짓이라는 비난을 스스로 내릴 것이다. 우리의 목적은 모든 문제의 궁극적인 해답을 얻는 것이 아니라 우리 자신을 의미의 장(場)을 구성하는 한 부분으로 발견하는 것이다.

"야훼는 용사, 그 이름 야훼시다"(출애굽기 15:3). 하느님은 의미를 찾아 싸우신다. 하느님과 혼돈 사이에는 전쟁이 있다.

우리는 바닷물에 어떤 종류의 물이 포함되어 있는가를 알기 위해 큰 바다를 다 마실 필요는 없다. 한 방울로도 짠맛은 충분히 알 수 있다. 우리의 작은 실존이, 우리가 만나는 온갖 부조리에도 불구하고, 우주 앞에서의 놀람과 철저한 경이와 부딪치게 한다. 개인의 경험을 통해, 인간의 상황은 그가 눈으로 볼 수 있는 영역에 한하여 부조리하다는 결론에 도달할 수 있다. 그러나 별들과 은하계의 무한한 세계를 마주보고 서서 이 모든 것이 부조리하다고 말하는 것은 모자라는 짓일 것이다.

우리는 의미의 최종 결재자가 아니다. 시간이라는 제한 속에서 부조리하게 보이는 것이 영원의 차원에서는 분명한 것일 수도 있다.

코츠커는, 신앙은 합리적인 실증에서 나오지 않는다고 가르쳤다. 인간은 그의 고뇌를 안고, 계속하여 그 타당성을 묻는 논의에 참가하면서 그럼에도 불구하고 믿음으로 살아야 한다. "엉망진창의 지옥에 있으면서, 믿음으로 살아 남으라"고 그는 가르쳤다.

하느님의 초이성적인 위엄에 사로잡히기 위해 인간은 그분을 이해하려 하지 말아야 한다. 인간의 머리로 하느님의 길을 알 수 없는 것은, 코츠커에 따르면, 인간의 본질이다. 이 불가능성에 거역하는 것은 인간이 신으로 창조되지 않았다고 불평하는 것과 같다. 하느님은 하느님이고 사람은 사람이다. 그리고 이 둘은 좀처럼 만나지 않는다. "내 생각은 너희 생각과 같지 않다. 나의 길은 너희 길과 같지 않다… 하늘이 땅에서 아득하듯 나의 길은 너희 길보다 높다. 나의 생각은 너희 생각보다 높다"(이사야 55:8,9).

만일 우리가 하느님의 길과 인간의 길이 상호 배타적이라고 주장한다면, 인간이 하느님을 이해할 수는 없다고 한다면, 하느님의 길을 이해할 수 없음이 궁극적인 물음에 대답할 수 있는 가능성을 먼저 배제시켜 버린다. 만일 이것이 사실이라면 인간의 논의나 비난이 무슨 보탬이 되겠는가?

인간이 하느님의 길과 행위를 이해 못하는 것은 본성적으로 물려받은 무능과 결여 탓이다. 그의 삶에서 진실이 추방당한 탓이다. 그러므로 인간의 고통은 하느님의 진실을 나눌 수 없어서 생기는 것이며 하느님의 진실을 나눌 수 없는 것이 곧 인간의 고통이다.

우리들의 의미를 담은 노력이 가끔 부조리로 전락되는 반면 우리들에게 의미가 풍부한 행위를 할 기회가 무한히 주어진다는 것은 이상한 일이다. 맨 처음에는 혼돈이 있었다. 혼돈은 하느님께서 "빛이 있어라"라고 말씀하실 때까지 계속되었다. 그래서 혼돈의 일부는 극복되었지만 일부는 계속 남았다. 슬프게도 우리는 빛은 당연한 것으로 생각하고 어둠이 우리를 가둔다고 하여 불평을 터뜨린다.

실존과 의미의 균형을 뒤엎고 사람으로 하여금 분명히 알고 바르게 살지 못하게 하는 진실의 은닉은 거짓을 초래한다. 초대받은 거짓은 사납게, 억압적이며 전제적으로 다스린다. 거짓은 극단적으로 비대해져 속임수와 기만과 잔꾀, 사기를 낳는다. 그것은 화산처럼 날뛴다. 그것을 상대로 답변하는 것은 물동이로 화산을 끄려는 것과 같다.

그리고, 그럼에도 불구하고 만일 진실이 분명하게 모습을 드러내고 강하다면, 인간은 진실을 추구한다는 그의 가장 중요한 사명을 잃고 말 것이다. 그는 살아야 하는 이유도 없이 살아야 할 것이다. 진실

을 부여받는 것보다는 진실을 선택하고 더듬어 찾고 풀어가는 것이 자유의 본질이 아닌가? 레싱이 말한 대로,

> 만일 하느님이 당신의 오른손에 모든 진리를 다 움켜잡으시고 왼손에는 진리를 향한 지칠 줄 모르는 충동을 잡고 계시다면, 나는 내가 언제나 그리고 영원히 잘못을 저지를 수밖에 없다는 조건 아래에서라도 겸손하게 하느님의 왼손 쪽으로 몸을 돌리고 말하겠다. "아버지, 저에게 이것을 주십시오. 순수한 진리는 홀로 당신만의 것입니다."4)

그러므로 진실의 은닉은, 진실을 찾으며 사는 인생 최대의 모험을 가능하게 하기 위해 필요한 일이었다. 만일 진실이 숨겨져 있지 않다면 선택하고 추구할 필요가 없을 것이다.

만일 진실이 땅 위에 가득 찰 수 있었다면 신성(神性)이 세상을 장악했을 것이고 그렇게 되면 인간성이란 아예 있을 수도 없었으리라.

만일 하느님의 존재를 논증해낼 수 있었다면—이 징조를 보라 (*ecce signum*)—그리하여 모든 토론을 끝내줄 수 있었다면, 선택하고 찾아 헤매는 인간의 인간성 또한 끝장이 났을 것이다.

하느님께 대한 인간의 책임

우리는 흔히 욥의 딜레마를 하느님의 정의와 인간의 삶 속에 악

---

4) G. E. 레싱, 『반(反) 괴에체』(*Anti-Goeze*), 레싱의 기독교 이해를 물은 괴에체의 질의에 대답한 서신들의 묶음, 1778.

이 현존하는 것 사이의 갈등으로 형상화한다. 성서의 역사관을 세밀하게 관찰하면, 하느님을 세상으로부터 몰아내려는 인간의 시도와 하느님의 점차적인 물러남을 발견하게 된다.

그러므로 중요한 문제는 하느님의 전능하심과 하느님을 이기려는 인간의 노력을 어떻게 조화시키느냐이다.

성경에 나타난 중심되는 관념들은 하느님과 인간의 계약이라든가, 하느님이 인간과 관계를 맺는데 인간의 행위가 영향을 미치는 것 등이다. 하느님의 섭리는 거룩한 상아탑도 아니고 인간의 모든 사고, 언어, 행위가 미칠 수 없는 휴게실도 아니다.

하느님이 부정되는 세계, 하느님의 뜻은 거부당하고 진실은 업신여김을 당하고 연민은 휴지가 되고 폭력이 찬미되는 세계, 하느님이 사면초가가 되어버린 세계, 이런 세계 안에서 인간이 하느님을 군법회의에 회부한다는 것이 과연 의미 있는 일인가? 사람들은 역사의 비극적인 참상에 점차로 눈뜨게 되면서 마침내 하느님이 인간에게 책임질 일이 있듯이 인간도 하느님에게 책임질 일이 있다는 사실을 깨닫게 되었다.

하느님이 인간에게 의존한다는 신비의 빛으로 보면 신정론(神正論)의 문제를 인정론(人正論)의 문제와 분리시킬 수 없다. 정의와 사랑의 하느님이 어째서 악이 존속되는 것을 허용하는가 라는 중요한 문제는 어떻게 인간이 하느님을 도와 그의 정의와 사랑이 편만하게 할 것인가 라는 문제와 연결되어 있다.

히브리 성경의 상당 부분이 눈에 띄지 않게 욥의 울부짖음과 연관되어 있다. 이스라엘 예언자들 중에서도 몇 사람은, 악을 보시면서 침묵하시는 하느님과 하느님의 선하심에 대한 그들의 확신을 조화시키는 일로 씨름했다. 폭력과 패덕으로 계속되는 그들의 아픔 속에는, "하느님은 어디 계신가?" "왜 그는 침묵을 지키시는가?" "어째서 그는 죄악이 번창하도록 버려두시는가?" 라는 안타까운 물음이 소리 없는 메아리가 되어 울렸다.

욥에게 주신 하느님의 대답은 왜 악이 있는가를 알고자 하는 욕구에 관련된 것이었다. 예언자들에게 주신 대답은 어떻게 악을 없애느냐는 문제에 관련된 것이었다. 하느님의 문제를 풀 인간의 답은 없다. 그리고 하느님의 유일한 답은 메시아가 구원한다는 약속이다.

코츠커의 관심은 신학적으로 신정론의 문제를 풀이하는 데 있지 않고 메시아적으로 거짓을 박멸하는 데 있었다. 전에 지적한 대로 진리에 관한 그의 관심은 실존적—어떻게 진리를 사는가—이지 논리적—어떻게 진리를 아는가—은 아니었다. 그가 기본적으로 물은 것은, 인간이 창조될 무렵, 어째서 진실을 땅 속에 묻어두지 않으면 안 되었느냐가 아니었다. 그가 애타게 바란 것은 거짓에 마침표가 찍히고 진실이 부활하는 것이었다.

실제로 우리를 괴롭히는 물음은, 이 고뇌와 이 거짓에 끝이 없을 것인가 하는 물음이다. 하느님의 섭리를 믿는 믿음과 이 거대한 광증과 포악의 급류를 어떻게 서로 조화시킬 것인가에 관한 모든 사색을 넘어서 우리의 관심은 하느님을 옹호하는 구실을 찾는 데 있지 않고 악을 끝내버리는 데 있다.

욥이 왜 무고한 자가 고통을 받아야 하는가를 묻는 동안 예언자들은 언제 고통이 끝나는가를 물었다. 우리들의 현재는 과도기이다. 마지막 날, 메시아의 시대에 모든 거짓과 폭력과 죽음까지도 끝을 보게 될 것이다.

메시아의 구원은 놀라운 약속이다. 지금의 혼돈은 영원히 계속되지 않을 것이다. 그러나 약속은 코츠커의 시대에, 그리고 그 후 오랜 세월이 흘러도 이루어지지 않았다. 코츠커가 가질 수 있었던 것은, 오늘의 우리와 마찬가지로, 약속과 기대뿐이었다. 기다림은 계속되고 있다.

그러나 단순한 기다림은 모라토리움(법률에 의한 지불 연기—옮긴이)일 수가 있다. 제자리걸음의 방편이나 도전에 대한 우리의 응답을 연기하는 방편이 될 수도 있다. 우리는 우리가 행하는 모든 신성한 행위로, 우리가 거룩하게 발음하는 모든 말로, 우리가 송가로 부르는 모든 사상으로 고통을 제거하고 구원을 앞당기는 일에 우리의 몫을 감당하고 있음을 반드시 기억해야 한다.

라삐 요세(Jose)는 말했다.

> 한번은 여행을 하다가 기도하러 예루살렘의 폐허에 들어 간 적이 있었다. 그런데 거기에 엘리야가 나타나… 문간에서 내가 기도를 마칠 때까지 기다렸다…그가 내게 말했다.
> "아들아, 이 폐허에서 무슨 소리를 들었느냐?"
> 내가 대답했다. "저는 비둘기가 신음하는 것과 같은 이상한 음성을 들었습니다. 그 소리는 이렇게 말했습니다. '아아, 화로다. 내가 나의 집을 무너뜨렸고 나의 성소를 불태웠으며 나의 자녀들을 민족들 가운데로 쫓아버렸구나!'"
> 그러자 그가 나에게 말했다. "아들아…지금 이 시간에만 그런 소리가 들리는 게 아니라 매일 세 번씩 그런 부르짖음이 들린단다! 그리고…이스라엘 백성들이 기도실에 들어가 공부를 하고 목소리를 모아 '당신의 크신 이름이여 찬미받으소서'라고 응송(應誦)할 때면 거룩하신 분께서 고개를 끄덕이시며 이렇게 말씀하신다. '행복하구나, 자기 집에서 찬미받는 왕이여!"

모든 고통은 고뇌를 동반한다. 신정론은 인간의 문제일 뿐만 아니라 신의 문제이기도 하다. 어째서 왕의 통이 구멍투성이란 말인가? 천계의 유령들이 남긴 흔적들의 소산인 신인동형론적 신관(神觀)

이 넓게 퍼져 있던 중세기, 그것들을 뿌리뽑아야겠다고 생각한 유대의 철학자들은 철저한 초월신학을 발전시켰다. 라삐 아키바와 고전적인 탈무드 시대에 활약한 그의 제자들이 강조하여 가르친 하느님의 내재성에 관한 심오한 교의(敎義)인 쉐키나 교리(the doctrine of *Shekhinah*)는 사아디아(Saadia), 이븐 다우드(Ibn Daud), 마이모니데스(Mainomides), 게르소니데스(Gersonides)의 사상에서는 찾아 볼 수 없다.

코츠커와 다른 하시드들이 그토록 힘들여 씨름한 씨름의 목적이 풀어지지 않는 수수께끼를 지적으로 풀이해 보려는 것이었다고 주장하는 것은 잘못이리라. 그런 대답을 만들어냈다고 해서 그것으로 무엇을 이룰 수 있을 것인가? 그 어떤 그럴 듯한 설명이 온 세계가 괴로워하고 있는 이 무서운 고뇌를 없애줄 수 있겠는가?

궁극적인 신비에 관해 깊은 명상에 들어가게 되면 우리는 갑자기 부끄럽고 떨린다. 우리가 어떻게 하느님을 비난할 수 있단 말인가? 그분은 스스로 당신 자신을 책망하시지 않는가? 하느님 자신이 가장 순수한 욥이시다. "그들의 모든 곤경 중에서 당신 몸소 괴로움을 당하셨다"(이사야 63:9). 인간이 괴로움을 겪을 때 하늘에서는 고뇌의 부르짖음이 들린다. 하느님은 동정심이나 자비심만 필요하신 게 아니라, 파트너도, 말없는 전사(戰士)도 필요하시다.

곤경은 지속되어야 한다. 역경이 하느님의 정의와 대립되는 듯이 보일 때 성자들은 묵종에서 반항으로 돌아선다. 어쩌면, 사람으로 하여금 당신 자신을 쉬시지 못하게 하는 것이… 비참한 속박에서 벗어나는 길을 당신과 더불어 찾도록 하는 것이 하느님의 뜻일지 모른다.

오늘을 사는 현대인들에게, 인생은 악몽이 되었고 평온은 짧은 막간극이, 행복은 위조품이 되었다. 하느님의 거룩한 증인 6백만 명을 학살하는 이때에 누가 과연 숨을 제대로 쉴 수 있겠는가?

그럼에도 불구하고, 하느님께서는 행복에 겨워 하느님을 찬양하는 사람을 필요로 하지 않으신다. 하느님은 당신 자신과 사람의 고통 중에서 당신을 사랑하는 사람을 필요로 하신다. 어두운 밤에 새벽을 확신하는 것, 저주를 축복으로, 고뇌를 노래로 바꾸는 힘을 확신하는 것—이것이 우리가 할 일이다. 괴물의 격렬한 분노를 알면서 그럼에도 불구하고 그 앞에 떳떳이 나서는 것(괴물도 천사의 모습을 하고 나타날 것이다), 지옥의 한복판을 걸으면서도 하느님의 선하심을 계속해서 신뢰하는 것—이것이 참 도전이요, 참 길이다.

굽은 선들 속에다 하느님은 직선을 긋는다. 사람이 일차원에 서는 한 그 직선을 평가할 수가 없다. 한쪽에서만 바라보게 되어 있는 눈으로는 그 직선을 볼 수가 없다. 우리는 의미의 최종 결재자가 아니다. 시간이라는 제약 안에서는 부조리로 보이는 것이 영원의 차원에서는 명백한 것일 수도 있다.

거대한 폭포수처럼 부서져 깨어지는 의문은 꼬리에 꼬리를 물고 고뇌는 무섭게 쌓여, 마침내 말하는 힘을 모두 씻어가 버린다.

위안이여 안녕, 평안이여 안녕. 신앙이란 연민의, 하느님께 향한 연민의 시작이다. 모든 부조리를 넘어 의미가 있고 진리와 사랑이 있다는 사실을 깨닫게 되는 것은 우리가 하느님의 한숨을 쉬는 바로 그때이다.

우리가 안고 있는 고뇌는 화산처럼 타오른다. 이 무한한 고뇌에 대해 유한한 대답을 찾으려는 것은 어리석은 짓이다. 양동이 물로는 화산을 끌 수 없다. 고통은 죽음처럼 강하고 무덤처럼 비정하다. 그러나 우리의 죽음이 어디선가 부활을 서둘러 준비하고 있다면, 그곳은 진실이 묻혀 있는 곳, 무덤일 것이다.

때로 우리는 그분이 그분임에도 불구하고 그분을 믿어야 한다. 그분이 당신 자신을 숨기고 있음에도 불구하고 우리는 계속 그분의 증인이 되어야 한다. 경험이 전달하지 못하는 것을 기도가 전달한다.

기도는 절망을 이긴다.

신앙은 진리를 향한 끝없는 열정과 그것을 인간적인 수단으로 얻지 못함 사이의 충돌에서 파생된다.

1940년대 후반, 내 친구 스라가이(Sh. Z. Shragai)는 유대 정부 기관의 한 대표가 되어 폴란드로 갔다. 당시의 폴란드는 아직 이스라엘과 정상적인 외교 관계를 유지하고 있었다. 그는 나찌의 죽음의 수용소에서 살아남은 유대인들의 이민 문제를 협의하라는 공적인 임무를 띠고 있었다. 바르샤바에서 일을 마치고 파리를 향해 떠났다. 귀빈(V.I.P.)으로 대우받은 그는 기차의 한 칸을 모두 쓰게 되었다. 그 기차는 승객들로 만원이었다.

창 밖을 내다보다가 수척하고 가련해 보이는 한 유대인이 자리를 잡지 못해 쩔쩔매고 있는 모습을 보았다. 그는 그를 불러 자기 칸에 같이 타자고 했다. 그가 앉아 있는 칸은 안락하고 깨끗하고 유쾌한 곳이었다. 가련한 그 친구는 보따리를 들고 올라와 그것을 선반 위에 올려놓고 자리에 앉았다.

내 친구는 그와 이야기를 나누어 보려고 했지만 허사였다. 저녁 때가 되어, 의식을 철저하게 지키는 유대인인 내 친구는 저녁 기도(*maariv*)를 암송하기 시작했다. 그래도 맞은 편에 앉아 있는 친구는 입을 열지 않았다. 이튿날 아침 내 친구는 기도 수건과 성귀넣는 갑(*Talit*와 *Tefillin*)을 꺼내 들고 기도문을 암송했다. 너무나도 우울하고 가련하게 보이는 그 사내는 여전히 입을 열거나 기도하려 하지 않았다.

마침내 그 날도 거의 다 저물어서야 둘은 대화를 시작했다. 그 초라한 사내가 말했다. "아우슈비츠에서 우리에게 일어난 일 때문에 나는 더 이상 기도하지 않기로 했습니다… 어떻게 기도할 수 있었겠어요? 그래서 나는 온종일 기도하지 않았습니다."

이튿날 아침—그것은 바르샤바에서 파리에 이르는 긴 여행이었다—내 친구는 그 초라한 유대인이 갑자기 보따리를 헤쳐 자기의 기도 수건과 성귀넣는 갑을 꺼내들고 기도를 시작하는 것을 눈을 둥글게 뜨고 바라보았다. 나중에 그는 "어떻게 마음을 바꿨소?" 하고 물어보았다.

"갑자기 하느님은 얼마나 외로우실까 하는 생각이 떠올랐습니다. 그는 홀로 버림받으셨어요. 그분에게 미안한 생각이 들었습니다." 이것이 그의 대답이었다.

제10부

오늘의 코츠커

오늘의 코츠커

위대한 이의론자(異議論者) 코츠커의 일생은 유다이즘의 통속화와 겉모양꾸미기에 대한 항거로 점철되었다. 반(半) 진실과 속임수, 타협을 거부하여 그는 하느님에게까지 도전했다. 대중의 눈에 드는 것이라면 무엇이든 불신한 그는 일반 상식인들의 박수를 받는 자리에 앉아 있으려 하지 않았다. 따라서 그는 지금도 기인으로 남고, 세상의 광증에 대해 고뇌하는 사람들은 그와 통하는 점이 있을 것이다.

그의 실존 자체가 경건하고 잘난 사람들에게는 어리둥절하게 하는 것이었다. 그러나 정신적인 문둥병에 주의를 환기시킨 사람은 그보다 먼저 시대에도 있었다. 고대 이스라엘의 예언자들이 이 점에서 그의 선구자였다.

이스라엘 백성들아, 야훼의 말씀을 들어라.
야훼께서 이 땅 주민들을 걸어 논고를 펴신다.
"이 땅에는 사랑하는 자도, 진실한 자도 없고

이 하느님을 알아주는 자 또한 없어…"(호세아 4:1,2).

"예언자, 사제 할 것 없이 속임수밖에 모르는 것들"(예레미야 8:10). "사람은 모두 거짓말장이다"(시편 116:11)—그리고 배반한다—자기의 가장 가까운 친구까지도. 내 아들이 나를 배반한다고 다윗은 말하고 있다.

그것이 코츠커에게 와서는 병세가 더욱 넓게 퍼졌다. 위험성도 더욱 많아졌다. 거짓이, 특히 자기-기만이 보편적인, 어쩌면 최후의 질병이 되었다.

키르케고르가 자기의 "무서운 내향성"이라고 부른 것이 코츠커의 일생에도 그대로 적용된다. 모든 개인은 하느님을 추구하거나 아니면 자기 자신을 추구한다는, 이것이냐, 저것이냐의 처지—이 두 사람만이 안고 있던 딜레마는 하느님과 자아가 상호 배타적이라는 가정에 근거한 것이다.

그러나 성서에 따르면, 인간의 정당한 욕구를 만족시키는 것은 하나의 복이다. 그렇다면, 모든 상황에서 자아를 끊어버리는 것이 당연한 규범이라고 주장할 만한 근거가 없다. 하느님과 인간은 본래부터 서로 버성기고 끊임없이 긴장하는 사이로 고정된 게 아니다. 인간은 하느님의 뜻에 따라 행동할 능력을 갖추고 있다. 그는 하느님의 구원 사업에 동조자가 될 수 있고 하느님을 본받아 사랑과 연민을 베풀 수도 있다.

그의 빈틈없는 정직, 욕심과 탐욕에 대한 혐오, 종교를 출세의 방편으로 삼은 자에 대한 역겨움, 맹목적인 감정주의에 대한 거부, 자기-모색을 통하여 진리를 사는 삶에 대한 철저한 추구, 공포에 대한 포괄적인 감각으로, 코츠커는 현대인의 종교 운동들 중 어떤 것을 미리 보여준 셈이 되었다. 그의 사상을 돌이켜 보면 독특한 관심들을 대신하는 현대풍이 보인다.

상대적으로 고요한 시대에는—전통과 확신이 안정되어 있는 시대에는—평범한 생활 질서가 쉽게 받아들여진다. 인간이 신앙을 박탈당하고 기술과학의 발달에서 오는 낙관주의의 미혹으로부터 풀려날 때에는, 무엇보다도 의미의 신호가 울리기를 학수고대한다. 우리가 믿음의 미로(迷路) 속에서 길을 찾고 있는 한 코츠커는 우리의 동료가 될 수 있을 것이다.

코츠커는 "이스라엘의 두통거리"였다. 엘리야처럼 그도 백성들에게 이것이냐, 저것이냐를 선택하라고 들이대었다. "여러분은 언제까지 양다리를 걸치고 있을 작정입니까? 만일 야훼가 하느님이라면 그를 따르고 바알이 하느님이라면 그를 따르시오"(열왕기상 18:21). 코츠커는 마치 성경의 예언자가 다시 태어난 사람인 듯 엄격하고 담대하고 타협을 모르는 행동으로 하느님만을 알고자 했다. 엘리야처럼 그도 대중에게는 관심이 없었다. 그가 상대한 것은 소수의 정신적인 엘리트였고, "바알에게 무릎을 꿇지도, 입맞추지도 않았던"(열왕기상 18:8) 무리들이었다.

코츠커의 목표는 지붕 위에 올라 "야훼께서 하느님이십니다. 야훼께서 하느님이십니다!" 하고 소리지를 수십 명의 제자를 두는 것이었다. 그런데 이 외침은 바로 엘리야의 기적을 보고 감동한 백성들이 지른 소리였다.

하느님의 뜻이 이루어지려면 인간의 본성이 상처를 입어야만 하는가? 불안과 전율만이 신앙에 이르는 유일한 문인가? 살아 있는 것을 감사하는 마음만으로는 영혼을 깨끗하게 할 수 없는가? 히브리 성경을 공부하는 사람은 하느님께서 인간들에게 삶을 즐기라고 하신다는 확신에 도달하게 된다.

이 물음에 코츠커는 이렇게 대답한다. 이렇게도 많은 거짓과 비참을 눈앞에 보면서 어떻게 마음놓고 행복할 수가 있단 말이냐? 그에게, 세계의 추함은 모든 기쁨을 거두어가고도 남았다. 그의 사상 중에는 성경의 인간관이나 현실관에서 벗어나는 것들도 없지 않지만, 그의 목소리는 사람들에게 거짓과 속임수와 겉치레를 배척하고 거짓말과 우상 때문에 목숨을 잃는 일이 없도록 마음과 삶을 단속하라고 외친 예언자의 목소리와 같았다.

성경을 따라 유대의 전통은 평범한 삶에 대한 주장을 높이 샀다. 유대인들은 전통적으로 경건한 삶의 모형을, 끊임없는 영웅주의나 화산 같은 인생에서 찾으려 하지 않았다. 다만 특별한 경우에 어쩔 수 없이 무서운 죄를 범하게 되는 것을 피하여, 유대인이 순교자가 되는 것을 기대했다. 평상시에 그들은 토라를 위해 죽는 것이 아니라 토라에 따라 "살아야 한다"는 깨달음으로 인생을 살아나갔다.

자기-추구를 비난하는 자기-희생, 겉치레를 용납하지 않는 완전한 정직, 거짓과 타협을 발도 붙이지 못하게 하는 도덕적인 탁월성에 대한 렙 멘들의 요구는 무자비했다. 그의 요구는 우리가 보통 사람됨의 조건이라고 생각하는 것들과도 걸맞지 않고 사랑과 자비를 베푸시는 하느님의 속성과도 어울리지 않는 것이었다.

반면에, 우리는 엄하고 쓰라린 말들이 불치의 병을 다스리는 충격 요법으로 사용되기도 한다는 사실을 염두에 두어야 한다. 고대 이스라엘의 예언자들은 백성을 나무랄 때 온순하거나 부드럽거나 하지 않았다. 부드러움 가지고 안 될 때에는 엄격함이 필요할 수도 있다.

인간의 영혼은 어지러이 얽혀 있다. 하느님께 향한 충동이 있고 자아에게 향한 충동이 있고 이 둘은 대개 서로 엉클어져 있다. 코츠커는 사물을 분명하게 하려고 했다. 영혼을 단순하게 하려고 했다.

유다이즘은 모든 사람에게, 그리고 전체 인간에게 관심을 두었다. 그러나 코츠커가 주변에서 보게 된 것은 단편적인 경건이었다. 무질서한 인생들의 소용돌이 위에 떠 있는 의식(儀式)의 파편들이었다. 그는 자기 자신과 싸운 사람이었다. 사회와 더불어 싸운 전사였다. 그는 엄정하고 더럽혀지지 않은, 항복을 모르는 투사였다. 이 세계가 거짓의 손아귀에서 지배받고 있음을 발견했을 때, 그는 종교를 지닌 사람만이라도 그 거짓의 세력에 굴복하지 말아야 한다고 주장했다.

모든 기성 습관과 예절에 대해 반사회적이고 도발적인 적이었던 코츠커는 인간의 내면에 깃들어 있는 사내답지 못한 점을 끈질기게 사정없이 공격했고 솔직과 겉치레, 순수와 속임수의 차이점을 지적했다. 경건과 기회주의 사이의 아슬아슬한 경계선이 그를 슬프게 했다. 사람들이 종교적인 관점을 적용할 마음의 준비가 되어 있으면서 헛된 것을 바라 행동하는 현실이 그를 슬프게 했다.

코츠커는 무엇을 원했던가? 인간의 영혼을 이의(異議)의 홍수 속에 빠뜨리는 것이었던가? 위선을 깨뜨려버리는 것이었던가? 죽음으로 더럽혀진 세상을 꿰뚫어 보는 것이었던가? 거짓을 매장할 묘지를 만드는 것이었던가?

키르케고르도 코츠커도, 전통적으로 물려받은 교리를 비판하고 새로운 교의를 제시했다는 뜻에서의 개혁자는 아니었다. 그 두 사람이 관심을 기울인 문제는 새로운 시각을 조정하는 것이었고 스스로 자신의 역할을 보수적(補修的)인 것이라고 생각했다. 코츠커의 사상의 골자는 그의 마음속에서 스스로 형성된 것이 아니었다. 그는 다만 그의 선배들이 반쯤 옮겨다 놓은 것을 끝까지 밀고 간 것뿐이었다. 언젠가 그는 자기의 하는 일이 하시디즘 역사의 정점(頂點)이라고 말한 적도 있었다. 한번은 자기보다 앞서 태어난 여섯 사람의 위대한 하시드 스승들을 열거했는데 끝에 "그리고 일곱 번째는 나다. 내가 안식일이다!"라고 덧붙였다.

유대 역사 안에는 철저한 보수 기질이 깔려 있다. 과거로부터 내려오는 관점이나 풍습을, 그것들이 이미 케케묵은 것이 되어버린 시대에라도 받들고 지켰다. 그 결과, 작고 시시한 규정을 지키기 위해 아주 중대한 행동을 제대로 하지 못하는 경우도 생기게 되었다.

키르케고르와 마찬가지로 코츠커도, 사람들이 그들의 좋아하는 가정(假定)과 전통이 도전받지 않는 동안 즐기는 도덕-정신적인 무사안일을 역겨워했고 공격했다. 평범한 종교 신봉자는 자신이 물려받은 대로 예배하고 의식을 거행하며 생각없이 그대로 따르는 것으로 만족한다. 렙 멘들은 세월이 습관을 거룩하게 만들고 종교에서 새로움을 찾는 것은 신성모독이라는 원리를 배척했다. 오히려 그는 하느님은 "새것"을 좋아하신다고 주장했다. 종교 행위는 결코 굳어지거나 뜻없이 되풀이되거나 품위를 잃거나 해서는 안 된다. 그것은 언제나 인간의 영혼 안에서 고동치고 움직이고 놀라움을 던져주어야 한다.

그래서 코츠커는 인간의 마음을 뒤흔들어 평온함에서 나오게 하고자 했다. 그의 말은 경건한 생활을 찬양하는 설교에 익숙한 사람들을 괴롭혔다. 그는 고뇌의 아픔을 풀어놓았다. 그의 관심은 전래되어 온 사고 양식을 흔들고 의심하는 데만 있는 듯했다.

코츠커는 과거에 살기를 거부했고, 선조들은 그들이 죽었다는 이유로 존경할 수는 없었다. 또한 동시대의 유명한 동료들도 대부분 존경할 수 없었다. 그는 그들이, 비록 자신은 모르고 있지만, 죽어 있다고 생각했다.

그런 생각은, 사람들의 박수를 받기는 틀린 생각이었다. 만일 렙 멘들이 사랑, 연민, 환희, 즐거움 따위를 설교했다면 사람들은 그를 칭송했을 것이다. 그러나 그는 충격과 낙담 밖에 모르는 사람이었다.

바보처럼 세상의 모든 달콤함을 뿌리치고 그는 다만 하느님의 명령에 온갖 초점을 다 모았다.

코츠커가 오늘을 산다면 히로시마와 나가사키의 고통은 계속되고 있다고 말할 것이다. 이렇게 많은 세월이 흘렀는데도? 하고 사람들은 의아해 할 것이다. 유대인 대학살 역시 이제는 지나간 일 아닌가? 이제쯤 그것을 망각의 세계에 밀어 넣을 때가 되지 않았는가? 어째서 그런 참혹한 사건들을 기억하여 우리의 도덕적인 명령에 영향을 끼치게 해야 하는가? 그래서 무슨 좋은 일이 있단 말인가?

코츠커는 위선이라는 것을 정면에서 마주 보고, 우리들 대부분이 숨기거나 자신을 부끄럽게 하도록 내버려 둔 것을 깨뜨려버렸다. 그는 괴물의 이름을 부르고 그것을 진압하고자 했다. 그는 영원히 평범함, 무사 안일주의, 타협 따위의 적으로 살아있을 것이다.

다른 사상가들은 사랑 또는 순종을 종교인의 규범적인 목적으로 생각한다. 코츠커의 뛰어난 공헌은, 종교의 근본적 관심이 평범함에 있었음을 지적한 것이었다. 이런 깨달음은 그를 종교적 급진주의로 이끌었다. 왜냐하면 진리는 모든 적당주의를 배척하기 때문이었다. 적당하게 사랑하는 것은 괜찮은 일일 수도 있다. 그러나 상대적으로 진실하다는 것은 불결한 일이었다. 우리의 등 뒤에는 진리의 타락이라는 길고도 무서운 역사가 누워 있다. 그것의 회복을 서둘러야 하는 긴박한 사명에 비추어 볼 때, 다른 모든 종교적인 문제들은 하찮은 것들이었다. 진리는 대사제가 한 해에 한 번 지성소(至聖所)에 들어가는 순간에만 이루어진다고 코츠커는 말했다. 이 말은 견뎌내기 힘든 어려움을 암시하는 말이었다.

과연 정직할 수가 있기는 한가? 자기-사랑을 포기할 수가 있는가? 코츠커는, 표범이 제 빛깔 바꾸기를 기대한 것이 아니었던가? 그의 생각은 돈키호테를 연상시키는 점이 없는가? 사회라는 것이 정직만으로는 살 수 없고, 진실성만으로는 인간 관계를 맺을 수 없게 하는 그런 곳이 아닌가?

코츠커는 원을 네모로 만들려고 한 것이다! 라고 사람들은 비판할지도 모른다. 그러나 만일 이 비판이 맞다면 우리는 모두 미친 사람이 아닐 수 없다. 이 무자비한 대중 학살과 속임수의 놀라운 결과와 끝없는 인조(人造) 고뇌를 마주 대하면서 태연할 수 있다면 어찌 그 인종을 제정신이라 할 수 있겠는가?

태풍을 멈추게 하려는 한 개인의 노력이 과연 무슨 쓸모가 있는가? 코츠커는 개인의 노력이 무한한 발전 과정의 한 부분이라고 대답했을 것이다. 언제 어디서나 한 개인의 노력이란 불충분한 것이다. 이 불충분함을 깨닫지 못하는 것은 인간의 한계를 깨닫지 못하고 주제넘은 짓을 할 위험에 빠져들어가는 것이다.

무슨 일의 성취는 한 개인의 생애 정도로 왈가왈부할 수 있는 게 못 된다. 한 사람의 생애란 역사 앞에서 무한히 작은 한 부분일 뿐이기 때문이다. 그러나 한 개인에게서 가능한 일이 역사 전체에서도 가능할 수 있는 것이다. 코츠커의 사상이 우리에게 충격을 주는 것 가운데 하나는 그가 한 개인의 정신적인 투쟁을 그토록 강하게 강조했으면서도 자기 자신의 구원에 신경쓰는 일을 꺼렸다는 사실이다. 그가 자신의 구원에 신경쓰는 일을 꺼린 까닭은 그렇게 하다가 자기-중심주의에 굴복하게 될까 봐서였다.

명백하게 밖으로 드러내지는 않으면서도 코츠커는 새로운 인간상(像)을 그려보았다. 그 새로운 인간은, 현대의 혁명적인 이론에 따르면, "철저하게 자신을 돌보지 않는 정신"을 배워야만 한다. 아마도 그는 진실이 "내 친구"라고 부르는 그런 사람일 것이다. 그는 자기의 끌을 갖고 가장 단단한 바위 위에서 작업했다. 즐거움과 기쁨을 설교하는 일은 상대적으로 쉽다. 그러나 진실을 요구하는 것은 연장도 없이 대리석을 다듬는 것과 같다. 그래서 그는 몇 되지 않는 소용돌이 치는 인간들을 찾아 헤맸고 그들의 영혼을 향하여 자만심을 꺾고 땅 속에 묻혀 있는 진실을 보라고 소리쳤던 것이다.

몇 사람은 보았다. 그리고 땅 위에 터 잡은 거짓을 극복하는 방법을 배웠다. 진실의 친구는 그의 화음도 맞지 않는 노래를 불렀다. 의미는 대답 속에 있지 않고 물음 속에 있다고. 조개껍질 속에는 진주가 없을 수도 있다. 그러나 껍질을 닦고 갈고 하는 일이 진주알 자체보다 더욱 값진 일이다.

그것은 진리의 본질에 대한 철학적인 탐구가 아니라 진리와 더불어 사는 인간의 삶을 자세히 바라보는 것이었다. 종교란 어떤 체계화된 신조나 행동 양식을 그냥 물려 받아들이는 것이 아니라고 코츠커는 주장했다. 거기에는 시련과 시험이 있어야 했다. 사람은 자기-반성을 거쳐 그의 신조가 순수한 것인지 아닌지, 과연 진실에서 우러난 행동을 하고 있는지 아니면 겉치레로 살고 있는지를 분명히 해야 한다. 영원한 진리는 우리 손으로 잡을 수 있는 것이 못 된다. 가끔 그 눈부신 빛이 우리를 비추고, 그것만이 우리를 구원할 수 있다. 진실은 땅 속에서 견디고 꽃은 땅 위에서 피어나 새벽이 오기를 기다린다.

렙 멘들은 상징적인 물건들, 의식화된 축제들, 허례허식이 된 신앙을 경멸했다. 그는 숨어 있는 것과 갑작스런 것을 사랑했다. 다른 것들은 모두 시덥지 않았다. 네 가슴의 소리보다 더 큰 소리를 내는 자들에게서 등을 돌리라고, 그는 권유했다.

마이모니데스는 『난제(難題)풀이』에서 하느님에 대한 인간의 숭고한 개념이 도달할 수 있는 상한선을 그어 놓았다. 코츠커의 관심은 어떻게 한 인간이 하느님 앞에서 양심에 가책을 받지 않고 살며 난처한 죽음을 죽지 않을 것인가에 있었다. 새로워진 순진성을 요구하는 예언자적인 목소리는 어디에 있었던가? 다른 레뻬들은 사소한 결점을 고치고 유대인으로서의 삶을 윤택하게 하는 데 몰두해 있었다.

코츠커는 많은 사람들이 실천하고 있는 유대적인 경건 생활의 이모저모가 도무지 못마땅하게만 여겨졌다. 유다이즘은 안에서부터 쇠약해져 가고 있었다. 그 통찰은 상투 어귀가 되었고 성실성은 퇴색했다. 그는 덕성이라는 게 오히려 치욕이 될 수도 있는 현실을 보고 크게 당황했다. 그래서 그는 진실과 인간의 가슴속에 있는 거짓을 가린 너울을 벗기고 이 위기를 바로 보라고 호소했다.

렙 멘들의 고발은 너무나도 강력하여 수세기에 걸쳐 이루어진 질서를 무너뜨리기에 충분했다. 그런데도 그의 영향력은 금방 시들어 버리고 말았다. 1859년에 그가 죽자 그의 충실한 친구였던 게르의 렙 이츠악 메이르가 지도자의 자리를 물려받았다. 위대하고 고상한 정신의 소유자였던 그는 코츠커의 운동을, 위험하고 현기증나는 도약을 피하여 더 탄탄한 길로 이끌 결심을 굳혔다. 결국, 그는 스승의 급진주의를 더 부드럽게 만들었다.

독립과 담대함이 코츠커가 제자들에게 기대했던 최소한의 성품이었다. 인간은 거지가 되어 하느님께 자비를 구걸하면 안 되었다. 그는 영웅적인 가능성들을 늘 미리 생각했다. 신자의 적은 이단자가 아니라 비겁한 자라고, 그는 말했을 것이다. 용감하거나 아니면 파멸이다.

코츠커는 단순한 경건의 길을 따라 조심스레 걸어가는 자들에게는 위협적인 존재였다. 그는 지적인 상투 수단이나 정신적인 자기-만족 또는 정적주의를 경멸한 것과 마찬가지로 관습과 의미 없는 반복 행위의 횡포를 일축해 버렸다. 그는 권태가 석화 작용(石化作用)을 가져올 수 있음을 잘 알고 있었다. 종교는 결코 따분해져서는 안 된다. 종교는 싫건 좋건 강한 삶을 살라고 한다. 극단적으로 살 것을 명령한다.

그는 죽은 의식과 길들여진 이상(理想)을 역겨워했다. 겉치레를 하는 자, 체면을 앞세우는 자, 하느님의 신비를 적당한 개념으로 묽게 만들려는 자를 만나면 뱃속의 것을 토하려 했다. 그는 그의 제자들을, 유대인의 생각과 행동이 졸아붙은 신앙심의 깊은 탕관(湯罐)에서 꺼내 주고자 했다. 사상은 관심에서 나오고 줄곧 관심과 연결되어 있어야 한다. 이 둘 사이의 탯줄이 끊어질 때 사상은 순수성을 잃고 만다. 사람은 자신의 영혼을 자신의 마음에서 내어놓기 전에 많은 겉치레와 상투 어귀를 버려야만 한다.

키르케고르와 코츠커가 이해한 종교는 믿음과 동기의 뿌리에 관계되는 철저한 것이다. 종교의 명령은 인간 전체를 꿰뚫는 것이고 인간의 기질을 바탕에서부터 변화시키는 것이다. 그것은 봐준다거나 타협한다거나 덮어주는 것을 모른다.

그렇지만 본래부터 반대 감정이 양립하는 이 세계에서, 그 안에 살고 있는 인간들이 정신적인 흐리멍텅함과 모호함 때문에 고통을 겪고 있는데, 과연 이 세계 안에 순수한 종교가 있을 수 있는가? 인간이 처해 있는 상황에 대한 코츠커의 진단은 종교의 영역을 넘어서 사회정치적인 세계에까지 미친다. 이해(理解)는 사람이 자기 자신을 속이지 않을 때 비로소 시작된다. 왜냐하면 인간은 속임수로는 살아남지 못하기 때문이다. 예를 들면 속임수로 정치하는 나라들 사이에 평화가 보장될 수 있겠는가? 순전히 자신의 이익만을 위해 무슨 일이고 결단하는 정치가가 백성을 위하고 백성의 복지를 향상시킨다고 믿을 수 있겠는가?

자연 과학이 이미 오래 전부터 인간이 자연의 중심이며 진화과정의 마지막 목표라는 주장을 포기했는데도 우리는 여전히 인간 관계에서 자기 이익을 좇아 우선 행동하는 것을 부자연한 일로, 심지어는 생각할 수 없는 일로 여긴다. 역설적인 사실이다. 과학적인 인간 중심주의는 떠난 채, 우리는 종교와 도덕의 영역에서 자아-중심주의에만 집착한다. 서양 사람의 실패한 일 중 하나가 종교와 자기-이익을 동일화시킨 때문이다. 그 자기-이익이란 것이 유대인 사회에서 말하는 백성의 생존이든 기독교의 중심되는 관심사인 개인의 구원이든 말이다. 우리의 귀를 삶의 신비스러움 쪽으로 열고 우리의 눈을 존재의 신기함에 돌리고 우리의 가슴을 도저히 연민 따위로도 어쩔 수 없는 인류의 고통에 대해 열어젖히면, 우리는 겨우 자기의 이익이나 보살피며 살아 온 삶이 부끄럽게 여겨지는 것이 당연하다.

자기를 초월한다는 것은 참으로 어려운 일이다. 사람은 그 일을 꾸준히 이루어나가야 한다. 그러나 자기-치료만으로는 충분하지 못하다. 하늘의 도움이 필요하다. 키르케고르의 말대로, "자기 자신을 고치기 위해 하느님의 협조를 받아들일 필요가 있다."5) 렙 멘들에게 살아 있느냐 아니냐를 가늠하는 것은 무엇을 성취했느냐의 여부에 있지 않았다. 앞으로 위로 소용돌이치며 올라가는 것, 장애물들을 건너뛰는 것이 요구되었다. 손쉽게 사는 삶은 살 가치도 없는 삶이었다.

"세상"을 버리라는 코츠커의 요구는 정신적으로 무모한 요구였고 거의 불가능한 것이기까지 했다. 그러나 그런 요구를 하게끔 만든 동기는 지극히 타당한 것이었다. 그것은 자기-만족을 흐트러뜨리고 부도덕한 주제넘음과 현상 유지(*status quo*)에 만족함을 무너뜨리려는 것이었다. 그는 우리에게 포악한 일을 무심하게 보아 넘기는 인간을 받아들이지 말 것과, 거짓과 오물이 가득 찬 세계를 용납하지 말 것을 강하게 요구하고 나섰다. 우리는 기성 질서를 옹호함으로써 악과의 타협을 계속해 가는 공범자가 되는 것이다. 눈에 드러나지는 않지

---

5) 일기, 1836년 6월 6일자, 라우리의 『키르케고르』, p. 144에서 인용.

만 그것은 메시아를 기다리는 일 자체를 맥이 빠지게 한다.

세계를 있는 그대로 용납하려는 자들, 현상 자체와 조화를 이루며 살려는 자들, 거짓이나 속임수를 사회적인 필요악으로 인정하려는 자들은 코츠커의 요구를 비현실적인 것이라고 가볍게 보아 넘길 것이다. 다른 사람들은 많은 사람들이 펴고 있는, 진실은 생존에 위협이 될 수 있다는 말없는 가설을 받아들여 생활 속에 적응시켜 볼 것이다.

우리가 믿고 사는 어떤 확신이 정신이상의 산물일 가능성이 아주 없을까? 미친 사람은 분열된 상상의 희생자이고 비열한 인간은 거짓의 희생물이다. 비열한 인간은 미친 사람보다 덜 미쳤는가?

코츠커의 가르침은 대부분이 그대로 따를 수 없는 것처럼 들린다. 그런데도 그의 모든 지시를 정상적인 것으로 승인할 수 없는 자들조차 그의 주장이 잘못을 고치는 데 그 목적이 있음을 부인하지는 않을 것이다. 우리가 규범적인 지상명령으로 받아들이지 못할 생각들이 더 높은 목표를 향해 올라가는 일에 도움이 될 수는 있기 때문이다.

키르케고르는 "기독교 세계 안에 기독교를 다시 소개하는 것"을 자기의 사명으로 삼았다. 코츠커는 유대인의 삶 속에 순수성을 재수입하고자 했다. 키르케고르는 죽은 다음에 그 영향력을 크게 떨쳤다. 그러나 과연 코츠커는 유대인의 자기이해에 무슨 영향을 끼쳤던가?

코츠커의 일은 모두 헛되이 끝나버린 것처럼 보일 수도 있다. 오늘도 유대인들은 평범하고 무심한 관습과 의식(儀式)으로 만족하고 있다. 유다이즘을 다룬 책들 속에서도 그의 영향을 받은 흔적은 별로 눈에 띄지 않는다. 그럼에도 불구하고 만일 유다이즘이 평범한 상식 이상의 무엇으로 존속하려면, 그의 유산으로부터 어떤 영향을 받지 않을 수 없을 것이다.

만일 누가 키르케고르와 코츠커에게 어째서 종교는 인류가 진흙 수렁에 빠지는 것을 미리 막지 못했느냐고 묻는다면 그들의 대답은 비슷할 것이다. 그동안 가르치고 살아 온 종교가 가짜였다고. 코츠커는 제멋에 겨운 학자들, 그럴 듯이 폼만 잡는 경건한 자들, 무조건 복종하는 자들, 그리고 황홀한 경건과 물질적인 욕심을 묘하게 조화시키는 자들을 경멸했다. 그는 라삐들이 종교의 통속화를 굳혀 놓았다고 생각했다. 라삐들은 그의 경고에 귀를 기울이지 않았다. 결국 유대인들은 떼를 지어 법을 어기게 되었다.

코츠커는 유대교에 르네상스를 가져올 수 있었던가? 그는 기질로 보나 성향으로 보나 한 운동의 지도자가 될 재목은 아니었다. 그는 반론을 일삼는 자요 비꼬아대는 자였다. 게다가 그의 생각이 이것저것 포함하는 폭넓은 형이라기보다 파고드는 형이었으므로 일반적인 생활방식(*modus vivendi*)을 그대로 받아들이는 대신 그것들과 더불어 싸움을 계속했다.

코츠커는 아직도 제자들의 출현을 기다리고 있다. 그가 알아듣기 힘든 암시로 남겨준 내용을 구체적인 언어로 분명히 표현할 사람들을 기다리고 있다. 세대에서 세대로, 이 사람에게서 저 사람에게로 코츠커의 생각들을 전파하여 그들을 통속화와 신성모독으로부터 지키는 일에 기꺼이 생애를 바칠 사람들을 기다리고 있다.

렙 멘들의 일생은 그대로 고뇌하는 인간의 비유이다. 다만 지금 우리는 그의 행위를 앎으로써가 아니라 그의 인간됨, 그의 정열과 모호성, 그의 결함과 복잡성을 이해함으로써 그가 속으로 안고 씨름했던 문제가 어떻게 참된 유대교를 살릴 수 있는가 하는 문제였음을 알 수 있을 뿐이다. 코츠커에 따르면, 지혜가 태어나려면 선입관은 옆으로 젖혀놓는 게 상책이다.

사람들은 코츠커의 공격으로 좀처럼 흔들리지 않았다. 그러나 누구든지 일단 그의 주문(呪文)에 걸리면 통속적인 종교 관념이라든가 습관적으로 해 오던 예배 의식을 더 이상 편하게 받아들일 수 없을 것이다. 왜냐하면 코츠커에게 말려들어 가는 것은 정신적인 태평무사에 막을 내리는 것이기 때문이다. 코츠커가 안고 씨름했던 문제들을 양심적으로 받아들이는 학생이라면, 일생 동안 오직 진실만을 유일한 길로 알고 걷고자 마음에 작정하고 코츠커의 도덕적인 용기와 놀랄 만한 지성적인 능력을 높이 평가하는 학생이라면, 코츠커의 이론을 자신의 기준으로 가치 평가하기를 원하지는 않을 것이다. 왜냐하면 그를 심판함으로써 그가 오히려 그에게서 심판을 받기 때문이다. 비록 그가 우리에게 어떤 관념을 제공했다 하더라도 그는 그것과 더불어 하나의 도전을 우리 앞에 들이대었다. 그것을 우리는 부딪치거나 피하거나 해야 한다.

코츠커의 통찰이 왜 오늘에도 중요한가? 그것은 코츠커의 통찰이 비추는 빛 아래에서, 인기 있고 번쩍이는 숱한 유다이즘 해석들이 실은 알맹이없는 겉치레임을 맥없이 드러내고 있기 때문이다. 알맹이를 외면하고 겉만 꾸미는 것은 진실을 모독하는 것이다.

많은 주석가들은 유다이즘을 몇 가지 선입견에 조정시키려고 했다. 그러나 코츠커에게는 유다이즘이 유일한 관점이었다. 다른 사상가들은 하느님의 모습을 더 훌륭한 것으로 개선해 나가려고 했다. 하느님은 온 우주를 사랑과 쉽게 하는 용서로 보살피듯이, 사람들을 보호하고 재산과 안전을 관리하는 자애로운 관리인이라고 생각했다.

과거의 유대 철학자들은 의문과 불신을 품고 멀리 떨어져 있는 관찰자가 되고자 했다. 새로운 세대가 믿음의 싸움에 가담할 것이다. 그들은 더 이상, 하느님께서 인간의 고뇌를 없애는 것보다 규정을 지키는 것을 더 높이 보신다고 주장하지는 않을 것이다.

종교적인 진리는 반드시 살아 있어야 한다. 생활과 관련 없는 법은 쓸모가 없을 뿐만 아니라 신앙에 치명적인 암이기도 하다. 엄격하게 굳어 있으면서 동시에 사랑의 삶을 산다는 것은 불가능한 일이다. 만일 권위 있는 라삐들이 말했듯이 율법을 지키는 목적이 인격을 고상하게 만드는 데 있다면, 유대의 사법부는 이것을 계산에 넣어야 할 것이다.

만일 코츠커가 오늘에 살았다면, 그는 영성 생활이 심미주의로 대체되고 자발성이 예절로 대체된 현실을 보고 어안이 벙벙할 것이다. 키르케고르와 마찬가지로 그도 관습과 의식과 감상적인 축제를 통해 나타나는 유다이즘의 심미주의를 혹독하게 비난할 것이다. 번쩍이는 설교와 장엄한 성전에서 장식품으로 화해 버린 하느님에 대해 그는 맹렬하게 화를 낼 것이다. 그는 또한 유다이즘이 형식적인 규정에 얽매이고 솔직하지 못한 가운데 규례를 지키며 일종의 기회주의에 빠져 의식을 현학적으로 지키는 것을 거절할 것이다.

코츠커는 우리에게 현재 상황에 대해 불편함을 느끼고 마음의 평온함을 부끄럽게 여기고 정신적인 안일을 수치로 알라고 권고할 것이다. 인간의 정체는 계속 검토되어야 한다. 그는 인간의 자기-확신과 자신이 정직하다고 생각하는 멋대로의 확신을, 뻔뻔스런 부정직과 마찬가지로 못마땅하게 보았다. 적당하게 깨끗한 가슴은 적당하게 곪은 달걀과 같았다. 미적지근한 유다이즘은 미적지근한 열로 쇠붙이를 녹이려는 것처럼 그 정도로 밖에는 우리의 성격 정화(淨化)에 영향을 미치지 못할 것이다.

우리의 시대에 신앙의 달콤한 맛은 사라져 버렸다. 이제 더 이상 그것이 우리에게 선물로서 주어지지 않는다. 그것은 "피와 땀과 눈물을" 요구한다. 우리는 하느님께서 이 세상을 버리실 준비를 갖추고 계신 듯한 조짐을 보고 놀라와 입을 다물지 못한다. 이 우주적인 거짓 속에, 겉치레를 아름다움으로 만들어버리는 부조리 속에 산다는 것이야말로 무서운 악몽이 아닌가?

현대인의 곤경은 무덤이다. 우리 앞에는 새로운 변혁 아니면 파멸의 길만이 놓여져 있는 것 같다. 키르케고르와 코츠커의 통찰이 신앙의 갱신을 위한 어떤 원천을 발굴하는 일에 도움이 될 것이다.

렙 멘들의 자유 분방한 영혼은 순전한 속임수가 끝내 가져오고 말 어쩔 수 없는 파국을 미리 내다본 듯하다. 여기에서 오는 우울함 위에 엎친 데 덮치는 격으로, 그는 사람들이 자신들을 당황하게 만드는 메시지에는 귀를 기울이려 하지 않는다는 사실을 알았다. 그가 받은 대가는 변절과 오해였다. 실제로 그가 가장 믿었고 가장 큰 기대를 품었고 코츠커에 찾아오는 사람들의 훈련을 부탁했던 제자가 변절하여 그를 떠났고, 독자적인 학교를 세워 스승의 날카로운 적대자가 되었던 것이다.

코츠커는 대학살 기간 동안 그의 민족에게 떨어진 파국을 미리 내다볼 수 없었다. 그는 유대인의 정치적인 상황이나 반유대주의 현상에 대해서는 관심하지 않았다. 그런데도 그는 인간의 잔인성이 가져 올 무서운 결과를 한시도 생각하지 않을 수 없었던 듯하다. 그는 대박해의 본질을 분석하지는 않았지만, 그러나 거짓이 판을 치는 세계는 악마가 마음대로 다스린다는 사실은 잘 알고 있었다. 그가 1940년대에 살았더라도 대학살이 그의 마음에 충격을 주지는 못했을 것이다.

실제로 인간들이 속임수에 근거하여 생활방식을 수립할 때, 세계는 악몽으로 바뀔 수 있다. 이 사실이 왜 코츠커가 그토록 철저하게 거짓의 문제를 물고 늘어졌는지를 설명해 준다. 나찌의 대학살은 어느날 갑자기 일어난 사건이 아니기 때문이다. 그것은 여러 세기에 걸쳐 만들어진 사건이었다. 그것은 모든 사회적인 질병의 원인이 유대인에게 있고 모든 인간적인 실망의 책임이 유대인에게 있다는 거짓말에 뿌리박은 사건이었다. 유대인의 10분의 1만 죽이면 모든 문제가 풀린다는 것이었다.

대학살은 악마의 사상과 잔혹한 언어에 의해 일어났다. 오늘의 인류는 어떤 상태에 있는가? 그들의 마음과 언어는 더러운 속임수의 때를 깨끗이 씻어버렸는가? 우리는 장래에 있을지도 모르는 집단 학살을 어떻게 미리 막을 것인가? 과연 인류는 보다 덜 잔인하고 보다 덜 냉혹해졌는가?

키르케고르나 코츠커를 이해하려면 우리는 먼저 종교란, 감정이 가미된 도덕에 불과하다는 선입견을 버리는 것부터 배워야 한다. 종교는 무엇보다도 하느님과 인간의 관계로 이루어지는 사적(私的)이고 은밀한 영역이며 스스로 있는 세계이다. 이 세계에서 통하는 최고의 규율은 아름다움이 아니라 진실이 모든 것을 다스린다는 것이다. 진실이야말로 항상 모험이 따르는 덕목이지만, 그러나 진실 안에서만 모든 인간을 하늘의 수준으로 끌어올리는 일이 가능하다.

키르케고르는 종교적인 단계가 윤리적인 단계 위에 있고 이 두 단계는 때로 양립될 수 없다고 가르쳤다. 한 전형적인 예로 그는 아브라함이 이사악을 제물로 바치려 한 이야기를 든다.6) 코츠커도 이 견해에 가까운 생각을 했다. 의식을 지키지 않고 윤리적인 생활을 멀리하면서 참된 종교인으로서 살 수는 없다고 강조하면서도 그는, 제자들에게 가족에 대한 도덕적인 의무 따위는 깨끗이 청산하라는 암시가 깃든 명령을 내리곤 했다.

키르케고르는 일기장에, "내 생명은 내가 죽은 뒤에도 큰 소리로 울리라"고 기록했다. 수십 년 뒤에 과연 서양 세계는 그의 울음소리를 듣기 시작했다. 이와 비슷하게, 코츠커의 울음소리도 이제 사람들

---

6) 『공포와 전율』, 월터 라우리 옮김(프린스턴, 1941)을 보라.

의 귀에 들리기 시작한 것 같다.

만일 모든 고통이 기억 속에 살아 있고 모든 어지러운 일들을 입 밖에 내어 말한다면, 그 누가 평온을 견디어 낼 수 있겠는가? 렙 멘들은 겉으로 꾸며진 평온을 파헤친 사람들 중의 하나였다. 그는 모든 안일과 정적을 쫓아버렸다.

이토록 가짜들이 가득 차 있는 세상에서 코츠커는 여전히 우리 앞에 우뚝 서 하느님을 향한 정열의 불꽃으로 타오르고, 인간과 인간을 만드신 분 사이에 아무것도 끼어들지 못하도록 가로막아 서 있다. 19세기에 그는 탑처럼 우뚝 솟은 인물이었다. 그 장엄함과 비참함이 독보적인 존재였다. 그의 정신, 그의 어조는 아우슈비츠 이후 시대의 사람들에게서도 찾아볼 수 있다.

우리는 아직도 그를 코츠크의 렙 멘들로 부른다. 그는 죽었지만 죽어서 우리에게서 날아가 버리지는 않았다. 그의 번갯불은 지금도 번쩍인다. 그의 말은 우리의 삶과 부딪칠 때마다 불꽃을 일으킨다. 그리고 타오른다. 누가 그 불길을 참을 수 있을까? 그래서 우리들 중 많은 사람이 가면을 벗어 던지고 선입견과 질투심과 비뚤어진 관념을 버릴 것인가? 그때 메시아적인 구원은 비롯될 것이다.

코츠커는 무엇을 남겨 두었던가? 그는 책을 출판하지도 않았고 기록을 남기지도 않았다. 그는 자기가 쓴 것을 모두 태워버렸다. 그러나 그는 우리에게 결코 포기하지 말라고 가르쳤다. 하느님은, 거짓은 없을 수 없는 것이라고 생각하는 자를 비웃기 때문이라고 했다. 그는 또한 우리로 하여금 비참한 현실을 똑바로 보고 거기서 살아남을 수 있게 해 주었다. 진실은 결코 살아 어디엔가 있어 지칠 줄을 모르기 때문이다. 그리고 인간들은 그것을 풀어내 놓지 않으면 안 된다.♣